한국을 뒤흔든 금융권력

사진출처

p.72, 73 우리은행 / p.81 한국거래소 / p.96, 118 조선일보사 / p.112 한국경제 / p.136, 139, 146, 167 헤럴드DB
p.212 세계일보

KI신서 6394

한국을 뒤흔든 금융권력

1판 1쇄 발행 2016년 2월 19일
1판 2쇄 발행 2016년 3월 15일

지은이 윤재섭
펴낸이 김영곤 **펴낸곳** (주)북이십일 21세기북스
출판기획팀장 신주영 **책임편집** 권오권 **디자인** 박선향
출판사업본부장 안형태
출판영업마케팅팀 이경희 김홍선 최성환 정병철 이은혜 백세희
홍보 이혜연 **제작** 이영민

출판등록 2000년 5월 6일 제10-1965호
주소 (10881) 경기도 파주시 회동길 201(문발동)
대표전화 031-955-2100 **팩스** 031-955-2151
이메일 book21@book21.co.kr **홈페이지** www.book21.com
페이스북 facebook.com/21cbooks **블로그** b.book21.com

ISBN 978-89-509-6341-5 03320
책값은 뒤표지에 있습니다.

＊이 책은 태광그룹 일주학술문화재단의 언론인 저술지원을 받아 출간되었습니다.

한국을 뒤흔든
금융권력

정치권력은 어떻게 한국 금융을 지배했는가

윤재섭 지음

21세기북스

이제는 결정을 내려야 한다

한국 경제의 미래, 금융 전문가에게 달렸다

한 시중은행의 은행장이 교체됐다는 뉴스에 당신이 어떤 반응을 보일지 궁금하다. 당신이 만일 이 은행의 직원이었다면 가슴이 덜컥 내려앉을 것이다. 곧 닥칠 인사이동을 걱정하면서 밤잠을 설칠지 모른다. 당신이 이 은행의 주주라고 해도 귀가 솔깃할 것이다. 누가 은행장이 되느냐에 따라 은행 주가가 등락했던 기억을 상기할 수 있다면 말이다. 어쩌면 당신은 새 은행장이 주가에 미칠 영향을 분석하면서 계산기를 두드릴지 모른다. 당신이 이 은행의 계좌를 보유한 고객이라 해도 마찬가지다. 은행장이 바뀌면 얼마 뒤 지점장과 행원이 바뀌고, 금융서비스도 달라졌기 때문이다. 당신이 이 은행 입사를 희망하던 사람이라면 또 어떨까? 은행장의 역량에 따라 은행이 흥하고 망할 수 있다는 사실을 아는 센스까지 갖췄다면 당신은 아마도 새 은행장의 평판에 따라 한 번 더 진로를 고민할 것이다.

이도 저도 아닌 사람이라면 '나와는 상관없는 일'이라 여기고 이 소식을 그냥 흘려들어야 할까? 그렇지 않다. 당신이 새 은행장에 주목해야 할 이유는 많다. 왜냐하면 그는 당신의 호주머니를 축내고, 직장을 빼앗고, 국가 경제를 위태롭게 만드는 위협적인 존재일 수 있기 때문이다.

1997년 IMF 외환위기를 상기해보자. 은행장들이 위험자산관리에 소홀했던 탓에 하루아침에 은행들이 문을 닫았다. 이 바람에 행원들만 직장을 잃은 것이 아니다. 신용경색이 나타나자, 은행들은 갑자기 돈줄을 죄었다. 대출자산을 마구 회수했다. 이로 인해 담보가 부족한 중소기업들은 흑자를 내면서도 빚 독촉에 시달리다 도산했다. 대기업도 마찬가지였다. 30대 그룹 가운데 절반 이상이 부도로 쓰러졌다. 수만 개의 기업이 문을 닫았고, 100만 명이 넘는 직장인이 일터를 잃었다. 한국 경제는 나락에 빠졌다.

이렇듯 시중은행장 한 명만 바뀌어도 국가 경제에 엄청난 파장을 몰고 올 수 있는데, 금융당국의 수장(首將)이 바뀐다면 오죽할까? 적어도 당신이 한국인이라면 금융당국 최고경영자(CEO)에 누가 오르는지 반드시 주목해야 할 것이다. 금융당국 수장이 누구냐에 따라 좁게는 한국 금융산업의 미래가, 넓게는 한국 경제의 미래가 달라질 수 있기 때문이다.

전문가적 식견과 미래에 대한 통찰력, 여기에 더해 리더십까지 갖춘 이가 CEO에 오른다면 시장 불안에 대한 우려를 떨칠 수 있을 것이다. 금융산업은 선진화 가도를 쌩쌩 달리며 국가 경제 발전을 견인할 것이다. 반대로 금융시장에 대한 이해가 부족하고, 책임감마저 없는 자가 당국의 우두머리가 된다면 큰일이다. 금융산업은 퇴보하고, 시장은 혼란에 빠질 것이다. 한국 경제는 금융위기발(發) 파국을 늘 염려해야 할지 모른다.

필자가 금융기관 및 금융당국 CEO에 천착하는 이유는 이들의 능력 여하에 따라 금융산업의 미래가, 한국 경제의 미래가 바뀔 수 있다고 믿기 때문이다. 금융산업은 인재들이 만들어가는 지식 기반의 서비스 산업이다. 중요한 것은 행위자다. 아무리 자본이 많고, 좋은 시스템을 갖춘 금융기관이라도 CEO의 역량이 떨어지면 경영성과나 발전을 기대할 수 없다. 월등한 군사력을 갖춘 군대라도 지휘관이 전술과 전략을 모르면 전쟁에서 패배하는 이치와 같다. 역량 있는 인재들이 금융을 지배한다면 한국 금융산업의 일류화 목표는 앞당겨질 것이다.

정치권력의 금융지배 역사, 이제 끝낼 때다

한국은 세계 10위권의 경제대국으로 급성장했다. 그렇지만 금융산업은 경제규모에 걸맞은 지위를 확보하지 못했다는 평가를 받는다. '삼류가 아니냐'는 논란에 휘말리기도 한다. 왜 그럴까? 따지고 보면 여기엔 다 그럴 만한 이유가 있다. 한국은 제조업 중심의 압축성장을 추구했다. 금융은 제조업 발전을 돕는 조연 역할에만 충실했다. 금융산업이 발전하려면 경험과 노하우, 자본의 축적이 필요한데, 어느 것 하나 만족할 만한 수준을 갖추지 못했다. 여기다 규제와 간섭, 과보호, 경쟁 제한 등 발전을 저해하는 조건들만 즐비했다.

이러한 최악의 상황을 연출한 장본인은 정치권력이다. 정치권력은 공공의 이익이 아니라 자신들의 정치적 이득을 위해 금융시장에 개입했다. 너나 할 것 없이 금융을 손에 쥐려 했다. 정치권력은 특히 금융산업을 발전시키겠다고 입으로만 외칠 뿐, 행동으로 보여주진 않았다. 국가 소유의 금융기관은 물론이고 민간 기업이 주인인 금융기관의 인사에 개입했다. 능력이 있고 없고를 따지지 않고 자신들의 입맛에 맞는 사람들을 데려다 썼다. 실력 있는 자보다 권력에 아부하는 자를 우대했다. 정권이 바뀔 때마다 이런 일이 반복됐다. 그러다 보니 피지배 금융기관의 조직은 망가지고, 역량 있는 금융인들이 설 땅을 잃었다. 금융산업을 보호한답시고, 진입장벽도 높였다. 규제를 없앤다 해놓고 한편으론 새로운 규제를 만들어내면서 금융기관들을 옥죄었다. 시장원리에 어긋나는 가격개입도 서슴지 않았다. 우리 속에 가둬놓고 사육하듯 지배했다. 무소불위의 권력을 휘둘렀다.

한국 금융산업의 역사는 정치권력의 금융지배 역사라고 해도 과언이 아니다. 이런 환경에선 금융산업이 경쟁력을 키우려야 키울 수가 없다. 권력의 힘에 기세가 꺾인 금융기관들은 굴종했다. 정권의 보호막 아래에서 적당히 안주하려 했다. 경쟁과 가격 결정의 자유가 보장되지 않는 시장, 능력 있는 금융인들이 설 땅을 잃은 곳에서 일류 금융산업의 탄생을 기대하기는 어렵다.

금융산업을 세계 일류로 만들려면 정치권력의 금융지배 역사를 끝내야 한다. 무엇보다 정치금융은 우수한 금융 인재의 등용을 가로막고, 금융산업 역사의 시계추를 거꾸로 돌리는 방해꾼이기 때문이다. 금융 전문가들이 시장에서 마음껏 경쟁하는 장(場)을 만들어줘야 금융산업이 발전할 수 있다. 금융당국의 수장은 금융의 미래를 꿰뚫어 볼 수 있는 통찰력을 지닌 자이면서 동시에 정치 중립적인 인사가 맡아야 한다.

금융산업의 미래가 곧 한국의 미래다

금융은 위험한 산업이다. 금융시장의 실패가 나라 경제 전체의 파국으로 이어질 수 있다. 세계화가 진전되면서 한 나라의 금융위기는 전 세계의 금융위기로 파급되기도 한다. 1997년 IMF 외환위기가 그랬다. 10여 년 뒤 터진 글로벌 금융위기도 마찬가지다. 미국의 서브프라임 모기지론 부실이 키운 재난이었다.

　글로벌 금융위기가 발생한 지 8년이 흐른 2016년, 전 세계는 새로운 금융위기의 출현을 우려하고 있다. 세계 경제는 미국이 금리를 인상할 때마다 위기를 맞곤 했는데, 양적완화정책으로 경제를 되살린 미국이 금리인상 카드를 꺼내고 있기 때문이다. 긴축에 들어간 미국은 2015년 말 금리를 올린 데 이어 2016년 중에도 한 차례 이상 금리를 인상할 것이란 분석이 유력하다. 이럴 경우 국제 금융시장의 유동성은 미국으로 쏠리게 돼 세계적인 신용경색이 나타날 수 있다. 일각에서는 유럽이나 일본처럼 우리나라도 저금리정책을 펴 시중에 돈을 더 풀어야 한다고 주장한다. 하지만 한국은행이 이를 선택하기란 쉽지 않을 것이다. 금리를 내리면 외국인 자금의 유출이 심화돼 금융불안을 키울 수 있기 때문이다. 미국이 계속 금리를 인상한다는 전제 아래에서는 한국은행도 기준금리 인상을 압박받게 될 것이다. 이렇게 되면 사상 최대 기록을 경신 중인 가계부채발 금융위기가 현실화될 가능성이 있다. 2016년 벽두에 나타난 중국의 금융 불안은 위기가 임박했음을 알리는 경종과 같다. 후진적인 정치금융을 종식하지 않으면 위기는 재발할 것이 분명하다.

더 늦기 전에 리더십 있는 금융 전문가들 손에 금융시장을 맡겨야 한다. 위험관리 능력이 있는 금융인들이 위기에 대비할 수 있도록 해야 할 것이다. 금융당국도 전문성을 강화해 시장 위험이 나라 경제의 위험으로 치닫지 않도록 금융시스템을 철저히 점검할 필요가 있다. 한편에선 경영 간섭의 근거가 될 수 있는 규제를 과감히 폐지하고, 정치권력의 어떠한 외압도 차단할 수 있는 강한 원칙을 세워야 한다.

가장 경계해야 할 것은 국민의 무관심이다. 국민들이 은행, 증권, 보험 등의 금융기관 및 금융유관기관의 CEO, 금융당국의 수장에 누가 오르든 관심을 두지 않는다면 불행한 정치금융의 역사를 뿌리 뽑기 어렵다. 정치권력이 올바른 선택을 하는지, 탈선하지 않는지 관심 있게 지켜보고 비판해야 한다. 그것이 곧 자신과 가족, 이웃을 구하고 나라를 구하는 일이기 때문이다.

이 책은 정치권력의 금융지배 역사를 되돌아보면서 앞으로 한국 금융산업이 나아가야 할 방향을 짚어보기 위한 의도에서 기획됐다. 1부에서는 한국 금융산업에 대한 삼류 논란을 진단하면서 한국 금융산업의 문제와 원인이 무엇인지를 돌아봤다. 2, 3부에서는 박정희 정권에서 이명박 정권에 이르는 시기까지 나타났던 정치금융의 행태와 함께 한국 금융 역사에 있어 나름 의미 있는 사건들을 기록했다. 이를 통해 독자들은 시대별로 어떤 인물들이 금융계에서 활약했고, 금융사적으로 의미가 있는 주요 사건과 그 사건에 누가 관여했는지 확인할 수 있을 것이다.

같은 주제를 다루면서 2부와 3부로 나눈 것은 1997년 IMF 외환위기 이전과 이후를 구분짓기 위해서였다. 외환위기 이전과 이후는 정치금융 행태에 있어 분명한 차이가 나타난다. 위기 이전의 정치금융이 무소불위의 권위주의적 행태를 띠었다면 위기 이후에는 다소 시장 친화적인 행태로 순화됐다고 볼 수 있다. 이는 1997년 경제위기를 자초한 정부 관료들의 책임 의식이 반영된 결과다. 2부가 정권의 금융지배 역사를 중심으로 서술한 데 반해 3부는 위기를 수습하는 과정의 관치를 주로 다뤘다는 것 역시 다른 점이다.

4부에선 한국 금융산업의 발전에 필요한 과제를 점검해보고, 현존하는 한국 금융계 리더들의 삶을 집중 조명해봤다. 금융 리더들의 발자취는 미래 한국 금융산업의 리더가 되고자 하는 이들에게 귀감이 될 것으로 의심치 않는다. 부록에선 한국 금융인의 인맥과 미래 금융권력을 담았다. 우리나라 금융계를 지배하는 인맥 집단과 앞으로 부상할 금융권력에 대한 독자들의 이해증진에 도움이 됐으면 하는 바람에서다.

사실 책을 쓰기로 결심하기까지 고민이 많았다. 집필에 필요한 자료 수집과 취재에 많은 공을 들여야 한다는 현실적인 고민이 있었다. 실제로 여러 인물들에 대한 자료 수집과 검증에만 3년 가까운 시간을 보내야 했다. 비판 일색인 글이기에 아무리 객관적으로 글을 전개하더라도 책이 출간되면 불만이 쏟아질 수 있다는 걱정도 앞섰다. 그럼에도 욕심을 낸 이유는 21여 년의 기자생활에 보람될 만한 의미 있는 작업을 해보고 싶었기 때문이다. 십수 년간 금융산업 현장을 쫓아다니며 쌓았던 금융지식에 대한 자신감도 없지 않았다.

담고 싶은 이야기가 많았다. 하지만 여러 면에서 부족함을 느낀다. 혹여 사실과 다른 내용이 담겼다면 뒤늦게라도 바로잡겠다. 미숙한 글의 전개를 나무란다면 달게 받겠다. 하지만 앞으로도 이러한 시도를 중단하지는 않을 것이다. 기자는 비판이 숙명인 까닭이다.

책을 완성하기까지 많은 분들의 도움을 받았다. 비판받을 줄 알면서도 사실관계를 확인해주고, 조언을 아끼지 않았던 금융당국자들에게 머리 숙여 감사한다. 한때는 취재원이었지만, 지금은 아무 조건 없이 필자의 금융 지도교사가 되어주기를 주저하지 않는 금융인들에게도 고마움을 전한다. 책을 쓴다 하고 수년째 미적대는 필자에게 분발할 것을 당부하며 자극제가 돼주었던 내과 전문의 김준형 박사에게도 고마움을 느낀다. 서툰 글이지만 책을 펴낼 수 있게 도움을 준 21세기 북스 김영곤 대표 이하 관계자 여러분께도 감사한 마음을 전한다. 특히 이것저것 묻고 요구했던 필자에게 따뜻한 길잡이가 돼주었던 권오권 씨가 매우 고맙다. 바보스러운 남편을 늘 곁에서 따뜻이 살펴준 아내 변세원, 마주치기만 하면 잔소리꾼인 필자에게 언제나 비타민이 되어준 딸 영후와 아들 종호에게도 진심으로 사랑한다고 전하고 싶다. 부족한 글이지만 이 책이 한국 금융산업에 대한 이해를 돕고, 한국 금융의 미래에 대해 한 번쯤 고민해보는 계기가 됐으면 좋겠다. 아울러 우리나라 금융산업 발전에 작은 밀알이 되기를 희망한다.

2016년 2월

윤재섭

contents

부록 한국 금융인맥과 미래 금융권력

한국 금융산업이 삼류 논란에 휘말리고 있다. 논란의 핵심은 더딘 국제화다. 국내 금융기관들은 국내영업으로만 먹고사는 '우물 안 개구리'라는 비판에서 자유롭지 못하다. 글로벌 신용경색이 나타나면 해외에서 자기신용으로 돈을 조달할 수 없을 정도로 국제신인도가 낮다는 지적도 받는다. 더딘 국제화란 이 같은 현실을 꼬집은 것이다. 틀리지 않다. 2008년 글로벌 금융위기는 한국 금융산업의 현실과 한계를 여실히 드러냈다.

국내 금융기관들은 아직 국제무대에 나설 준비가 안 됐다. 글로벌 금융기관들과 당당히 겨룰 수 있는 실력을 쌓지 못한 것이다. 그렇다고 해서 한국 금융산업을 삼류라고 폄하해야 할까? 경제규모가 세계 10위권인 한국에 삼류 금융산업이 존재한다는 주장은 맞지 않다. 일류가 못될 뿐 삼류는 아니다. 금융산업의 더딘 성장 배경엔 정치금융이란 굴레가 존재했다. 정치권력은 끊임없이 금융지배를 시도했고 금융은 정치권력의 전리품으로 전락했다. 한국 금융산업의 성장판은 그렇게 닫혀버렸다.

1부

한국 금융산업

무엇이 문제인가

CHAPTER 1

한국 금융산업은
삼류인가

한국 금융산업의 민낯

금융산업이 국가 위신을 떨어트린다고 하는데 그게 꼭 맞는 얘기일까요?
은행들이 뭘 한 게 있냐고요? 운신 폭이 좁아 일을 벌이지는 못했지만 할
만큼은 하고 살았습니다. 수수료 좀 올리면 폭리 취한다고 하지요? 우리나
라 은행들이 고객한테 물리는 수수료는 미국 은행들에 비하면 싼 겁니다.
한국처럼 은행 이용하기 편한 곳 없습니다. 도심에서 한두 블록만 걷다 보
면 눈에 띄는 게 은행이에요. 원죄를 문제 삼는다면 할 말 없습니다. 대출
해줬다가 돈 떼이고, 1997년 IMF 외환위기를 자초했다고 공격받는 게 제
일 불편해요. 그런데 그 얘긴 언제까지 들어야 합니까? 속 시원히 말해보
자고요. 정부와 정권은 그때 대체 뭘 하고 있었나요? 정권이 바뀌면 은행
장도 바뀌었어요. 낙하산이란 말 듣고 자리 꿰찼던 사람들, 정권 바뀌고 새

낙하산들한테 쫓겨나듯 떠났어요. 3년이 멀다 하고 죄다 교체됐지요. 그러니 긴 안목을 갖고 경영계획을 세울 수 있었겠습니까? 다 옛날이야기 아니냐고요? 천만의 말씀입니다. 정도만 좀 덜했지, 똑같아요. 거기다 인사청탁이 좀 많습니까? '이 사람을 쓰라' '저 사람 봐줘라' 권력기관이 계속 압력을 넣습니다. 힘없는 CEO는 다 들어줄 수밖에 없어요. 그게 지금 우리 한국 금융산업의 자화상입니다.

31년간의 은행원 생활을 마감해야 했던 한 시중은행 임원은 자신을 위한 환송 만찬 자리에서 목청을 높였다. "그간 고생 많으셨다"고 위로나 해드리면 그만일 자리였는데 폭탄주 몇 잔을 주거니 받거니 하다 불쑥 '공장' 이야기*가 튀어나오고 말았다. "2014년 9월 세계경제포럼(WEF)이 한국 금융산업의 경쟁력을 80위라고 평가했는데, 책임이 있지 않느냐"고 농담 삼아 건넨 말이 화근이었다. 필자는 그의 낯빛이 일순간 변하는 모습을 지켜봤다. 몇 초나 지났을까? 잠시 망설이는가 싶더니 그는 맘속에 품었던 응어리들을 하나둘씩 끄집어내기 시작했다.

30여 분간 그는 쉬지 않고 이야기했다. 최루탄이 자욱하던 유신체제 하의 대학 생활, 1980년대 초반 어리바리 신입행원 시절, 1997년 IMF 외환위기 직전까지 맛보았던 '어지럽지만 화려했던' 행원 시절을 떠올렸다. 구조조정 한파에 휩쓸려 직장을 떠났던 동료들을 회상할 때는 상기돼 있었다. 정권의 횡포를 이야기할 때는 흥분해 언성을 높였다.

"외환위기 전에 정부가 한 일을 생각하면 지금도 우습기 짝이 없어

---

* 술자리에서 자기 회사의 시시콜콜한 상황을 말하는 것을 흔히 공장 이야기라고 했다.

요. 은행장들한테 돈 봉투 심부름을 시켰어요. 선거 치르는 정치인들 좀 도와주라는…. 행장들은 선거 때만 되면 지방 점포 순시한다는 핑계를 대고 선거판을 헤집고 다녔지요. 돈 봉투 전달하려고요. 그걸 행장들이 왜 했겠어요? 시켜서 한 일들이에요. 목숨 부지하려고요."

그의 넋두리가 궁색한 변명처럼 들리지 않았다. 이제 은퇴 후 노후를 걱정해야 할 그가 무슨 이득을 보겠다고 자기합리화에 열중한단 말인가? 그의 추억은 온전한 한국 금융의 역사였다. 불편한 진실이었다.

80위. 2014년 9월 세계경제포럼(WEF)은 국가 경쟁력 보고서를 발표하면서 한국 금융산업의 수준을 이렇게 평가했다. 조사 대상국은 144개국이었다. 중하위권이었다. 여기다 은행건전성(122위), 대출용이성(120위) 등 세부 항목에서는 한국을 세계 최하위권으로 봤다. 우간다, 네팔, 코트디부아르 등과 동급 수준이었다. 종합평가 결과는 50~60위권의 가나, 보츠와나, 콜롬비아, 캄보디아보다도 한참 낮았다. 한국을 동북아 금융 허브로 키우겠다는 구상을 발표했던 2003년만 하더라도 한국의 순위는 23위였다. 그랬던 순위가 5년 뒤인 2008년에는 57위로 밀렸고, 2009년에는 98위까지 추락했다. 그나마 회복한 것이 80위다. 2014년 기준 한국의 GDP(1조 4,100억 달러)는 세계 13위였다. 이 정도 경제규모 국가에 걸맞은 평가가 아니었다. 부끄러운 성적이었다.

2015년 평가 결과 역시 다르지 않았다. WEF는 한국 금융시장의 성숙도를 87위로, 전년 대비 오히려 7계단 더 낮췄다. 절대적인 순위나 방향성 등의 측면에서 한국을 금융 후진국으로 평가한 것이다. 이는 우간다(81위)나 나이지리아(79위), 가나(76위) 등 아프리카 국가나 인도네시아(49위) 같은 개발도상국보다 낮은 것이었다.

WEF의 평가를 100% 신뢰하기는 어렵다. 자국의 기업인을 대상으로 설문조사 위주의 평가로 진행한 만족도 조사 성격이 강했다. 국가 간 객관적 비교에도 한계가 있는 것이 사실이다. 더구나 이들의 평가는 변덕스럽다. 불과 수년 사이 순위를 50여 계단 올렸다 내렸다 했기 때문이다. 평가 기준의 촘촘함이 엿보이지 않는다. 그럼에도 WEF 평가를 그냥 흘려들을 수만은 없다. 나름 곱씹어볼 필요가 있다.

사실, 우리나라 금융산업은 '우물 안 개구리'라는 비판을 받곤 한다. 자산 규모와 수익성에서 국내 제일로 꼽히는 금융기관도 국제무대에선 명함을 내밀 처지가 못 되기 때문이다. 세계적으로 내로라할 만한 금융기관이 없다. 하나같이 국내영업으로만 먹고사는 구조다. 국제화됐다는 일부 은행도 해외영업 비중이 5%를 밑돈다. 이는 그만한 경쟁력을 갖추고 있지 못한 데다 전략에서도 실패한 탓이 크다. 금융기관들은 국제화에 필요한 중장기 전략을 세우지 못했을 뿐만 아니라 단기 성과를 내겠다는 과욕이 앞서 기대한 만큼의 성과를 낼 수 없었다.

더욱이 CEO가 교체될 때마다 전략이 수정됐다. 해외법인이나 사무소를 열었다 닫았다 하는 일을 반복했다. 해외영업마저도 해외에 진출한 한국 기업이나 교포와 거래하는 것에 그쳤다. 현지 기업이나 개인 고객을 상대로 한 영업에 진전을 보지 못했다. 주요 대기업과 웬만한 중소기업도 해외영업 비중이 50%가 넘는다. 삼성전자는 이익의 90% 이상을 해외영업으로 벌어들인다. 이들과 비교하면 금융기관들은 국제화를 입에 담기조차 민망할 정도다.

2008년 글로벌 금융위기는 한국 금융기관의 민낯을 그대로 드러내 보였다. 금융의 기본 기능은 자금의 융통이다. 그런데 당시 금융기관들은 국제금융시장에서 자기신용으로 자금을 조달할 능력이 없었다. 금융기관은 국내 기업의 수출입 거래와 해외투자지원, 국내외화대출, 금융기관의 직접적인 해외 투자 등을 위해 외화 자금을 조달해 운용한다. 국외 점포의 영업을 통해 외화를 벌어들이는 것도 물론이다. 이러한 외화 자금의 조달 및 운용 규모는 은행의 경우 총자산의 10~15%를 차지한다.

2008년 당시 한국의 주요 은행은 우량한 재무구조를 갖추고 있었다. 국제적인 신용경색이 영향을 미치기는 했지만 그만한 재무구조에도 불구하고 외화를 제대로 조달하지 못했으니 역량을 의심받을 만했다. 이는 결국 당해 은행은 물론 국가 경제 전체를 외화 유동성 부족에 직면케 하는 결과로 이어졌다. 진퇴양난에 빠진 은행들을 구명한 것은 정부였다. 당시 은행들은 한국은행이 보유 중인 외환 보유액을 토대로 정부가 미국 중앙은행과 통화스와프* 계약을 체결한 뒤에야 비로소 외화 부족 사태를 모면할 수 있었다.

2008년 글로벌 금융위기 이후 국내외 은행의 경영 지표를 비교해 보면 국내 은행의 수익성이 얼마나 뒤처지는지 확인할 수 있다. 미국의 4대 은행 중 한 곳인 웰스파고와 우리나라 대표 은행격인 KB국민은행, 신한은행의 경영 지표를 살펴보자.

---

* 말 그대로 통화를 교환(swap)한다는 뜻이다. 서로 다른 통화를 미리 약정된 환율에 따라 일정한 시점에 상호 교환하는 외환거래를 말한다.

도표 1. 국내외 은행 자산증가율 비교

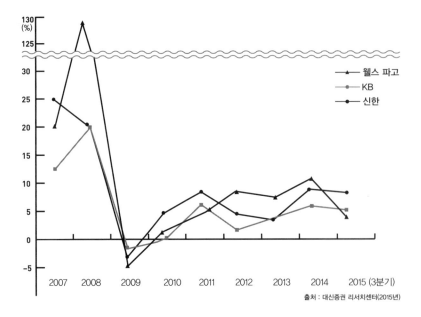

출처 : 대신증권 리서치센터(2015년)

먼저 세 은행의 자산증가율(도표 1)을 비교해보자. 자산증가율은 은행의 성장성을 엿볼 수 있는 지표이다. 결론부터 말하자면 성장성에 있어서는 국내외 은행이 별다른 차이를 보이지 않았다. 세 은행 모두 2008년 금융위기를 계기로 대출자산이 급증감한 영향으로 자산증가율에서 롤러코스터 현상이 나타난다. 2008년 급증했던 자산증가율은 2009년 마이너스로 돌아선다. 자산증가율 감소폭은 위기 진원지인 미국의 웰스파고가 -5%로 가장 컸다. 이에 비해 국민은행은 -2%, 신한은행은 -3.4%로 상대적으로 감소폭이 작았다. 이후 웰스파고는 2010년 1.2%, 2011년 4.4%, 2012년 8.3%로 상승하며 빠르게 회복했다. 신한은행도 2010년 4.3%, 2011년 8.3%, 2012년 4.4%로 안정적인 흐름을 보였다. 국민은행은 2010년 −0.1%, 2011년 1.6%, 2012년 6.0%로 회복속도가 더딘 편이었는데, 이는 2009년 상대적으로 자산감소폭이 적었던 때문이다. 따라서 성장성 측면에서 유의미한 수치로 보기 어렵다.

도표 2. 국내외 은행 순이자마진율 비교

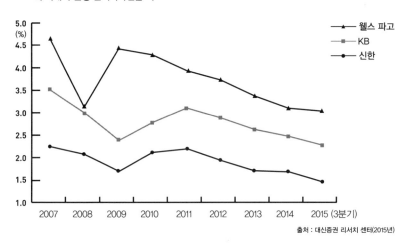

출처 : 대신증권 리서치 센터(2015년)

하지만 수익성 평가 지표로 비교해보면 국내외 은행 간 차이가 확연히 드러난다. 세 은행의 순이자마진율(NIM) 추이(도표 2)를 살펴보자. 순이자마진율은 은행이 자산을 운용해 낸 수익에서 조달비용을 차감해 운용자산 총액으로 나눈 수치이다. 도표에서도 확인할 수 있듯이 국내 은행의 순이자마진율은 2007년 이후 단 한 번도 웰스파고를 추월하지 못했다. 웰스파고는 순이자마진율이 2007년 4.6%에서 2008년 3.1%로 급감했지만 이후 2015년 3분기까지 3.0~4.3%로 안정적인 수익력을 보여주고 있다. 반면 국민은행은 2007년 3.5%에서

2008년 3.0%로 감소한 뒤 이전의 수준을 회복하지 못하고 있다. 2009년 이후 2.3~3.1% 수준에 머물고 있다. 신한은행도 2007년 2.3%에서 2008년 2.1%로 후퇴했고, 2009년부터 2015년까지 1.5~2.2%를 기록하는 데 그쳤다.

도표 3. 국내외 은행 자기자본이익률 비교

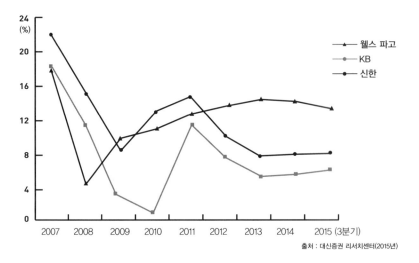

출처 : 대신증권 리서치센터(2015년)

이익창출능력을 보여주는 자기자본이익률(ROE)의 추이(도표 3)를 보면 2008년 글로벌 금융위기 이후 국내 은행의 이익창출능력이 저하되고 있다는 걸 확인하게 된다. 신한은행이 그나마 선전했지만 2012년부터 주춤하는 모습이다. 신한은행은 자기자본이익률에서 강자의 면모를 보였지만 2009년 8.0%로 주저앉으면서 그 해 9.3%를 기록한 웰스파고에 선두자리를 내줬다. 2010년 12.5%, 2011년 14.3%를 기록해 웰스파고를 제치는 듯했지만 그것이 전부였다. 이후 4년 연속 웰스파고를 밑돌고 있다. 국민은행의 자기자본이익률은 저조한 수준을 벗어나지 못하고 있다. 2008년 10.8%에서 2009년 2.8%로 쪼그라들었고, 2010년에는 0.4%까지 내리막길을 걸었다. 2011년 11.0%로 회복했지만 2012년 이후 5.0~7.2%를 내는 데 그쳤다.

한국을 대표하는 은행들의 수익성 지표가 이처럼 상대적으로 저조한 것은 비이자이익이 적은 데다 대손상각비율이 높기 때문이다. 특히 대손상각비율은 심각하다. 세 은행의 대손상각비율(도표 4)을 비교해보면 2013년 이후 웰스파고가 0.1~0.2% 수준인 데 비해 국민은행과 신한은행은 각각 0.2~0.5%, 0.2~0.4%로 두 배 수준을 넘고 있다. 그만큼 위험자산관리능력에서 약한 면모를 드러내는 것이다.

도표 4. 국내외 은행 총자산 대비 대손상각비율 비교

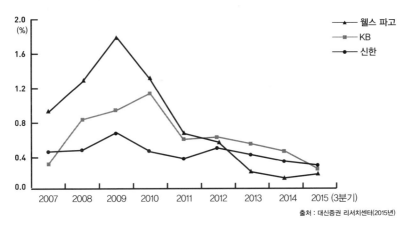

출처 : 대신증권 리서치센터(2015년)

한국 금융산업이 삼류가 아닌 이유

금융 일류화를 위해 한국 금융업계가 풀어야 할 숙제는 많다. 하지만 아무리 그렇다고 해도 WEF의 혹평은 과도한 면이 없지 않다. 평가의 객관성조차 의문스럽다. WEF는 세부지표 8개 중 7개를 설문조사 방식으로 평가했는데 설문 내용이 너무 포괄적이었다. 예컨대 WEF는 '금융서비스 가격은 적정한가?'라고 물은 뒤 '매우 부정적'이라고 답할 경우 1점을, '매우 적정'이라고 응답할 경우 7점을 부과했다. 설문 대상도 기업 CEO, 간부, 금융인, 주한 외국계 기업 CEO 등 기업 경영인에 편중돼 있었다.

세계은행이 2015년 143개국을 대상으로 금융 이용 가능도 지표를 조사한 결과는 WEF와 사뭇 달랐다. 세계은행은 한국의 15세 이상 인구 중 계좌 보유 비율이 94.4%로 세계 평균 60.7%를 크게 웃돌고, 경제협력개발기구(OECD)의 평균인 94.0%보다 높다고 발표했다. 무인화기기(ATM)를 이용한 출금 비율은 한국이 77%로, 역시 세계 평균 48.3%를 크게 앞질렀으며 OECD 국가 평균인 68.5%보다도 높았다고 보고했다. 우리나라 은행의 예금계좌 관련 수수료 비중 역시 글로벌 은행들보다 상대적으로 낮았다. 일례로 우리나라 은행들은 계좌관리 수수료를 받지 않고 있지만 씨티은행은 매월 1~3만 원을 받고 있다.

은행 대출의 용이성 측면에서도 한국은 OECD 국가 대비 양호한 수준을 기록하고 있다. 기업의 대출 접근성 지표(과거 1년간 기업 경영 등의 목적에 의한 대출 경험)에서 한국은 4.6%로 OECD 평균 2.6%를 웃돌았다. 이와 함께 은행 건전성 측면에서 국내 은행들은 2015년 6월 말 현재 BIS(국제결제은행) 자기자본비율*이 14.09%로, 모두 경영 실태 평가 1등급 기준을 충족하고 있다. 이는 미국 은행의 13.98%보다도 높은 것이다. 아울러 주식시장의 시가총액 규모는 1조 2,000억 달러(2014년 말 기준)로 세계 15위 수준이고, 외국인의 증권 투자 규모 역시 508조 2,000억 원(2015년 9월 말 기준)에 달한다. 이런 측면에서 WEF가 한국의 금융산업 경쟁력을 우간다나 나이지리아 등의 아프리카 국가들과 비슷한 수준으로 평가한 것은 적절하다고 볼 수 없다.

한국의 금융산업이 세계사에 유례없는 초고속 경제 성장의 지렛대가 되어주었다는 점 역시 돌아볼 필요가 있다. 한국은 1960년부터 2014년까지 54년간 실질 국내총생산(GDP)이 37.6배(2010년 가격 기준) 증가했다. 같은 기간 세계 GDP가 7.3배 증가한 것을 고려하면 한국 경제의 성장 속도는 무려 세계의 5배가 넘는 것이다. 주요 선진국의 고도성장기와 비교해도 월등한 차이를 보인다. 산업혁명의 발원지인 영국은 1700년부터 1870년까지 170년간 가장 빠른 속도로 경제가 성장했는데, 이 기간에 성장률은 9.4배에 그쳤을 뿐이다. 이는 지난 우리나라 성장률의 4분의 1에 불과하다. 미국도 고도성장기인 1870년부터 1940년까지 70년간 실질 GDP가 9.5배 증가했을 뿐이다. 일본은 1913년부터 1970년까지 57년간 14.1배 성장했는데, 이런 성장 속도 역시 우리나라 성장 속도의 절반에도 못 미치는 것이다. 한국 경제의 이 같은 초고속 성장에 추진력을 제공한 것은 바로 금융산업이다.

정부 주도 아래 금융회사들이 반도체와 철강, 조선, 화학, 자동차 등

---

* 국제결제은행(BIS)이 정한 은행의 위험자산 대비 자기자본비율이다. 은행경영의 건전성과 안정성을 점검하는 지표로 이용된다.

주요 제조업에 막대한 자금을 공급해줬기에 한국 경제가, 한국 제조 산업이 빠르게 성장할 수 있었다는 이야기다. 이른바 정부 주도형의 성장금융체제가 한국 경제 성장에 열쇠가 됐다. 금융의 자금중개 기능은 매우 중요하다. 아무리 좋은 기술과 우수한 노동력을 갖춘 회사라도 돈이 없으면 사업을 일으킬 수 없기 때문이다. 경제와 산업, 금융을 따로 떼어놓고 말할 수 없다. "한국 경제가 세계 10위권인데, 한국 금융산업은 세계 80위권이다"라고 말하는 것은 앞뒤가 맞지 않는다.

1997년 IMF 외환위기는 우리 금융산업을 벼랑 끝으로 몰았지만 다른 한편으론 도약의 발판이 돼주었다. 금융기관들은 외환위기를 계기로 국제회계기준을 도입하고 위험관리를 강화하게 됐다. 이를 통해 대형 시중은행들은 2000년대 중반에 들어 BIS 자기자본비율, 부실여신비율* 등에 있어 선진국의 우량 은행 부럽지 않은 재무건전성을 갖추게 됐다.

금융자산의 성장도 괄목할 만하다. 예금, 보험, 채권, 주식, 출자지분 등 개인과 기업, 정부의 총 금융자산은 관련 통계가 처음 나온 1962년 3,479억 원에서 반세기 뒤인 2014년 말, 무려 1경 3,587조 원으로 급증했다. 은행 등의 현금통화와 예금자산은 2,667조 원에 달하고, 보험자산은 919조 원(생명보험, 손해보험, 재보험 자산 합계)으로 불었다. 1956년 증권거래소 개장과 함께 첫걸음을 뗀 증권회사 역시 눈부신 성장을 이뤘다. 위탁매매에서 자기매매, 인수(underwriting), 증권저축 신

---

* 부실여신은 금융기관이 빌려주고 돌려받지 못하는 돈을 말한다. 돈을 떼일 위험성이 높은 '회수의문', 사실상 떼인 돈이나 다름없는 '추정손실'이 이에 해당한다. 부실여신비율은 전체 여신에서 이런 부실여신이 차지하는 비율을 말한다.

용공여, 주가지수 선물, 투자자문, 장외파생 금융상품거래 등으로 업무영역을 넓히면서 선진국형 투자은행(IB)으로 변신하고 있다.

우물 안에 머물러 있던 금융기관들은 이제 우물 밖 세상에도 눈을 뜨기 시작했다. 하나은행은 중국 동북3성에 진출해 금융한류 심기에 큰 진전을 거뒀다. 주요 보험사들은 중국과 베트남, 인도네시아, 캄보디아 등 신흥 개발도상국으로 활발히 진출해 제2의 성장발판을 마련하고 있다. 미래에셋자산운용은 2003년 홍콩에 진출한 지 5년 만에 일본을 제외한 아시아 제일의 자산운용회사로 거듭난 데 이어 미국, 유럽 등 선진국 자본시장에 진출해 한국 금융산업의 위상을 드높이고 있다.

다만, 한국 금융산업이 금융 선진국에서도 통할 수 있는 경쟁력을 갖추었다고 보기는 아직 어렵다. 금융기관들이 여전히 미국, 영국 등 글로벌 선진 금융시장 진출을 주저하는 이유도 같은 맥락이다. 이는 선진국에 비해 상대적으로 금융 역사가 짧거니와 정부의 과보호 등을 받으면서 금융기관이 스스로 경쟁력을 키우지 못한 탓이 크다. 그렇다고 해서 그간의 양적, 질적 성장을 외면한 채 한국 금융산업을 삼류라고 비하할 수는 없다. "일류가 못될 뿐, 삼류는 아니다"라는 말이다. 한국 금융산업을 삼류로 만드는 것은 따로 있다. 바로 한국 정치다.

금융산업은 경험을 통해 성장한다

프랑스는 세계적인 와인 생산 국가다. 그것은 단순히 와인의 원료가 되는 포도가 많이 생산되는 나라이기 때문이 아니다. 맛과 품질이 우수한 와인을 개발하는 데 힘을 쏟은 오랜 전통에서 비롯된 것이다. 경험과 노하우가 프랑스 와인의 경쟁력이다. 산업에도 역사와 전통을 바탕으로 성장하는 산업이 있고, 그렇지 않은 산업이 있다. 예를 들면 전자는 금융업, 후자는 제조업이 이에 해당한다. 6·25 전쟁 후 불모지와 같던 한국 땅에 불과 반세기 만에 삼성전자, 현대자동차, LG전자, 포스코, 현대중공업 등 세계적인 제조업체들이 줄줄이 탄생했다. 1970년대 들어 본격화된 정부의 중화학공업 육성정책에 따라 금융기관들이 전자, 조선, 철강, 자동차 부문에 막대한 자금을 지원한 덕분이다. 제조업이 승부를 보는 데 30년이면 충분하다는 주장이 나오는 것도 이 때문이다.

같은 의미로 제조업이 한 분야에서 30년 넘게 흥하기도 어렵다. 세계적인 컨설팅업체 맥킨지는 1935년 90년에 달하던 기업의 평균 수명이 1995년에는 22년으로 단축됐고, 2015년에는 15년까지 떨어질 것이라 전망하고 있다. 맥킨지의 전망은 글로벌 100대 기업의 평균 수명이 약 30년에 불과하며 이들이 70년간 존속할 확률이 18%에 불과하다는 〈포브스〉 발표 내용과 궤를 같이한다. 중국의 맹추격으로 말미암아 한국의 제조업 위상이 흔들리고 있는 것이 좋은 예다. 초고속 성장 신화를 썼던 한국 기업들은 기존 사업의 성장둔화로 말미암아 이제 바이오나 정보 기술 등과 같은 지식 기반의 새 먹거리 사업 발굴에 사운을 걸고 있다.

이에 반해 금융산업은 오랜 경험과 노하우, 전통과 역사가 바탕이 되는 산업이다. 금융산업이 제대로 발전하려면 근대적 자본주의로 나아가기 전에 자본 축적 과정을 거쳐야 한다. 기업, 개인 등 경제주체들이 경제활동을 통해 돈을 모으는 과정을 말하는 것으로, 이를 원시적 자본 축적기라고 한다. 하지만 안타깝게도 우리나라는 그런 기회를 갖지 못했다. 자본 축적 과정이 생략되다 보니 금융 노하우 역시 쌓을 수 없었다. 경쟁력을 키울 기회를 잃었다. 반면 영국이나 미국은 식민지 지배를 통해 오랫동안 자본을 축적할 수 있었다. 두 국가는 이를 토대로 금융산업을 일으켰고, 세계 제일의 금융부국이 되었다.

금융산업은 경험의 축적 과정을 통해 발전한다. 경험이 자산이 되는 지식 기반의 산업이다. 경험 없이는 성장할 수 없다. 예컨대 한국이 2008년 세계 금융위기를 극복할 수 있었던 것은 10여 년 전 외환위기를 경험했기에 가능한 것이었다. 1997년 IMF 외환위기는 기업들에게 외형 성장 위주의 무리한 경영이 '도박 행위'라는 것을 각인시켰다. 또 금융기관들에게는 '자산관리를 소홀히 하면 은행도 파산할 수 있다'는 아주 평범한 진실을 일깨워주었다. 이 경험을 바탕으로 국내 대기업과 금융기관들은 재무건전성 강화에 열중했고 이제는 세계 어느 기업, 금융기관도 부럽지 않은 탄탄한 재무구조를 갖출 수 있었다.

금융 노하우는 돈으로 살 수 없다. 제조업은 로열티 등의 대가를 지불하고 기술이전을 받으면 선진 기업을 추격할 여지가 있다. 하지만 선진 금융기법은 돈으로 사고팔지 않는다. 개별 금융기관 스스로 경험을 통해 창출해내야 한다. 결국 시간이 해결할 수밖에 없는 구조다. 금융산업을 금융 전문인력들이 만들어가는 지식 기반의 산업이라고 하는 것도 이 때문이다. 경험을 얻는 대안이라고 한다면 세계적인 금융기관의 전문인력을 수혈하거나 당해 금융기관을 인수합병(M&A)하는 길밖에 없다. 그런데 이 역시 선택하기가 쉽지 않다. 그간 적잖은 금융기관들이 이를 시도했지만 이렇다 할 성과를 내지 못했다. 얼마의 비용으로 언제, 어느 금융기관을, 혹은 어떤 인재를 수혈할지 결정하기가 쉽지 않을 뿐만 아니라 이런 투자가 성공할 때까지 인내하는 경영 문화가 정착되지 못한 탓이다.

돌이켜보면 한국 금융산업의 역사는 초라하다. 역사는 짧고, 경험도 일천했다. 14세기 이탈리아의 조반니 메디치나, 19세기 유럽금융의 지배자 로스차일드 같은 금융 부호가 출현한 역사가 없다. 20세기 이후 세계 금융의 패권자로 군림하는 미국의 JP모건 같은 막강한 금융기관을 보유한 역사도 없다. 금융기법이 대대로 이어지며 노하우가 축적돼 발전할 기반이 없었다. 예대마진*을 수익 기반으로 하는 근대 은행이 문을 연 지 고작 100여 년이다. 우리나라 최초의 근대적 중앙은행인 한국은행(약칭 한은)이 설립된 것은 1909년 11월이다. 대한민국 역사로 보면 한국은행의 역사는 이보다 더 짧다. 영국의 영란은행은 독점적 화폐 발행 권한을 가진 중앙은행으로 정부의 은행이자 은행의 은행이다. 1689년 설립된 이후 300여 년의 역사를 자랑한다. 이와 비교하면 한국 금융산업의 역사란 이제 막 걸음마를 뗀 아이 수준이라고 해도 과언이 아니다. 하물며 14세기 이탈리아 도시국가 은행들이 화폐를 기반으로 채권까지 발행해 신용을 창조했던 시기에 우리는 화폐경제조차 정착되지 못했다. 그로부터 4세기가 지난 18세기 조선 영·정조 때에 이르러서야 비로소 화폐가 널리 통용됐다.

---

* 대출이자에서 예금이자를 뺀 나머지 부분으로, 금융기관의 수입이 되는 부분이다. 대출금리가 높고 예금금리가 낮을수록 예대마진이 커진다.

100년을 준비해도 승부 내기 어려운 산업

금융은 100년 갖고도 승부를 내기 어려운 산업이다. 19세기 중반, 메이지 유신을 거쳐 비약적인 경제 발전을 이룬 일본의 경우가 단적인 예다. 일본은 금융기관의 대형화를 통해 세계적인 금융기관을 키워보려 했지만 무위에 그쳤다. 1990년대 초 일본의 은행들은 자본이나 자산 규모에서 세계 수위를 차지하고 있었다. 1990년 세계은행 순위에서 일본의 은행들은 세계 1~3위를 포함해 6곳이 10대 은행에 속했다. 이들 은행은 인수합병(M&A) 등을 통해 자산을 키우고 국제화를 추진했다. 그러나 1990년대 말부터 2000년대 초까지 대부분 부실화돼 일본 경제에 커다란 상처만 남기고 사라진다.

프랑크푸르트를 런던과 뉴욕에 버금가는 국제금융의 중심지로 육성하려는 독일의 꿈이 요원한 것도 같은 맥락이다. 독일은 중앙정부와 지방자치단체가 힘을 모아 프랑크푸르트에 유럽중앙은행(ECB)을 유치하는 등의 성과를 올렸다. 하지만 여전히 국제금융의 중심지란 평가를 받지 못한다. 일본과 독일의 금융산업 수준이 경제 수준에 못 미치는 것은 두 나라 모두 제조업 중심의 경제 발전을 추진했던 까닭이다. 한국이 제조업 중심의 압축적 성장을 도모했던 것처럼 말이다.

앞서 서술한 대로 한국은 원시적 금융자본 축적기를 거치지 못한 데다 경험 역시 부족해 선진국에 필적할 만한 금융산업의 발전을 보지 못했다. 증권사, 보험사, 자산운용회사 등 제2금융회사들을 계열사로 거느린 금융전업그룹도 성장에 한계를 보였는데, 이는 캡티브 마켓(captive market, 전속시장)[*]의 영향이 적지 않다. 캡티브 마켓을 확보하지 못한 금융전업그룹은 상대적으로 우수한 금융기법과 상품을 보유하고 있다손 치더라도 시장점유율을 끌어올리기 어려웠다. 캡티브 마켓을 확보한 대그룹 계열 금융회사와의 경쟁에서 우위에 서지 못했다.

그렇다고 해서 우리 금융산업의 미래를 마냥 비관할 필요는 없을 것 같다. 한국 금융산업은 1997년 IMF 외환위기 이후 최소 2~3년에 한 번꼴로 터진 크고 작은 금융위기를 모두 극복했다. 부침은 있었지만 파국으로 치닫진 않았다. 자본시장을 완전 개방한 뒤 해외자본에 의해 시도됐던 간헐적인 시장교란 행위도 막아냈다.

앞으로 과제는 안팎의 어떠한 혼란에도 흔들리지 않는 금융시스템을 구축하고, 글로벌 금융기관들과 당당히 겨룰 수 있는 힘을 키우는 것이다. 시간은 아직 우리 편이다. 금융에서 승부를 보는 데 최소 100년을 준비해야 한다고 본다면 아직 우리에겐 30년의 시간적 여유가 있기 때문이다. 우리가 금융산업의 발전을 가로막는 병원균을 정확히 진단해 제거한다면 머지않아 우리 금융시장에는 세계 일류를 자랑하는 금융기관들이 속속 출현하게 될 것이다. 물론 이를 위해 금융기관들은 경쟁력 제고에 필요한 역량을 갖추기 위해 부단한 노력을 기울여야 할 것이다. 또 정부와 정치권력은 과도한 시장개입과 불편부당한 관치 등 과거의 그릇된 관행을 중단하고, 금융산업의 발전을 저해하는 요

---

* 선택의 여지없이 특정 상품을 사야 하는 소비자층을 말한다. 고정거래층이라고 달리 표현할 수 있다. A그룹사의 계열사는 거래 고객에게 다른 계열사 상품이나 서비스를 판매하는 방식으로 전속시장을 구축해 수익을 키울 수 있다.

인들을 신속히 제거해야 한다. 특히 정치권력은 금융을 마치 전리품인 것마냥 떼어주고 나눠 먹는 식의 구태를 반복해서는 안 될 것이다. 5년, 10년 편하자고 한국 금융 역사에 오점을 기록하는 정치인은 더 이상 없어야 한다.

인재들의 집합소, 금융시장

금융감독원(약칭 금감원)에 따르면 2015년 6월 말 기준 은행, 증권회사, 보험회사, 신용협동조합, 여신전문금융회사, 신용카드사, 상호저축은행, 자산운용회사, 선물회사, 종합금융회사 등 전 금융권에 종사하는 임직원 수는 28만 9,000여 명에 달한다. 이 통계에는 보험사 모집인, 각 금융유관기관 종사자, 금융당국자, 금융업권별 연구원 인력 등이 빠져 있다. 이들을 모두 합칠 경우 실제 금융계 종사 인력은 42만여 명에 이를 것으로 추산된다. 당국에 따르면 1970년대 초반까지 이 업계 임직원 수는 많아야 5만 명 수준이었던 것으로 추정된다. 이를 감안하면 불과 40여 년 새 금융인 수가 8배 이상 늘어난 것이다. 이처럼 금융업 종사자 수가 늘어난 것은 1970~1980년대 들어 지방은행 등이 신설되고, 증권사와 투자신탁회사, 보험사, 단기금융회사 등이 대거 설립된 데 따른 것이다.

  하지만 금융인 수가 해마다 증가한 것은 아니다. 외환위기는 수많은 금융인들의 일터를 빼앗았다. 1996년 28만 3,000여 명(이하 보험설계사, 유관기관 종사자 등을 뺀 인력)에 달했던 금융인 수는 1997년 27만 8,000여 명으로 줄더니, 1998년 22만 1,000여 명으로 급감했다. 불과 2년 새 6만여 명이 직장을 잃었다. 은행원들의 충격이 가장 컸다. 1996년 13만 명에 육박했던 은행 임직원 수는 2년간 3만 5,000여 명이나 감소했다. 한 차례 위기가 더 있었다. 2003년 카드대란 사태였다. 이번엔 할부금융회사와 신용카드사 직원들이 옷을 벗었다. 2003년 5만 6,000여 명에 육박했던 두 금융권 직원들은 2004년 4만 1,000여 명으로 줄었다. 1년 새 1만 5,000여 명이 실직한 것이다.

금융인 수는 1980~1990년대 금융자율화, 금융개방화를 추진할 당시 급증했다. 1980년부터 외환위기 직전 해인 1996년까지 금융인 수는 매년 기하급수로 늘었다. 신설 은행, 증권, 보험사가 잇따르면서 구직자들이 금융권으로 몰렸다. 은행, 보험회사는 안정적인 직장으로, 증권사, 종합금융회사(약칭 종금사) 등은 일확천금을 꿈꿀 수 있는 직장으로 각광받았다.

원래 은행, 증권, 보험의 3대 금융권 가운데에선 은행이 단연 인기가 높았는데, 1980년대 후반 증권사로 잠시 역전된다. 1988서울올림픽 개최를 전후해 주식시세가 폭등하면서 증권사에 들어가면 벼락부자가 될 수 있을 것이란 막연한 기대가 한몫했다. 규모가 성장한 증권사들이 고액 연봉을 제시하며 우수 인재 영입에 나선 것도 증권인 증가에 영향을 미쳤다.

1980년대 후반부터 외환위기 전까지 종금사는 최고 인기를 누렸다. 시중은행보다 평균 30%나 연봉이 높았기 때문이다. '학벌 좀 있다'는 사람들은 모두 종금사 문을 두드렸다. 하지만 메뚜기도 한철이란 말을 실감해야 했다. 외환위기는 이들의 직장 역시 빼앗았다. 1997년 1,500여 명에 달했던 종금사 임직원 수는 1998년 1,200여 명, 1999년 940여 명, 2000년 580여 명으로 급감했다. 그로부터 15년 만인 2015년 6월, 이 숫자는 88명으로 쪼그라들었다. 종금사는 이제 추억의 금융회사가 돼버린 것이다.

금융인원 수의 부침은 있었지만 금융계에 인재들은 꾸준히 유입됐다. 벼락부자가 된 국내외 금융인들의 성공신화는 젊은 인재들을 끌어당겼다. 이는 비단 한국 땅에서만 있는 일이 아니다. 인재들의 금융 진입 현상은 세계적인 조류다. 니얼 퍼거슨은 그의 저서 『금융의 지배』에서 "1970년대만 해도 하버드대학의 남자 졸업생 중 단 5%만이 금융권에 들어갔지만, 1990년이 되자 15%로 늘어났다"고 밝혔다. 그는 또 "2007년엔 남자 졸업생 중 20% 이상이, 여자 졸업생 중 10% 이상이 은행권에서 첫 직장을 얻길 원했다"고 서술했다. 이에 대해 퍼거슨은 최근 몇 년간 금융권의 급여 및 각종 혜택이 다른 경제 분야에서 아이비리그 졸업생들이 얻는 봉급보다 3배 정도 많았던 것을 이유로 설명한다.

국내 사정도 별반 다르지 않다. 명문대 졸업생 중 약 30%는 은행, 증권, 보험 등 금융회사 입사를 희망하고 있고, 이들 가운데 3분의 1가량은 실제 금융권 진출의 꿈을 이루고 있다. 전국 수재들만 모인다는 서울대 경제학과 졸업생들의 예를 들어보자. 2000년대 들어서도 이들 가운데 절반가량은 입사 후 안정적인 일자리와 고액 연봉을 기대할 수 있는 한국은행, 산업은행, 수출입은행 등 공공금융기관, 국책 및 민간연구원, 대형 시중은행 등으로 진로를 택하고 있다. 어떤 위기가 닥치든 간에 빠른 회복세를 보였던 금융산업의 성장 가능성에 주목한 때문일 것이다.

CHAPTER 2

정치가 금융을
삼류로 만든다

한국 경제를 나락으로 빠트리는 정치금융

세계 10위권의 경제 규모를 가진 우리나라가 아프리카 국가들과 비슷한 80위권의 금융 경쟁력을 갖고 있다는 세계경제포럼(WEF)의 평가는 우리 금융의 현실을 단적으로 보여주고 있습니다. 세계 금융 질서의 변화 흐름을 외면하며 낡은 시스템과 관행에 안주해온 탓입니다. 담보나 보증과 같은 낡은 보신주의 관행과 현실에 안주한 금융회사의 영업 행태부터 바꿔나가겠습니다.

－ 2015년 8월 6일 박근혜 대통령 대국민 담화문에서

박근혜 대통령은 한국 경제의 재도약을 위한 경제 전반의 대수술이

필요하다는 점을 지적하면서 노동·공공·교육 부문과 함께 금융 부문에 대한 개혁을 추진하겠다고 밝혔다. 그는 "경제의 혈맥인 금융이 본연의 기능을 회복해 경제의 실핏줄까지 신선한 혈액을 공급하고 원기를 불어넣도록 만들어야 한다"고 강조한 뒤 "우리 경제의 재도약을 위해 경제의 혈맥 역할을 하는 금융시스템을 개혁하겠다"고 말했다. 또한 "글로벌 금융위기 이후 혁신과 아이디어로 무장한 핀테크 혁명이 세계 금융 질서 판도를 바꾸고 있다"며 "크라우드 펀딩, 인터넷 전문은행 같은 새로운 금융모델을 속도감 있게 도입해 금융의 경쟁력을 제고하겠다"고 밝혔다.

경제의 혈맥인 금융이 자금중개라는 제 기능을 발휘해야 경제가 살아날 수 있다는 지적에 공감한다. 세계 금융산업의 변화에 발맞춰 새로운 사업 모델을 개발해야 한다는 인식 역시 틀리지 않다. 그러나 이러한 노력이 한국 금융산업의 경쟁력을 높이는 근본적인 처방이라는데는 동의하지 않는다. 금융산업의 경쟁력을 높이려면 발전을 해치는 구조적인 위험부터 제거하는 것이 순서인데, 이것이 빠져 있기 때문이다. 차라리 말머리에 "금융산업을 위해 과거의 잘못된 정치금융 행태를 청산하겠다"고 약속했다면 어땠을까?

한국 금융산업은 정치금융이라는 구조적인 위험이 존재했고, 여전히 이러한 위험에서 벗어나지 못하고 있다. 금융산업을 살리려면 먼저 정치권력의 금융지배부터 청산해야 한다. 잘못된 정치가 금융산업을 망쳤다. '권불(權不) 10년'이라지만 정치권력은 10년도 가지 못할 권력의 야심을 채우기 위해 끊임없이 금융지배를 시도했다. 능력이 있고 없고를 따지기 전에 자신들의 입맛에 맞는 인사를 금융당국이나 금융기관의 수장으로 임명했다. 이런 연유로 금융선진화에 기여할 것으로 기대했던 수많은 인재들이 정권이 바뀔 때마다 중도에 낙마하는 악순환이 반복됐다.

박근혜 정부 들어서도 마찬가지다. 2013년 박근혜 정부가 들어서면서 금융권엔 '서금회'와 '연금회' 논란이 일었다. 서강대 출신 금융인 모임인 서금회와 연세대 출신 금융인 모임인 연금회를 들락거렸던 인사들이 금융권 요직을 차지하고 있다는 비판이 쏟아졌다. 이 논란의 한복판에는 서강대 출신의 박 대통령과 박 대통령의 복심으로 통하는 연세대 출신 실세 정치인, 최경환이 있었다. 이 같은 지적이 나올 법했다. 금융권력의 판세가 달라졌다. 그간 빛을 보지 못했던 연세대, 서강대 출신 금융인들이 주목할 만한 자리를 차지했다. 연세대 출신 최초의 한국은행 총재와 금융위원장이 배출됐다. 새누리당 원내대표로 있던 최경환은 그사이 기획재정부 장관에 올랐다. 이로써 우리나라 재정·금융·통화·신용정책의 본산인 기획재정부와 금융위원회, 한국은행의 수장이 모두 연세대 동문으로 채워지는 이례적인 상황이 벌어졌다.

기획재정부(전 재정경제부) 또는 금융위원회 장차관 출신이 차지하던 산업은행장과 한국수출입은행장엔 서강대 출신 민간인이 나란히 자리를 꿰찼다. 산은금융지주(약칭 산은지주) 회장 겸 산업은행장에 박근혜 후보 대선캠프에 참여했던 홍기택 중앙대 교수가 지명됐다. 한국수출입은행장은 이덕훈에게 돌아갔다. 이덕훈은 우리은행장에서 물러난 지 10여 년 만에 화려하게 부활했다. 박근혜 정부가 출범하기 전까지는 누구도 예상하기 어려운 일이었다. 우리금융지주 회장 겸 우리은행장엔 연임이 유력하던 인사를 제치고, 무명에 가깝던 서강대 출신의 우리은행 부행장이 등극했다. 서금회 창립멤버로 6년간 회장을 맡았던 국민은행의 한 인사는 불사조 같은 생명력을 과시하기도 했다. 2014년 국민은행 내분 사태*에 책임이 있다 해서 금융당국으로부터 징계를 받고 국민은행 부행장에서 물러난 지 불과 2개월여 만에 KB금융지주 금융계열사 대표로 복귀했다.

박 대통령의 대선을 도왔던 캠프 출신 인사들은 줄줄이 금융권 요직에 앉았다. 한국금융연구원 출신의 정찬우는 박근혜 정부 초대 금융위원회 부위원장으로 발탁돼 가장 먼저 주목받았다. 역대 정부에서도 초대 금융위원회 부위원장은 캠프 출신 인사가 기용되곤 했지만 정찬우만큼 관운이 좋았던 이는 없다. 대부분은 고작 1년 남짓 자리를 유지했을 뿐이다. 정찬우는 금융위원장이 한 차례 교체되는 동안에도 자리를 지켰고, 역대 최장수 금융위원회 부위원장을 역임했다. 그는 특히 금피아**의 아이콘으로 거론된다.

캠프에 몸담았던 신성환 홍익대 경영대학 교수도 금융연구원장에 올랐다. 신 원장은 2012년 대통령 선거 당시 새누리당 박근혜 후보의 선거 조직이었던 국민행복추진위원회 힘찬경제추진단 추진위원으로 활동한 전력이 있다. 금융연구원장은 원래 금융연구원에 출자한 금융회사 22곳이 모여 총회를 통해 선출하게 돼 있다. 하지만 신 교수가 차

* 국민은행 주전산기 교체를 둘러싼 외압의혹으로 임영록 KB금융지주 회장 측과 이건호 KB국민은행장이 벌였던 다툼을 말한다.

** 금융연구원 출신으로 새 정부 들어 금융당국 요직에 기용된 이들을 총칭한다. 재무부 출신의 힘있는 관료집단을 일컫는 모피아가 재무부와 마피아의 합성어인 것처럼 금피아는 금융연구원과 마피아의 합성어이다.

기 원장으로 뽑히면서 "청와대 낙점 인사가 원장에 선출되는 전례가 반복됐다"는 비판이 나왔다. 자본시장연구원장엔 신인석 중앙대 교수가 선정됐다. 신 교수는 박 대통령의 대통령직인수위원회 경제1분과 전문위원을 맡았던 인사다. 그는 대통령 공약을 개발한 새누리당 국민행복추진위원회 위원으로도 활동한 전력이 있다.

신 교수가 차기 원장으로 뽑히기까지 석연치 않은 정황이 있었다. 후보추천위원회는 차기 원장 후보를 신 교수와 김형태 전 원장을 포함한 4명으로 압축하고 면접을 실시할 계획이었다. 그러나 김형태 전 원장이 돌연 연임 포기 의사를 밝혔고, 나머지 두 후보도 최종 면접에 참여하지 않기로 했다. 외압설이 돌았다. "적임자가 있으니 사퇴하라"는 권고가 있었다는 말이 돌았다. 자본시장연구원은 증권사와 금융투자협회, 한국거래소, 한국예탁결제원, 코스콤 등 증권유관기관이 출자해 설립한 민간 싱크탱크다. 민간 연구원장도 캠프 출신이 독차지한다는 비판이 나올 만했다.

한번 연기를 피운 굴뚝엔 다음에도 연기가 날 가능성이 높다. 뜻밖의 CEO 인사로 주목받던 기관에서 제2의, 제3의 정치금융 인사 논란이 제기됐다. CEO가 단행한 임원 인사에 원칙이 불투명했다는 지적이었다. 산은지주의 계열 금융회사 대표 인사와 수출입은행의 감사 인사, 우리금융의 신임 사외이사 인사 등이 이 논란에 휘말렸다. 새 임원들은 박 대통령과 대학 동문이거나 박근혜 후보 대선캠프에서 일했던 사람과 정치인 출신들로 교체됐다. 하지만 정치금융은 박근혜 정부만의 전유물이 아니다. 역대 정부가 비난 여론 속에서도 계속해 대물림했던 고약한 전통이었다.

이명박 정부 때는 고려대 출신 금융인들을 일컫는 호금회(또는 고금회)가 금융권을 접수했다. KB금융지주, 우리금융지주, 하나금융지주 회장이 이명박 대통령의 대학 동문이었다. 산은지주 회장은 이 대통령이 서울시장으로 일했던 시절부터 손발을 맞췄던 인사였다. 이들은 '4대 천왕'으로 불리며 막강한 힘을 과시했다. 이명박 정부 시절 선임된 김태준, 윤창현 전 금융연구원장도 이명박 후보 대선캠프와 정책자문단에 참여했던 인사였다.

전두환·노태우 정권 땐 대통령의 측근과 친인척이 금융 인사의 전권을 휘둘렀다. 그러다 보니 정부 직제가 아닌 금융감독당국의 수장이 경제부처 장관보다 힘이 더 셌다. 김영삼 정부 시절엔 부산·경남 인사들이 중용됐고, 김대중 정부 때는 광주·호남 및 대전과 충청권 인사들이 득세했다. 노무현 정부 때는 대통령의 부산상업고등학교 동문 출신과 청와대의 386세대와 연이 닿는 인사들이 금융권에 대거 등장했다.

정치금융은 어제오늘 이야기가 아니다. 정도의 차이가 있을 뿐, 관행처럼 이어졌다. 위기는 하나의 위험이 아니라 구조적인 위험에서 비롯된다. 외환위기가 그랬고, 신용카드 사태와 부동산 버블, 저축은행 영업정지 사태가 모두 그랬다. 한국 금융산업에 있어 구조적인 위험의 정중앙에는 언제나 정치금융이 도사리고 있었다. 하지만 정치권력은 금융개혁을 이야기하면서도 스스로 불행했던 역사와의 단절을 약속하지 않는다. 잘못을 몰라서일까? 아니면 지키지도 못할 약속을 하는 것이 부끄러워서일까? 정치금융의 폐단을 뿌리 뽑지 못하면 금융 일류의 꿈은 백년하청일 수밖에 없다.

한국 금융의 역사 돌아보기
서금회와 연금회

서강대 출신의 금융인 모임인 서금회는 2007년 당시 한나라당 대선 후보 경선에서 박근혜 후보가 이명박 후보에 밀려 대선에 나서지 못하게 된 것을 계기로 만들어졌다고 한다. 처음엔 75학번이 중심이 돼 10여 명 정도로 출범했는데, 18대 대선 직전 송년 모임에는 300여 명이 몰릴 정도로 세가 불었다고 한다. 2015년 6월 말 기준, 서금회 회장은 이경로 한화생명 부사장(경영, 76학번)이 맡고 있다. 박지우 KB캐피탈 사장은 이 모임의 초대 창립 멤버로 6년간이나 회장을 맡았던 것으로 알려졌다. 이덕훈 수출입은행장, 이광구 우리금융지주 회장 겸 우리은행장, 정연대 코스콤 사장(수학, 71학번), 김병헌 KB손해보험(전 LIG손해보험) 초대 사장(경영, 76학번), 황영섭 신한캐피탈 사장(경영, 77학번)이 대표적인 서금회 멤버다.

여기엔 정치권 인사도 들락거렸다. 서병수(경제, 71학번) 부산시장이 대표적이다. 그는 서금회 자문위원으로 활동했다. 서 시장은 새누리당의 싱크탱크인 여의도연구소 소장, 새누리당 사무총장까지 지낸 친박계 핵심 인물이다. 김광두 국가미래연구원장도 서금회 모임에 자주 참석하는 것으로 전해진다. 홍기택 산은지주 회장은 서강대 출신이지만 서금회 정기 모임 행사에는 참석하지 않는 것으로 알려졌다. 중앙대 교수로 재직하고 있었기에 이 모임을 접할 기회가 없어 정기 회원이 되지 못했다는 후문이다.

연세대 출신 금융인들은 전 금융권에서 탄탄한 입지를 구축하고 있는 파워 학맥 집단이다. 하지만 은행이나 금융당국에서만큼은 동문의 성공을 보기 어려웠다. 서울대나 고려대 출신만 한 성공을 보지 못했다. 라이벌인 고려대 출신 인사들이 서울대 동문의 독주를 견제라도 하듯 여럿 금융당국 수장에 올랐지만, 연세대 출신은 그렇지 못했다. 이런 탓에 연세대 출신 금융인들 입에선 한동안 자조가 흘러나왔다. 필자는 과거 허물없이 알고 지내던 연세대 출신 금융인들 여럿에게 "왜 연대 출신 중엔 인물이 없느냐"고 농담을 하곤 했다. 여러 답변을 들었지만 그중에서도 한 은행 임원의 재치 있는 답변이 아직도 생생하다.

"자유로운 서구식 연대 학풍이 연대감을 떨어트린 건 아닐까?"

말의 유희란 끝이 없다. 그는 머리만 명석한 게 아니라 유머 감각이 뛰어난 엘리트였다. 부족한 연대감이 연대의 경쟁력을 떨어트렸다는 말 속엔 많은 함의가 담겨 있었다. 어쨌든 연세대 동문회는 고려대 동문회처럼 우리나라 3대 친목 모임에 들지 않았으니 수긍할 만한 이야기로 들렸다.

연금회는 2008년 연세대 출신 금융회사 CEO 70여 명이 모인 순수 친목 모임으로 출발했다. 박종원 전 코리안리 대표(법학, 63학번)가 한때 전 금융권 좌장을 맡았고, 이경준 전 기업은행 전무(경영, 67학번)가 은행권 연금회에 해당하는 '마포포럼' 좌장을 맡았다. 연금회가 출범한 지 오래지 않아 동문의 숙제가 풀렸다. 임종룡(경제, 78학번)은 연세대 출신 최초로 금융위원장에 올랐다. 이주열(경영, 70학번)은 반세기가 넘는 대한민국 은행의 역사에서 일찍이 보기 어려웠던 최초의 연세대 출신 총재라는 기록을 남겼다. 오랜만에 은행장도 배출했다. 권선주 기업은행장(영문, 74학번), 김한조 전 외환은행장(불문, 75학번)이 이들이다. IMF 외환위기 당시 시중은행장을 역임했던 연대 동문 배찬병 상업은행장, 이관우 한일은행장 이후 15년 만의 일이었다. 김한조 행장은 하나은행과 외환은행이 합병한 뒤엔 하나금융그룹 부회장으로 영전 했다. 연금회는 최경환 전 경제부총리 겸 기획재정부 장관(경제, 75학번)이 구 심점 역할을 하는 것으로 전해졌다.

정치권력의 정략적 행보와 가격개입

정치권력의 금융지배로 나타나는 부작용은 단지 낙하산 인사에 그치지 않는다. 정치권력은 자신들의 정치적 목적을 달성하기 위해 금융을 하나의 도구로 이용하길 주저하지 않았다. 유권자의 표심에 영향을 미칠 의도로 시장가격에 개입하면서 선심성 금융정책을 폈다. 대중인기영합주의인 포퓰리즘이다. 이러한 정략적 행보는 잠시 동안 대중의 지지를 얻을 수 있을지는 몰라도 궁극적으로 금융기관의 재무건전성을 훼손하고, 금융시장은 물론 실물경제 전체를 위험에 빠트린다는 점에서 지양해야 할 구시대의 산물이다.

1999년 5월, 신용카드 현금서비스 월 이용한도 폐지를 골자로 하는 '신용카드 사용 활성화정책'도 김대중 정부의 정략적 행보 중 하나였다. 소비 진작을 위한 일환이라는 명분을 내세웠지만 실은 IMF 조기 졸업 선언을 통해 대외적으로 정치 성과를 과시하려 했던 과욕과 조바심에서 비롯된 정책이었다. 이 조치로 인해 가계의 신용 대출은 눈덩이처럼 불어났다. 더욱이 정부는 신용카드사들이 직장인은 물론 소득이 없는 전업주부와 대학생들에게까지 신용카드를 남발하는 것을 지켜보고도 규제완화를 이유로 아무런 조치도 취하지 않았다.

신용카드 사용은 미래의 수입을 당겨쓰는 것으로 일종의 외상 매입 행위인데, 수입이 없는 사람들에게도 외상 거래를 허용했으니 결과가 좋을 리 없었다. 외상값(카드빚)을 갚지 못하는 고객이 점점 늘었다. 외상 장부 기록은 수북하지만 수금이 안 되다 보니 카드사가 도산위기에 몰렸다. 여러 개의 신용카드로 돌려막기를 하면서 결제 금액을 충당하던 수백만 명이 신용불량자로 전락했다. 고이자 대출자산 증가로 한 해 1조 원이 넘는 이익을 내던 카드사들은 얼마 뒤 그 배가 넘는 손실을 보게 됐다. 2003년 카드대란 사태는 그래서 발생한 것이다.

카드사의 도산이 우려되자, 카드사가 발행한 회사채와 기업어음(CP)을 보유하던 기관투자가들은 돈을 떼일까 봐 경쟁적으로 카드채와 CP를 시장에 내다 팔았다. 투자신탁회사(약칭 투신사)들은 고객들의 환매요청에 따른 펀드런(Fund run)*으로 유동성이 고갈됐다. 증권시장은 아수라장이 됐다. 주가와 채권 값이 폭락했다. 개인투자자들은 하루아침에 알거지로 전락했다. 이처럼 정치적 목적을 위한 금융정책은 금융시장과 금융산업, 국민경제에 엄청난 해악을 끼쳤다.

시장원리에 맡겨야 할 가격에 정치권력이 개입하기도 했다. 신용카드 수수료에 개입한 것이 대표적이다. 신용카드사의 수수료는 가맹점의 신용도(비용)와 수익성 등을 종합적으로 고려해 카드사가 매기는 것이 원칙이다. 하지만 이명박 정부 시절 정치권은 표심을 얻을 목적으로 자율시장경쟁원리에 반하는 조치를 서슴지 않았다. 선거에 앞서 여야를 막론하고 수수료의 일률적인 인하를 압박했다. 노무현 정부 때도 마찬가지였다. 당시 여야 정치권은 중소기업과 영세 상인을 돕는답시고 수수료 인하를 압박했다. 경제적 약자를 돕고자 하는 의도는 좋았지만 방법이 틀렸다. 일률적인 인하를 압박할 것이 아니라 카드사들의 자율경쟁을 유도하는 방향으로 정책을 추진했어야 했다. 정치권력이 일일이 시장가격에 개입하면 부작용이 나타날 수밖에 없다.

---

* 대량 수익증권 환매 사태를 말한다.

카드사들은 이익이 줄어드는 것을 막기 위해 가격 개입으로 인한 이익감소분에 해당하는 만큼 다른 회원에게 비용을 전가해 이익을 맞추려 했다.

정치는 은행의 대출자산 조정을 강제하는 등의 무리수도 뒀다. 은행의 미래 수익을 담보하던 개인 부동산 담보대출 계약을 해지하도록 하고, 이를 저리 고정대출자산으로 바꿔주는 안심전환대출을 실시케한 것이 대표적인 예다. 대출금리 인하를 주문하는 것은 엄연한 가격 개입 행위다. 대출을 받은 중산층과 서민들의 이자비용 부담을 덜어준다는 취지는 좋다. 그러나 주주 이익과 자기 은행의 재무안정을 고려해야 할 은행 입장에서 보면 경영진이 배임행위를 한 것이나 다름없다. 자율적으로 가격을 매기고, 대출자산을 관리할 수 있는 권리조차 빼앗긴 금융회사에서 창조경영이 나올 리 없다. 이를 기대하는 것은 우물가에서 숭늉을 찾는 셈이다.

좀 더 과거로 거슬러 올라가면 정말 부끄럽기 짝이 없는 가격개입의 역사를 다시 한 번 확인하게 된다. 1990년 5월 4일, 정부는 증시 부양을 위해 증권시장안정기금(약칭 증안기금)을 설립하고 그해 10월 13일까지 증권사, 은행, 보험, 단자회사, 일반상장기업 등을 통해 4조 8,600억 원의 기금을 조성한다. 위기에 빠진 주식시장을 살려보자는 의도에서였다.

이 기금은 1990년대 초반 주식시장의 붕괴 위기를 막는 데 어느 정도 도움이 됐다. 그렇지만 증시의 정상적인 흐름을 막고, 주가를 인위적으로 조정했다는 비판 역시 받았다. 특히 정치권력과 그 하수인들에 의해 정치적 목적으로 기금이 동원됨으로써 증시를 왜곡했다는 비난을 받게 된다. 증안기금은 1991년 6월 지방선거를 앞두고 표심에 영향을 미칠 의도로 시장에 개입했다. 1992년 3월 24일 총선 때는 선거일을 앞두고 주식을 대거 매수해 시세를 띄우더니, 총선 다음 날 주가가 폭락했을 때는 시장에 개입하지 않아 총선용으로 기금을 사용했다는 지적을 자초했다. 14대 대통령 선거일 직전인 1992년 12월 17일에는 여당 대선 후보였던 김영삼 후보를 띄울 목적으로 전산장애를 틈타 하루에 470억 원의 매수 주문을 넣어 주가를 떠받치기도 했다.

이러한 사실은 이후 국회 상임위원회에서 공식 논의된다. 증안기금을 정치적인 목적에 동원하는 일에 재미를 느낀 때문인지, 정부는 애초 3년 기한으로 돼 있던 기금 설립 기간을 3년 더 연장한다. 1996년 5월, 이 기금은 마침내 해체된다. 그러나 정부는 기금 출자자들에게 출자금을 현물주식으로 돌려주면서 최장 7년간 증권예탁원에 이를 예치하는 것을 의무화한다. 민간 자금으로 정치를 한 것도 모자라 이번엔 민간의 재산권 행사도 제한한 것이다. 정치금융은 한국 금융산업의 성장 잠재력을 훼손하는 가장 큰 위협요소다. 금융산업 발전을 위해 정치 개입을 왜 막아야 하는지는 앞으로 전개될 글에서 계속 확인하게 될 것이다.

통찰력 없는 관치

통찰력 없는 관치(官治) 역시 나라 경제를 파탄지경에 이르게 한다. 1997년 IMF 외환위기가 대표적이다. 외환위기는 당시 우리 경제의 구조적인 위험에 더해 금융기관의 도덕적 해이, 동남아시아 외환위기가 종합돼 나타난 결과이지만, 통찰력 없는 관치가 키웠다고 할 만하다. 금융당국은 경제 환경 변화에 능숙히 대응하지 못했다.

당시 기업부문의 부채비율은 심각한 상황으로 치닫고 있었다. 우리나라 제조업의 1997년 자기자본대비 부채비율은 396%로, 일본의 193%, 대만의 86%에 비해 현저히 높았다. 국내총생산(GDP)대비 기업부채비율도 1996년 150%, 1997년 170%에 달했다. 이는 대기업 집단의 과잉투자에 의해 초래된 것으로, 외부환경이 악화될 경우 구조적인 취약성이 그대로 드러날 수밖에 없는 상황이었다. 과다한 기업 부채는 정부 주도의 고속 성장을 추구하던 시절 자본 집약적인 산업에 차입자금을 집중 투자했던 결과였다. 이 같은 차입에 의한 투자 확대 및 기업 확장 전략은 1990년대 급변하는 국제환경 변화를 감안할 때 더 이상 유효한 수단이 될 수 없었다. 우리기업의 금융비용 부담은 미국과 일본의 3배 수준에 달해, 금리가 상승하고 매출이 부진할 경우 모든 기업이 일시에 도산할 수 있는 위험이 있었다.

1990년대 기업부문의 수익성 지표 중 주목할 만한 사항은 상장기업의 ROE(자기자본순이익률)*가 지속적으로 시장금리 수준을 밑돌았다는 점이다. ROE는 특히 1996년 2.7%까지 떨어졌다. 경기침체와 수출 둔화로 기업의 수익성이 나빠진 탓이다. 기업의 단기자금 조달비율은 1994년 5% 수준에서 1996년 18%로 급증했다. 기업부문의 외화부채도 1994년 이후 급속히 증가했다. 금융기관의 외화차입은 기업부문에

---

* 자기자본에 대한 기간이익의 비율이다. 투자된 자본으로 어느 정도 이익을 올리는지 이익창출능력을 확인할 수 있다. (당기순이익/평균 자기자본) × 100의 산식으로 구할 수 있다.

대한 외화대출로 이어졌다. 이로 인해 외환리스크의 대부분은 기업부문으로 이전되고 있었다. 우리 기업들은 외환위기 이전에 재무구조가 열악한 상태였으며 이미 환리스크에 심각하게 노출돼 있었다.

금융부문의 취약성도 기업 못지않았다. 우리나라 은행의 BIS 자기자본비율은 위기 이전까지 외견상 8%를 상회했고, 무수익 여신비율도 지속적으로 감소하는 추세를 보였다. 그러나 실제로는 부실이 상당한 수준이었다. 국제기준에 크게 미달하는 건전성 기준을 적용한 탓에 숨은 부실이 드러나지 않은 것에 불과했다. 자산건전성 분류기준 및 대손충당금** 적립기준 등이 매우 느슨했고, 주식평가손***을 제대로 반영하지 않았다.

이처럼 상황이 악화됐지만 정책당국은 아무런 해법을 내놓지 못했다. 감독당국의 관리 소홀도 있었다. 1994년 이후 우리나라의 단기 외채는 빠른 속도로 증가해 장기 외채를 압도하고 있었지만 당시 은행감독원은 적기 대응에 실패했다. 외환부문의 유동성 위험 등을 미리 방지할 수 있는 외화 자산, 부채의 건전성 감독을 제대로 수행하지 않았다.

1997년 6월 당시 금융기관의 외화자산 건전성 감독 기준에는 '외화대출에 대한 중장기 의무비율'과 '외화리스에 대한 중장기 의무비율'이 존재했다. 이러한 감독 기준은 금융기관이 단기자금을 장기로 운

** 회수되지 않은 매출채권 가운데 회수가 불가능할 것으로 예상되는 금액을 비용으로 처리하기 위해 설정하는 계정.

*** 현재 주식시세가 장부가액(매입가격)보다 낮을 때 발생하는 손실. 주식을 실제 매매해 손실을 현실화하는 주식매각손(실)과 구별된다.

용할 수 있는 한도를 규제함으로써 금융기관의 유동성 상태를 관리하는 데 목적이 있었다. 그러나 상당수 금융기관들이 이를 준수하지 않고 있었고, 당국 역시 준수 여부를 제대로 감독하지 않았다. 이에 따라 금융기관이 단기 외채를 들여와 이 자금을 과다하게 장기로 운용하는 구조가 방치됐다. 더욱 문제가 된 것은 이러한 감독 체계가 새로운 환경에 맞게 변하지 않았다는 것이다. 1990년대 들어 외환위기 직전까지 일반은행의 해외 점포는 28개 순증하고, 24개 투자금융회사가 종합금융회사로 전환되면서 외국환업무를 취급하는 금융기관이 급속히 증가했다. 이와 동시에 외화자산운용에 대한 규제는 완화됐다.

이로 말미암아 금융기관의 외화자산은 급증했다. 은행은 1993년 말에서 1996년 말 사이에 2배로, 종합금융회사는 같은 기간 3배로 늘어났다. 그런데 이 과정에서 금융기관의 자산 부실화를 막을 수 있는 감독 체계는 제대로 정비되지 않았다. 일반은행의 경우 유동성 위험관리를 위한 감독 기준인 외화유동성비율은 이미 문제가 심각해진 뒤인 1997년 7월에야 비로소 도입됐다. 이 때문에 외환위기 예방에도 큰 도움이 못됐다. 종금사의 경우 유동성 위험관리 기준이 아예 없었을 뿐만 아니라 외화리스에 대한 중장기 의무비율과 외화대출에 대한 중장기 의무비율을 제외하면 감독 기준이 전무한 상태였다.

1997년 들어 국제금융시장이 불안해지면서 해외투자자들이 우리나라에서 자금을 회수하기 시작했지만 정책당국 역시 적절히 대응하지 않았다. 국제금융시장이 불안할 때는 외국투자자들에게 신뢰를 심어주어 자본의 급격한 유출을 차단하는 것이 정책당국이 할 일이다. 그런데 우리 금융당국은 해외투자자들의 불안 심리를 잠재우지 못했다.

단기 외채에 과도하게 의존했던 금융기관들이 연이은 대기업 부도로 부실화되어 대외신인도가 하락하는 상황을 지켜보고만 있었다. 부실 금융기관 및 부실채권 정리 계획을 신속히 발표, 추진하는 동시에 채권시장 개방 등 외자도입 경로 확대, 환율절하 허용 등 각종 외환공급 활성화 대책을 마련해 추진했어야 했다. 그렇지만 당국은 부실 금융기관 정리를 위한 근본적인 대책조차 마련하지 못했다. 오히려 부실 종금사와 은행에 한국은행 특융*을 제공하는 등 미봉책을 지속했다. 이러한 부적절한 정책 대응으로 인해 대외신인도는 급락하고, 외환보유고는 소진됐다. 외환위기를 재촉하고 있었던 것이다.

금융당국의 금융기관 과보호와 규제 남용

한국 금융산업의 경쟁력을 떨어뜨리는 것 중 하나는 금융당국에 의한 금융기관 과보호다. '은행법' '자본시장과 금융투자에 관한 법률' '보험업법' 등의 법률에는 최저 자본금과 경영진의 자격요건을 충족하면 은행이나 증권사, 보험사 등을 설립할 수 있는 것처럼 돼 있다. 그러나 1997년 외환위기 이후 새로 설립된 은행은 없다. 증권사나 보험사 등은 정책적 배려에 따라 아주 제한적으로만 신규 설립이 허용되고 있다. 이러다 보니 금융기관들은 신상품 개발이나 국제화 등 경쟁력을 키우는 노력 대신 적당히 안주하려는 경향을 보였다. 경쟁이 없는 곳

---

* 한국은행이 특별한 목적으로 시중은행에 지원해주는 낮은 금리의 자금을 말한다.

에서 경쟁력 있는 금융기관이 나올 수 없다. 다양한 금융기법의 발전을 기대할 수도 없다. 금융기관의 도산을 우려해 당국이 신규 설립을 제한한다면 시대착오적이라는 비판을 면하기 어렵다.

삼성전자 등 내로라하는 한국 기업들이 세계적인 기업으로 발돋움할 수 있었던 것은 세계를 무대로 무한경쟁을 벌이며 경쟁력을 쌓은 덕분이다. 신기술 개발과 신사업 참여, 신규 투자 없이는 망할 수 있다는 긴장감이 오늘의 삼성전자를 만들었다고 봐야 한다. 새로운 금융기관이 생기고 경쟁력 없는 금융기관이 퇴출당하는 것은 시장경제에서 자연스러운 현상이다. 금융기관을 온실 속 화초처럼 보호하겠다는 것은 구시대적인 발상이다.

1997년 외환위기를 계기로 은행불사 신화가 깨지면서 우리 금융기관들은 이전과는 달리 스스로 위험관리 능력을 키우고 있다. 개별 금융기관의 도산이 금융시스템 전체의 불안으로 확산되지 않게 당국이 제대로 관리하면서 기준에 맞는 금융기관의 신규 설립을 허용한다면 금융산업 전체 경쟁력을 높이는 데 도움이 될 것이다.

같은 맥락에서 감독당국이 규정에도 없는 시장가격에 개입하면서 금융기관의 경쟁을 제한하는 것은 근절돼야 한다. 보험업계에 대한 규제가 대표적이다. 2003년 보험료가 완전 자율화됐지만 감독당국은 보험회사들이 보험료를 마음대로 조정하지 못하도록 제한해 보험상품의 획일화를 조장하고 있다. 또 손해보험회사의 자동차보험료 인상도 통제하고 있다. 이에 따라 손해보험회사들은 2004년부터 2013년까지 10년간 자동차보험 부문에서만 7조 원의 누적 손실을 기록했는데 이로 인해 '비용의 전가'라는 부작용이 나타나고 있다. 손해보험회사는 자동차보험 부문의 손실을 만회하기 위해 장기보험 사업에서 더 많은 이익을 추구하고 있다. 이는 결과적으로 장기보험 가입자의 이익을 자동차보험 가입자에게 나눠주는 꼴이 되고 말았다. 수익자 부담 원칙에 위배되는 결과가 나오고 있는 셈이다. 아울러 보험상품의 획일화를 조장해 보험산업 전체 경쟁력을 제한하는 결과로 이어지고 있다.

한국 금융산업의 역사는 정치의 금융지배 역사라고 해도 과언이 아니다. 정치권력의 변동은 금융권력의 지각변동으로 이어졌다. 비단 대주주가 정부인 은행이나 국책은행, 공(公)금융기관에 그치지 않았다. 대주주가 있지만 지분 소유구조가 분산돼 있어 '주인 없는 은행'이라고 불리는 은행에서 비일비재하게 발생했다. 탐욕에 눈이 어두웠던 일부 정치권력은 권력유지를 위해, 때로는 '돈의 맛'에 현혹돼 금융시장에서 권력형 대형비리를 일삼았다.

2부

정치권력은 금융을
어떻게 지배하였나

CHAPTER 1

군사정부의
금융 장악

군부, 재벌 소유의 은행을 빼앗다

1961년 5·16 군사정변을 통해 정권을 잡은 군부세력은 본격적인 금융지배를 시도한다. 1961년 6월 일반은행(조흥·상업·제일·한일·서울은행) 주식을 소유한 대주주들을 부정축재자로 몰아 이들이 보유한 주식을 정부에 귀속시키고 대주주 의결권을 제한한다. 이로써 1957년 민영화 이후 소수 재벌에 의해 지배되고 있던 일반은행은 4년 만에 다시 정부 통제 아래로 들어가게 됐다.

1962년 5월 군사정부는 중앙은행의 자율성을 대폭 축소하는 방향으로 한국은행법도 개정했다. 통화금융정책에 대한 정부 개입을 확대하기 위한 포석이었다. 군정은 한국은행 산하 금융통화위원회를 금융통화운영위원회로 개칭하고, 그 권한도 통화신용 및 외환에 관한 정책 수립에서 통화신용의 운영관리에 관한 정책 수립으로 축소했다. 군정은 한국은행의 외환정책과 외환업무에 관한 사항을 규정한 한국은행법상의 관계조항을 부분 삭제하고 외환정책 수립 및 외환관리 기능을 정부에 귀속했다. 또 금융통화운영위원회(약칭 금통운위)의 정책결정 사항에 대한 재무부 장관의 재의요구권을 신설하고, 재의요구 부결 시 각의에서 최종적으로 결정하도록 했다. 이로써 금융정책에 대한 최종결정권은 정부 손에 넘어갔다. 이와 함께 한국은행에 대한 재무부의 업무검사권을 신설하고 한국은행 예산과 결산에 대한 금융통화운영위원회의 승인에 앞서 각의의 의결절차를 추가했다. 정부 주도의 금융체제가 시작됐음을 알리는 신호탄이었다.

일반은행의 금융지원 기능을 확충하기 위해 은행법도 개정했다. 금융기관의 운용자산에 대한 자기자본비율을 100분의 10에서 150분의 10으로 인하했다. 법정자본금을 인상하고, 적립금 적립의무를 신설해 금융기관의 자본 충실화를 도모했다. 새로운 목적의 특수은행이 신설된 것도 이즈음이다. 중소기업에 대한 금융지원을 강화하기 위해 1961년 7월 중소기업은행을 설립한다. 그해 8월엔 농업은행의 신용업무와 농업협동조합의 경제사업을 통합해 새로운 농업협동조합을 발족했다. 그해 12월엔 서민금융을 전담하는 국민은행*이 세워진다. 군정은 시중자금을 산업자금화하고 과잉통화를 흡수하기 위해 1962년 6월 긴급통화조치인 통화개혁도 단행했다.

군정의 이러한 시도는 정부주도형의 성장금융체제를 확립하기 위

---

* 국민은행은 그 뒤 1967년부터 본격적인 영업을 시작한다.

한 것으로, 경제발전의 밑거름이 된다. 그러나 일반은행을 정부의 통제하에 두고 중앙은행의 자율성을 축소하는 등의 조치는 결국 정치의 금융지배로 귀결될 수밖에 없었다. 자율을 빼앗긴 금융기관들은 군정의 통제 아래에서 옴짝달싹할 수 없었다. 은행 경영권을 손에 넣은 정부는 인사권을 남용하기 시작한다. 이필석 상업은행장, 서재식 한일은행장이 재임 9개월 만에 물러나는 등 은행장들의 물갈이 인사가 단행된다.

군정의 은행장악 시도는 특이했다. A은행 간부를 B나 C은행장으로 발탁하는 일이 잦았다. 화투 패를 섞듯 은행 간 교차 인사를 단행한다. 은행이 정부 소유로 넘어간 이상 정부가 인사권을 행사하는 것은 당연한 수순이고, 문제될 리가 없었다. 그러나 은행 내부에선 불만이 고조됐다. 합리적인 의사결정이랄 수 없는 인사가 이뤄진 때문이다. 군부는 무소불위의 권력을 기반으로 인사권을 남용한다는 지적을 받았다.

조흥·상업·한일·제일은행 등은 설립된 지 최소 30년이 넘는 곳이었다. 나름 조직의 위계를 갖추고 있었다. 자율적으로 내부인사를 단행할 토양이 마련된 곳이었다. 그럼에도 군정은 그들 손에 인사 재량권을 넘겨주지 않았다. 이로 말미암아 1957년 은행 민영화 이후 자기 은행 출신 인사를 행장으로 뽑으려던 은행들의 시도는 무산된다. 은행 역사의 시곗바늘은 거꾸로 향하고 말았다. 은행 민영화 이전 방식대로 은행 인사가 단행된다. 이러한 관행은 박정희 정권 내내 목격된다.

금융계에 새로운 별들이 부상하기 시작했다. 조흥은행 출신의 금융인 문종건은 1961년 6월 상업은행장으로 발탁된다. 정권 눈에 들었던 그는 연임에 성공해 1965년 4월까지 상업은행장으로 일했다. 임기를 마친 뒤엔 다시 친정인 조흥은행으로 복귀해 은행장을 맡았다. 그는 이후 금융통화운영위원으로도 활동한다.

한일은행 출신의 전신용도 박정희 정권 시절 남부럽지 않은 관운을 누렸다. 군부와 친분이 두터웠던 그는 한일은행 전무로 있다가 1961년 서울은행장으로 발탁된다. 이어 1965년 상업은행장으로 자리를 옮겼다. 1966년 6월엔 다시 한일은행장에 올라 3년간 재직했으며 1968년 신탁은행장까지 역임했다. 전 행장은 1965년부터 1973년까지 반공연맹 감사로도 활동했다. 그 후 1979년부터 1981년까지 금융통화운영위원으로 일했다.

이보형 제일은행장도 박정희 정권의 신임이 두터웠던 인물이다. 그는 서울은행장을 거쳐 제일은행장을 7년간이나 역임한다. 이 행장은 1965년 조흥은행 서병찬 은행장과 함께 금융 질서를 어지럽힌 특혜금융의 책임자로 지목됨에도 불구하고 연임에 성공한다. 특혜금융이란 이 행장이 1964년 제일은행의 옛 대주주인 삼호그룹에 운영자금조로 6억 원을 융자토록 지시하는 등 이 그룹에 계속적으로 특혜를 베풀었다는 것이 골자다. 당시 한국은행 감사보고서에 따르면 그해 8월 말 제일은행의 삼호그룹에 대한 융자 잔액은 31억 원으로, 총 대출 잔고(78억 원)의 40%에 달했다. 일반대출 잔액만 해도 전체 일반대출의 10%가 넘었다. 명백히 동일인 여신한도를 초과하고 있었다. 당시 국회는 이러한 특혜금융에 장기영 경제기획원 장관이 관여한 사실을 거론하며 장 장관 해임결의안까지 제기할 태세였다. 장 장관은 이에 정부의 환율 인상 조치에 따른 기업의 일시적 자금난 해소를 지원하기 위한 조치였다고 해명했다. 그러나 국회는 정부가 금융정책도 아니고, 은행의 세부적인 대출집행 문제에 깊이 관여한 것이 문제라며 계속 추궁했다. 또 금융통화운영위원회와 함께 특혜금융을 지시했던 이 행장의 해임을 건의한다. 하지만 그를 신뢰했던 정권은 꿈쩍도 안 했다.

이런 인사들로 인해 박정희 정권은 정치적 이해관계에 따라 편파적으로 은행장 인사를 결정한다는 지적을 받았다. 서병찬 조흥은행장의 연임 안건이 상정됐던 당시 주주총회는 이러한 상황을 적나라하게 보여준다. 서 행장은 1965년 4월 주주총회에서 특혜금융을 이유로 자신을 해임시키려는 정부에 맞서 연임에 도전하지만 무위에 그치고 만다. 당시 주주총회 상황을 묘사한 1965년 4월 30일자 〈동아일보〉 기사를 보자. 〈동아일보〉는 주주총회장의 무질서한 상황을 기록하며 '은행 인사 일대혼란' '조흥은행 주총 난장판' '금융 사상 유례없는 철야 총회' '무원칙한 정치배려 비난'이란 부제를 달고 비판했다.

금융계 소식통은 이번에 정부가 다 같은 특혜금융의 책임자이며 금융 질서를 문란시킨 장본인인 이보형 제일은행장과 서병찬 조흥은행장 가운데 서 행장만 인사조처하고 마침 임기가 만료돼 있는 이 행장을 중임시킨 것은 명분을 상실한 인사라고 지적하고 특히 이보형 제일은행장에 대해서는 이미 특혜금융처리방안으로서 국회가 정부에 해임을 건의했고, 금통운위에서도 정부당국에 해임을 건의한 바 있을 뿐만 아니라 은행감독당국은 제일은행이 금융 질서를 크게 문란시켰다는 점을 지적한 바 있다는 사실을 상기시켰다. 이 소식통은 이번 시중은행 주주총회가 혼란 속에 빠지게 된 책임의 일부는 이러한 정부의 정치적이고도 무원칙한 인사에 있다고 강조하였다.

– 1965년 4월 30일자 〈동아일보〉 기사

1960년대 박정희 정권의 총애를 받던 금융 인사 가운데에는 서진수, 임석춘, 김진흥, 하진수 행장도 있다. 서진수 행장은 조선식산은행 출신으로 산업은행 이사를 거쳐 1961년 조흥은행 전무로 있다가 1963년 중소기업은행장으로 발탁돼 3년간 재임한다. 그는 이어 1966년 상업은행장을 역임한 뒤 1967년 한국은행 10대 총재로 임명된다. 임석춘 행장은 금융통화운영위원을 거쳐 서울은행장을 역임했으며 1968년 2월 다시 상업은행장으로 3년간 일한다. 김진흥 행장은 1964년 4월부터 2년여간 한일은행장으로 일했고, 1967년 초대 주택은행장으로도 낙점된다. 이후 한국신탁은행장을 역임한다. 하진수 행장은 1968년 6월 한일은행장으로 낙점돼 연임에 성공했다. 1973년까지 약 5년간 한일은행장을 지냈다.

한편 김종필의 형 김종락은 5·16 군사정변 후 벼락같은 승진으로 이목을 끌었지만 결과적으로 그의 금융 인생은 그다지 밝지 못했다. 그는 1961년 4월 4일 한일은행 심사부장 대리로 일하다가 그해 6월 30일에 이루어진 인사에서 이사로 승진한다. 뜀틀 승진이었다. 김종락은 이사 임기를 2번 연임하고 1966년 전무로 승진했으며 1968년 6월엔 서울은행장으로 발탁됐다. 그러나 그의 행장 임기는 고작 10개월에 그쳤다.

은행장 인사가 어지럽게 돌아가는 동안 나라재정과 경제정책을 돌보는 재무부 인사도 정신을 차리기 어려울 만치 숨 가쁘게 돌아갔다.

충남 보령 태생으로 민의원 출신인 김영선 11대 재무부 장관은 1961년 5·16 군사정변 직후 물러나는데, 그가 퇴임하고 14대 천병규 장관이 취임하기까지 불과 2개월 여밖에 걸리지 않았다. 12대 백선진 장관과 13대 김유택 장관이 각각 1개월간 자리를 지키다 물러났기 때문이다. 백 장관은 육군 군수참모부장으로 일하다가 발탁된 케이스였다. 조선은행 출신인 김 장관은 부임한 지 얼마 안 돼 경제기획원 원장으로 자리를 옮겼다. 군사정변 이후 어수선했던 정부 상황을 짐작할 수 있다.

그런데 그 후라고 해서 크게 달라진 것은 없었다. 장관들은 6개월이 멀다 하고 교체됐다. 천 장관은 그나마 운 좋게 1년을 버틴 경우에 해당한다. 5·16 군사정변 후 한일은행장, 산업은행 총재로 잇따라 발탁돼 주목받았던 김세련이 1962년 6월 15대 재무부 장관으로 영전했지만 그 역시 재임기간은 8개월에 그쳤다. 충북도지사 출신의 16대 황종율 장관은 재임기간이 5개월여에 불과했고, 17대 박동규 장관, 18대 이정환 장관도 각각 6개월 만에 물러났다. 1961년 5·16 군사정변 후 1964년 말까지 3년 7개월간 재직한 재무부 장관은 7명에 달한다. 평균 재임기간이 6개월 남짓에 불과했다.

한편 당시에는 금융인에서 경제관료로 변신한 인사가 많았다. 재무부 장관 가운데 상당수가 은행 간부들 중에 뽑아 쓴 사람이다. 사실 당시엔 경제관료로 금융인만 한 인물이 없었다. 인재풀이 적었다. 해방 후 정부가 고위 공무원을 뽑아 쓰기 시작한 것은 1949년 고등고시령이 나온 뒤다. 따라서 경제관료는 은행 사람이나 일제 때 고등문관시험에 합격했던 이들, 대학 교수 중에 골라 쓸 수밖에 없었다. 군정이후 재무장관에 오른 은행 출신으로는 김유택(조선은행), 천병규(조흥은행), 김세련(조선은행), 박동규(농업은행), 홍승희(산업은행), 이정환(한국은행), 김정렴(조선은행), 남덕우(한국은행) 등이 있다. 이 가운데 이정환 장관은 연세대 교수로 있다가 농협중앙회 회장, 한은 총재를 역임한 뒤 장관에 오른 경우라서 사회 첫 출발을 은행에서 시작한 다른 장관들과는 차이가 있다. 군정 이전에도 은행 간부들이 재무부 장관으로 발탁되곤 했다. 2대 최순주 장관(조선은행), 3대 백두진 장관(조선은행), 5대 이중재 장관(한일은행), 9대 송인상 장관(조선식산은행) 등이 이들이다.

광복 전후의 금융시장

1945년 8월 15일 광복 전후의 금융시장에는 어느 금융기관에서 누가 활약하고 있었을까? 박정희 정권의 금융지배를 이해하기 위해서는 당시 상황을 파악해볼 필요가 있다. 8·15 광복 이전에는 1909년 통감부에 의해 한국은행이란 이름으로 세워졌다가 일제 치하인 1911년 개칭된 조선은행이라는 중앙은행이 있었다. 또 대한천일은행(옛 상업은행, 1899년 설립), 조선신탁㈜(옛 한일은행, 1932년 설립), 조선무진㈜(옛 한일은행, 1937년 설립), 한성은행(옛 조흥은행, 조흥은행은 2006년 신한은행에 흡수합병 됨), 동일은행, 조선저축은행(옛 제일은행, 현 SC은행)이 있었다.

대한천일은행은 조선상업은행, 한국상업은행으로 잇따라 개명된다. 또 조선신탁㈜은 조선신탁은행, 한국신탁은행으로, 조선무진㈜은 조선상호은행, 한국상공은행으로 간판을 새로 단다. 한국신탁은행과 한국상공은행은 1954년 합병해 한국흥업은행으로 출발하게 되며 1960년 한일은행으로 이름을 바꾼다. 1929년 저축은행령에 따라 저축 예금업을 전담하는 은행으로 세워졌다가 광복 후 일반 은행업무를 겸영하는 일반 시중은행으로 전환한 조선저축은행도 1958년 제일은행으로 개명한다.

이들 은행은 해방 전까지만 해도 구한말 재산을 모았던 친일 행적의 금융인과 기업인, 일제 강점기 일본인들의 지배하에 있었다. 구한말과 일제강점기에 이들 은행에서 장기간 은행장을 역임했던 인물들이 있는데, 이들의 면

▲ 1981년 새 건물이 건립될 때까지 한일은행 본점으로 사용된 건물. 1937년 한일은행의 전신 조선신탁주식회사에 의해 세워졌다. 조선신탁주식회사는 1932년 설립됐다. 설립 당시 본점은 상업은행의 광통관(현 우리은행종로지점) 2층을 사용했다. 이때부터 한일은행과 상업은행은 밀접한 관계를 맺고 있었다.
▼ 1955년 흥업은행 본점. 본점 건물에서 행원들이 사무경기대회(직원자격고시) 시험을 치르고 있는 모습이다. 당시 영업점 내부의 모습을 보여준다.

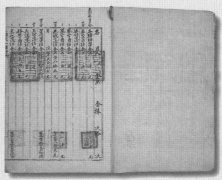

▲ 대한천일은행 탁지부 세금출납통장. 각 지방에서 거둬들인 세금을 받아 탁지부에 인계한 내용이 기록된 것으로 현존하는 우리나라의 가장 오래된 통장이다. 일일이 붓으로 기록했어야 해 크기가 일반서적과 같다.
▼ 한국상업은행은 1950년대 말 업무의 기계화를 위해 1958년 시중은행 처음으로 기계를 도입한다. 한국상업은행 영업점에서 직원이 기계(회계기)를 다루고 있다.

면을 살펴보면 당시 시대상황을 엿볼 수 있다. 영친왕 이은은 1902년부터 1906년까지 4년여간 대한천일은행의 2대 은행장을 역임했다. 동양척식주식회사와 조선식산은행의 설립위원을 지낸 조진태는 1912년부터 1924년까지 4연임에 성공하며 10년여간 천일은행장을 지냈다. 그는 2002년 발표된 친일파 708인 명단에, 2006년 친일 반민족행위 106인 명단에 올라 있다. 일제강점기 친일 기업인 박영철도 1931년부터 1939년까지 대한천일은행장을 3연임했다. 한편 천일은행의 설립자인 민영휘*의 차남 민규식은 해방 직후인 1945년부터 1953년까지 약 8년간 한일은행의 전신 한국상공은행에서 은행장을 역임했다. 3연임이었다.

광복 직후 금융인으론 충남 논산 출신의 경제인 윤호병이 단연 눈에 띈다. 일본 도쿄고등상업학교를 나와 흥업은행(옛 한일은행) 행원이 된 윤호병은 광복 후 조선상업은행(옛 상업은행) 행장을 2번에 걸쳐 7년간 역임했다. 1946년 잠시 조흥은행장을 역임했고, 1954년부터 1957년까지 3년간 흥업은행장으로 일했다. 이어 1959년엔 서울은행장을 역임했으며 4·19 혁명 이후 허정 과도정부 당시 재무부 장관, 금융통화운영위원을 거쳐 1960년 서울은행장으로 돌아왔다. 은행장으로만 15년 넘게 일한 타고난 관운의 인사였다.

한편 이승만 정부는 1954년 10월 한국은행과 관재청, 재무부 등으로 불하추진위원회를 구성한 뒤 은행 귀속주 불하를 통해 금융기관의 민영화를 추진했다. 당시 민영화가 추진된 은행은 조흥·상업·저축(옛 제일은행)·흥업(옛 한일은행)은행이다. 공매 조건이 까다로워 유찰되던 주식은 1957년 7차 공매에서 입찰주 제한이 철폐되면서 공매주 전액이 낙찰돼 일반은행 민영화가 이뤄진다.

* 민영휘의 손자 민병도는 1962년 증권파동 당시 제7대 한국은행 총재를 역임한다.

증권파동과 한국은행의 반발

1962년 4월 증권거래법이 시행된다. 이를 계기로 증권거래소가 공영제에서 주식회사 형태로 바뀌었고, 주식투기가 극성을 부린다. 그해 5월 정부는 주식투기를 잡을 의도로 주식 공급 물량을 늘린다. 그러나 이 조치는 오히려 투기만 키웠다. 증권파동으로 일컬어지는 수도결제* 불능사태가 발생했다. 증권거래법상 청산거래의 수도결제에 대한 최종 책임이 있는 증권거래소는 재무부 장관에게 수도결제 소요자금지원을 요청한다. 논란 끝에 증권거래소가 자체적으로 80억 환을 조달하고 한국은행이 380억 환의 자금을 지원하는 것으로 결론이 났다.

증권파동은 한국은행법의 개정과 함께 유창순 한국은행 총재가 퇴임하는 계기가 됐다. 유 총재는 증권파동이 일어난 직후인 4월 18일 20억 환의 융자 승인 안건이 처음으로 금융통화위원회에 상정됐을 때엔 증권시장의 건전한 육성을 위해 필요하다는 것을 인정하고 승인에 적극 협조했다. 그러나 그 후 군정과 증권거래소가 다시 30억 환을 요청해 오자 비정상적인 투기과열로 빚어진 수도결제 부족자금을 중앙은행에서 공급하는 것은 부당하다며 반대 입장을 분명히 했다. 아울러 정부가 추진한 한국은행법 개정**에도 뜻을 함께할 수 없음을 밝히고 5월 사표를 제출한다. 증권파동 사건이 있은 지 1개월여 만이었다.

---

* 증권의 매매결제가 이뤄진 다음에 증권거래소가 지정한 결정기구를 통해 증권과 현금을 주고받는 것을 말한다.

** 금융통화위원회의 금융통화운영위원회 개칭 및 외환정책 재무부 이관을 골자로 한 개정을 말한다.

사표는 수리됐고, 같은 날 당시 제일은행장으로 있던 민병도가 한국은행 7대 총재로 취임한다. 그는 일제 강점기 갑부였던 민영휘의 손자였다.

그러나 민 총재도 오래가지 못했다. 1963년 외환위기와 박정희 정권의 2차 한국은행법 개정 움직임이 도화선이 됐다. 민 총재는 정부에 급박한 외환사정을 설명하고 별도의 대정부 건의서를 제출해 외환위기를 환기시켰다. 외환정책은 그로부터 1년 전인 1962년 한국은행법 개정에서 소관업무가 재무부로 넘어간 상태였다. 한국은행은 정부에 외환위기의 신호를 주기 위해 노력했다. 당시 외환사정은 좋지 못했다. 수출이 늘고 있었지만 수입은 더 큰 폭으로 증가해 무역수지가 악화된 때문이었다. 실제 1961년 말 2억 달러에 달했던 외환보유액은 1963년 들어 1억 달러대로 줄어 있었다. 그러나 정부는 지급능력을 고려하지 않고 차관사업과 수입신용장 개설을 계속 추진한다. 예컨대 당시 이탈리아와 프랑스의 중고어선 차관 도입에 한국은행이 지급 보증을 서는 문제가 도마에 올랐다. 한은은 차관 도입의 경제적 타당성이 없고 지급 능력이 없다는 이유로 정부의 차관 도입 계획을 반대했다.

껄끄럽던 한국은행과 정부 사이의 관계를 더 벌리는 결정적인 불화가 생겼다. 재무부가 은행감독원을 정부로 이관하기 위해 한국은행법 개정을 추진하고 있는 사실을 민 총재가 알아챈다. 민 총재는 감독원의 이관을 반대하는 금융통화운영위원회의 답신서를 공개하고 1963년 8월 사표를 제출한다. 총재 취임 1년 3개월 만의 하차였다. 어쨌든 그의 사표는 정부의 은행감독원 이관을 막아내는 데 도움이 됐다. 2차 한국은행법 개정 시도는 보류된다.

민병도 총재에 이어 농업협동조합 중앙회장을 맡고 있던 이정환이 8대 총재로 취임한다. 하지만 이 총재는 그해 12월 7일 군정의 민정 이양을 계기로 퇴임한다. 후임엔 한국은행 출신 김세련이 부임한다. 9대 총재인 김세련은 군정이 들어선 뒤 한일은행장, 산업은행 총재, 재무장관을 잇따라 역임한 인사였다. 1963년 한은에선 총재 취임식과 퇴임식이 서너 차례 거행되는 진풍경이 벌어졌다. 한은은 1960년 4·19 혁명 이후 제3공화국이 등장할 때까지 3년 6개월 동안 5명의 총재가 뒤바뀌는 격동의 시기를 경험했다.

당시 상황은 박정희 정치권력의 한국은행 권력 뺏기와 이에 대한 한은의 반발로 요약할 수 있다. 비정부조직인 한국은행은 일제 치하 조선은행 시절부터 전국 각지의 엘리트들이 모여들던 곳으로, 보수적이면서도 전문가 집단이라는 자부심이 강했다. 한국은행은 대한민국 정부수립 이후부터 군부가 들어서기 전까지 통화신용정책과 외환정책을 주도하면서 금융계의 실력자로 군림했다. 특히 이곳 출신 인사들은 일반은행장이나 국책은행장, 재무부 장관 등으로 발탁돼 막강한 금융권력집단으로 성장한다. 군부는 이러한 한은의 힘을 뺏고 싶어 했다. 1962년 5월 외환정책을 정부로 이관하는 내용의 한국은행법 개정을 시도한 것도 이런 일환이었다. 한은 총재의 잇따른 자리 바뀜은 한은을 손에 쥐려는 박정희 정권과 정부 통제에서 벗어나 독립기관의 지위를 유지하려는 한국은행 간 권력다툼에서 비롯된 것으로 볼 수 있다.

1962년 증권파동 사건

1962년 증권파동 사건은 군정의 민정이양을 앞두고 공화당 창당 자금을 마련하려 했던 중앙정보부(약칭 중정)가 증권업자 윤응상과 결탁해 시세조정을 하면서 초래된 증권거래소의 지급불능 사태를 말한다. 주식시장을 이용했던 정치권력 부정축재의 효시였다. 이 사건으로 인해 당시 군사정부의 2인자로 거론됐던 김종필 중앙정보부장이 일시 퇴진했으며 부정부패 척결과 구악일소를 혁명공약으로 내걸었던 박정희 정권은 도덕성에 큰 타격을 입었다. 새나라 자동차 사건, 워커힐 사건, 빠찡코 사건 등과 함께 군정의 4대 의혹 사건으로 거론된다. 중앙정보부 조사와 국회 국정감사 보고서, 증권파동에 연루됐던 인사들의 자서전 등을 종합하면 사건의 전모는 다음과 같다.

5·16 군사정변 직후 중앙정보부 연구실 행정관 강성원은 당시 증권가의 대부로 통했던 윤응상을 찾아간다. 윤응상은 한국통신과 동양통신, 한국비료에서 일한 경력이 있는 기업인이었으나 1958년 경희증권 고문을 맡은 뒤부터 투자의 귀재로 소문났던 큰손 투자자였다. 그는 정치 감각도 탁월해 군정의 실세와 밀월관계를 타진 중이었다고 한다. 서울 충무로 모 다방에서 강성원과 만난 윤응상은 밀담 중에 "군정이 민정 이양을 위해서는 최소 100억 환의 정치자금이 필요할 텐데, 내가 주식시장에서 합법적으로 만들어줄 테니 7억 환 정도를 융통해 오라"고 제안한다. 앞서 국가재건최고회의의 박정희

의장은 1962년 8월을 기해 군정을 민정에 이양할 뜻을 밝혔다.*

　윤응상의 제안에 솔깃한 강성원은 중앙정보부 관리실장 정지원 소령을 윤응상에게 소개한다. 강성원과 정지원 소령은 중정의 민주공화당 사전 조직인 소위 '지하공화당' 핵심멤버였다. 강성원은 돈을 마련하기 위해 농협에 한국전력(약칭 한전) 주식 12만 8,000주를 윤응상에게 싼값에 불하할 것을 종용했다. 이에 농협은 재무장관의 승인을 조건으로 내걸었고, 중정의 이영근 행정차장이 나선다. 이 차장은 당시 천병규 재무장관에게 전화를 걸어 도움을 요청했다. 천 장관의 승인을 받은 농협은 결국 시세보다 저렴한 주당 1만 4,813환 70전에 한전 주식 12만 8,000주를 윤응상에게 불하한다. 당시 증시에 거래되던 한전 주식의 총 물량은 10만 주로 전해진다. 12만여 주의 한전 주식을 불하받은 윤응상에게 시세조정은 누워서 떡 먹기였다. 한전 주식으로 한탕한 그는 이번엔 대한증권거래소주식(약칭 대증주)에 손댔다. 대증주는 당시 거래물량이 가장 많은 주식이었다. 공영제인 증권거래소가 주식회사로 전환되면 이 주식의 대주주가 증시를 주무를 수 있다는 소문이 돌면서 주가가 오름세를 타고 있었다. 오비이락이라고 해야 할까? 국가재건최고회의는 1962년 1월 25일 기존의 공영제 증권거래소를 주식회사 체제로 바꾸는 것을 뼈대로 하는 증권거래법을 통과시켰다.

　대증주는 폭등하기 시작했다. 연초 90전이던 주가는 3월 말 9환 20전으로 10배 올랐고 한 달 뒤에는 보통거래** 시세가 60환까지 뛰었다. 이는 액면가의 120배에 달하는 것이었다. 이 제도는 애초 취지와는 달리 주식투기의 빌미를

＊ 그러나 군정은 실제로 1962년 말에 가서야 민정으로 이양한다.

＊＊ 보통거래란 일종의 신용거래로, 증권거래소가 매수자를 대신해 매수대금을 치르고 대신 이자를 물리는 것을 말한다. 매수자는 최장 2개월간 매수대금 납입을 미룰 수 있다.

제공했다. 증시 폭등 소식이 전해지자 너도 나도 보통거래에 뛰어들어 증권거래소는 엄청난 결제자금을 감당해야 했다. 이윽고 사건이 터졌다. 보통거래가 폭발하면서 거래소가 매수대금을 치러야 할 돈이 그해 4월 중 1,180억 환을 넘었다. 은행에서 최대한 돈을 끌어와도 매수대금을 치를 수 없었다. 은행들은 대출한도제 때문에 더는 돈을 빌려줄 수 없는 처지였다. 결제가 안 되면 증권시장은 파국을 맞을 상황이었다. 다급한 증권거래소는 재무부에 금융통화위원회가 증권금융 20억 환을 '한도 외 융자'로 지원해주도록 힘써줄 것을 요청했다. 금융통화위원회는 격론 끝에 거래소가 증자를 단행한 뒤 융자금을 갚는 조건으로 어렵사리 안건을 통과시킨다.

하지만 거래소는 열흘도 안 돼 다시 30억 환의 증권금융을 요구한다. 1962년 4월 28일, 다시 금융통화위원회가 소집됐지만 받아들여지지 않았다. 유창순 한은 총재가 총대를 멨다. "30억 환으로 증권시장이 안정된다는 확신이 서지 않는다"는 입장이었다. 재무부 장관과 거래소 이사장이 한은으로 달려갔다. 격론 끝에 천 장관이 증권시장 안정을 책임지겠다는 공개 약속을 한 뒤에야 결제자금 30억 환을 거래소에 지원하는 안건이 의결됐다.

그러나 이걸로 끝날 문제가 아니었다. 무너진 둑은 터지고야 만다. 호미로 막고 가래로 막아도 안 될 일은 안 되는 법이다. 5월 중 다시 230억 환이라는 거액의 결제자금이 투입됐지만 추가 결제를 감당하지 못했다. 파국을 피할 수 없었다. 주식을 매입한 사람은 대금납입을 포기했고, 투매가 이어졌다. 주가는 폭락했고, 깡통계좌가 속출했다. 이것이 바로 1962년 5월 증권파동이다.

이 사건에 대한 1964년 국회 국정감사 보고서는 다음과 같다. "증권파동 사건은 중앙정보부 행정차장 이영근, 관리실장 정지원 등이 증권업에 경험 있는 윤응상으로 하여금 통일, 일흥, 동명 등 세 증권사를 창설케 하기 위해

◀ 1962년 1월 증권거래소에서 한국전력 주식을 매매하고 있는 모습. 그해 1월 25일 공영제인 증권거래소를 주식회사로 전환하는 내용의 증권거래법 개정을 앞두고 대한증권거래소 주식 시세가 폭등하자 너도 나도 보통거래에 뛰어들었다.

▶ 1962년 1월 증권거래소에서 한국전력 주식을 매매하고 있는 모습. 그해 1월 25일 공영제인 증권거래소를 주식회사로 전환하는 내용의 증권거래법 개정을 앞두고 대한증권거래소 주식 시세가 폭등하자 너도 나도 보통거래에 뛰어들었다.

1962년 2월 초순 무렵 당시 인기주인 한국전력 주식 12만 8,000주를 농협중앙회 회장 오덕준, 부회장 권병호를 설득시켜 재무부 장관의 허가를 얻은 뒤 당시 시가보다 5% 싼 가격으로 방출시켜 8억 6,224만 6,400환을 위의 회사 자본금으로 충당한 것이다."

사건 발발 2년 만에 나온 국정보고서치고는 허술하기 그지없다. 당시 박정희 정권의 권력이 어느 정도였는지를 짐작할 수 있다. 이 사건의 본질은 권력의 정치자금 마련에 정부와 공적 금융기관이 모두 동원됐다는 것이다. 권력이 마음만 먹으면 얼마든지 시장과 결탁해 부정부패를 저지를 수 있었다. 이로 인한 대가는 고스란히 국민이 치러야 했다.

한편 평전 기록 등을 보면 당시 기억해야 할 두 인물이 있다. 주기식 증권거래소 이사장과 문상철 초대 은행감독원장이다. 주기식 거래소 이사장은 1962년 초 윤응상이 작전을 시작할 즈음 심상찮은 움직임을 포착하고, 대증주에 대해 100% 증거금을 납입토록 했다. 가격등락폭을 제한하는 조치를 취하고 3월 14일엔 대증주의 상장폐지를 검토하겠다는 폭탄선언도 한다. 그러자 사실상 윤응상이 지배하고 있던 증권업협회가 벌떼같이 들고 일어났다. 거래소 대주주였던 협회는 주 이사장의 퇴진을 요구했다. 그는 결국 이사장직에서 쫓겨난다. 주 이사장은 비록 권력의 대리인들에 의한 음모로 직에서 물러나야 했지만 비리와 결탁하지 않은 의연한 금융인의 모습을 보여줬다는 점에서 귀감이 될 만하다.

선린상고 출신의 문상철 초대 은행감독원장은 당시 재무부가 대증주의 주가 폭락을 막기 위해 금융기관들에게 대증주를 떠안기려고 하자, 앞장서 이를 저지했다. 재무부는 대증주 5억 7,000만 주를 프리미엄 공모가인 주당 14환 50전에 인수할 대상을 찾다가 금융단에 60억 환, 생명보험사와 손해보험사에 각각 10억 환씩 인수토록 했다. 폭락이 불가피한 주식을 강제로 인수할 처지였으니 은행과 보험사로서는 답답한 지경이었다. 그렇다고 재무부의 반강제성 권유를 거부할 수도 없는 일이었다. 이때, 취임한 지 얼마 안 된 문 원장이 기자회견을 자청하고 나선다. 그는 "빈껍데기 주식을 어떻게 은행이 인수하겠느냐?"며 "책임지고 이를 막겠다"고 선언했다. 그는 당시 권력의 실세로 꼽히던 유원식 국가재건최고회의 재정경제위원과 천 장관의 재고요청에도 굴하지 않았다.

이에 박정희 국가재건최고회의 의장이 문 원장을 소환하지만, 그 자리에서도 소신을 굽히지 않은 것으로 알려졌다. 이렇게 해서 금융기관의 대증주 강제 인수는 없던 일이 되고 만다. 박정희의 뜻을 꺾었던 문 원장이 그 뒤에도 승승장구한 것은 아이러니하다. 충남 보령 출생인 그는 선린상고를 졸업한 뒤 일제 강점기인 1935년 조선은행에 입행한다. 해방 후 은행 주요 부서를 돌다가 초대 은행감독원장에 오른 때가 1962년, 그의 나이 48세 되던 해다. 그는 그때부터 1967년 11월까지 은행감독원장 자리를 지킨다. 이어 2대 국민은행장으로 3년간 재임했고, 1970년엔 조흥은행장을 역임한다. 이후에도 한국투자금융이사, 토지금고 이사장, 신동아화재해상보험 회장, 전국투자금융협회 회장으로 일했다.

—————————— CHAPTER 2 ——————————

박정희 정권과
금융권력의 등장

금융제도 확충과 금융권력의 분화

제1차 경제개발 5개년 계획의 시작연도인 1962년 6월 10일, 정부는
통화개혁조치(긴급통화조치)를 단행한다. 과잉통화를 흡수해 인플레이
션 요인을 사전에 제거하고, 퇴장자금을 끌어내 경제개발 계획에 필
요한 산업자금으로 전환하기 위한 목적이었다. 그러나 통화개혁은 실
패로 끝났다. 이 개혁의 후유증으로 유통기능이 마비되고, 중소기업을
중심으로 산업 활동이 크게 위축되는 등 제반 경제상황이 급격히 악
화된다.

  이렇게 불안했던 경제가 안정을 되찾은 것은 1965년에 이르러서다.
이후 시도했던 경제안정정책에 힘입어 1965년 도매물가상승률은 10%
이하로 낮아지고, 1966년에는 12.1%의 높은 경제성장률을 달성한다.

박정희 정권은 이러한 고도성장을 뒷받침하기 위해 금융제도를 확충하고 개편하는 작업을 추진한다. 부실채권 정리와 책임경영체제 확립 등을 통해 은행의 자립경영 기반을 강화하고, 시중은행의 민영화와 대형화도 유도한다. 새로운 형태의 금융기관도 잇따라 설립했다. 1967년 3월에는 한국산업은행에서 취급하던 주택자금을 떼어내 주택금융을 전담하는 주택금고를 설립한다. 주택금고는 1969년 1월 한국주택은행으로 개칭돼 제한된 범위에서 일반예금 대출업무를 취급하게 된다. 1967년 10월엔 지역금융 활성화와 지역경제 개발을 도모한다는 취지로 대구은행과 부산은행이 순수 민간자본으로 세워진다. 이와 같은 맥락에서 1968년 충청·광주은행이, 1969년 제주·경기·전북은행이, 1970년 강원·경남은행이, 1971년 충북은행이 각각 문을 연다.

1967년 1월엔 한국외환은행법에 의거해 외국환업무를 주로 취급하는 한국외환은행이 한국은행 출자에 의해 설립된다. 1968년 12월에는 신탁업 전업기관인 한국신탁은행이 설립됐다. 1969년 7월엔 한국수출입은행법이 제정돼 1976년 한국수출입은행이 탄생한다. 1972년 8월엔 제도금융의 미흡에 따른 사금융의 성행과 이로 인한 기업 재무 악화를 해소하기 위해 단기금융업법, 상호신용금고법, 신용협동조합법 등 이른바 사금융 양성화 3법이 제정된다. 이를 바탕으로 투자금융회사와 상호신용금고, 신용협동조합이 잇따라 세워진다. 뿐만 아니다. 1974년 증권투자신탁업법과 1975년 종합금융회사에 관한 법률이 제정되면서 각각 투자신탁회사와 종합금융회사가 문을 연다.

고도의 경제성장을 뒷받침하려는 목적의 금융제도 개편이 이뤄지고, 새로운 금융기관들이 문을 열 때인 1970년대 중반을 즈음해 금융계엔 마침내 한국은행에 필적할 만한 새로운 금융권력이 떠오른다. 관료집단이었다. 고등고시가 실시된 이후 최고 학벌의 우수한 두뇌를 지닌 인재들이 관가에 모여든 지 어언 4반세기가 흘렀다. 이들은 박정희 정권이 실시한 경제개발 5개년 계획의 시행자였다. 1962년 1차 계획의 초안은 한국은행 손에 맡겨졌지만 2차, 3차 그리고 이후 계속된 경제개발 계획은 모두 이들의 손에 의해 완성됐다. 중장기 경제정책을 입안하고, 시행하면서 쌓은 지식과 경험을 바탕으로 이들은 한국 경제를 움직이는 실력자로 부상한다. 그리고 그 관료집단의 중심에는 국가재정과 경제금융정책을 책임졌던 재무부가 똬리를 틀고 있었다.

관료집단, 한국은행의 독주를 막다

1960년대 후반까지 기존 시중은행장이나 신설은행장을 한국은행 출신 또는 정권의 비호를 받던 일부 은행 간부들이 독차지하는 경향이 짙었다. 좋게 보면 은행의 경쟁력을 제고를 위한 전문인력 수혈이지만, 삐딱하게 보면 인사적체 해소와 정치적 고려 차원의 낙하산 인사였다. 그러나 1970년대부터 변화가 일기 시작한다. 1970년대 초반 한은 출신이 우위인 가운데 경제관료 출신이 일부 은행장으로 발탁된다. 그러는가 싶더니, 1970년대 중반 들어선 경제관료 출신이 잇따라 은행장으로 부임하면서 전세가 역전된다.

중소기업은행이 딱 맞는 예다. 초대 중소기업은행장엔 한국은행 출신이면서 농업은행 총재를 역임했던 박동규가 부임한다. 이어 6대까지 한은 또는 시중은행 출신 인사들이 내리 부임한다. 2대 서진수, 3대 서병찬, 4~5대 정우창, 6대 배수곤 행장이 그들이다. 배 행장은 한국은행 부총재를 역임한 뒤였다. 그러다가 김우근 상공부 차관이 7대 은행장에 부임하면서 분위기가 반전된다. 이때가 1975년이다. 후임인 8대 남상진, 9대 박동희 행장까지 3연속 재무부, 상공부 출신 관료가 행장을 차지했다.

1967년 신설된 주택은행도 한일은행장을 역임했던 김진흥이 초대행장으로 부임한 것을 시작으로, 내리 3대까지 한은 및 시중은행 출신 인사들이 행장으로 발탁된다. 하지만 1975년 4대 홍승환 행장이 부임한 뒤 뚜렷한 변화가 생긴다. 홍 행장은 1954년 고시행정과 합격자로, 재무부 재정차관보를 역임했었다. 이후 주택은행장은 관료 출신의 부임지로 자리매김한다. 박동희, 장재식, 이관영, 박종석, 신명호 행장 등이 차례로 부임한다. 그사이 한은 출신은 정영모, 전영수 행장 2명에 그쳤다.

1967년 본격 출범한 외환은행은 출범 초부터 행장 자리를 놓고 관료와 한은인 간에 각축전이 벌어진다. 1966년 12월 17일 행장에 부임해 그해 12월 26일 퇴임한 '9일 행장' 서봉균을 제외하면 출범 이래 10년간 관료와 한은 출신이 번갈아가며 행장을 맡았다. 그러다가 외환은행은 1978년 관료 출신의 정춘택이 7대 행장에 오른 뒤 판세가 달라진다. 정인용, 주병국, 이용만에 이르기까지 4번 연속으로 관료들이 행장을 차지한다.

국민은행도 사정이 비슷했다. 초대행장에 산업은행 출신의 정우창이 선임되고, 2대 행장에 문상철이 부임하는 등 초반에는 한은 출신 인사들이 부임하다가 1970년대 중반부터 관료 출신들이 눈에 띄기 시작한다. 신군부가 들어선 뒤엔 아예 관료들의 부임지로 굳어졌다. 송병순, 박종석, 김욱태 등이 1980년대에 부임한 행장들이다.

그렇다면 1970년대 중반 관가에선 도대체 어떤 일들이 벌어지고 있던 걸까? 고등고시가 시작된 1949년부터 1950년대 초에 관가에 발을 들여놓았던 이들이 50대로 접어들고 있었다. 이들은 20여 년간의 관료 경험을 살릴 수 있다면 무슨 일이라도 할 수 있다는 자신감에 불타 있었다. 자신들의 손을 거쳤던 정책들이 시장에서 제대로 효과를 발휘해 경제발전의 밑거름이 됐다는 자부심도 강했다. 들쭉날쭉한 인사로 어수선했던 관가는 특히 안정기에 들어서 있었다. 이는 권력의 심장부인 청와대가 중심을 잡고 있었던 것과 무관하지 않다.

재무부 장관, 상공부 장관을 차례로 역임했던 김정렴*은 1969년 대통령 비서실장으로 부임한 이래 줄곧 대통령 곁을 지키고 있었다. 그는 한국은행원에서 정통 경제관료로 변신해 성공을 거둔 인물이었다. 김정렴은 서울에서 태어났지만 강경상고를 나왔다. 이후 일본 유학길에 올라 오이타대학에서 경제학을 전공했으며 1944년 귀국해 조선은행(현 한국은행)에 둥지를 튼다. 한국은행 조사부에서 실력을 쌓았던 그는 1958년 재무부 이재국장으로 발탁된 것을 계기로 관가에 입문, 성공가도를 달렸다. 그의 비서실장 재임기간은 무려 9년이다. 전무후

---

* 한국은행 홍보실장, 발권국장, 은행연합회 상무를 지낸 김두경, 한국개발연구원(KDI) 원장 김준경의 부친이다.

무한 기록이었다. 재무부에는 한국 경제사를 기록하는 데 있어 결코 빼놓을 수 없는 경제관료들이 지휘봉을 잡고 있었다. 바로 남덕우, 김용환이다. 6개월이 멀다 하고 재무부 장관을 교체하던 박정희 정권은 24대 남덕우 장관을 5년간(1969. 10.~1974. 9.), 25대 김용환 장관을 4년 3개월(1974. 9.~1978. 12.)간이나 붙들고 있었다. 당시로서는 파격이었다. 이는 박정희가 권력을 잡은 뒤 재무부 장관을 역임한 이전 12명의 임기를 합친 것보다도 약 1년 많은 것이다. 1969년 10월부터 1978년 12월까지 9년여간 한국의 재정금융정책이 이들 두 장관의 손에 맡겨진 셈이다.

김용환은 특히 주목해야 할 인사다. 그는 모피아 1세대다. 충남 보령 출신인 그는 공주고와 서울대 법대를 졸업하고 1956년 고시행정과에 합격한 뒤 재무부 안에서 줄곧 요직을 맡았던 정통 경제관료였다. 한은 출신으로 대학 강단에 섰다가 발탁된 남덕우 장관과는 조금 다른 면이 있었다. 공직자로서의 자긍심이 대단했다. 김용환은 이재국장, 세정차관보, 대통령 외자관리 담당비서관, 대통령 비서실장 보좌관, 상공부 차관, 재무부 차관, 대통령 경제담당 특별보좌관, 대통령 경제수석 비서관을 차례로 역임했다. 그는 명석했고, 카리스마가 넘쳤다. 깐깐했지만 후배 관료들이 존경할 만한 구석이 많았다. 김용환이 장관에서 물러난 뒤에도 관가에 영향을 미칠 수 있었던 것은 바로 이 때문이다. 그는 관가를 떠난 지 30여 년이 지난 지금도 모피아의 정신적 지주로 남아 있다.

금융정책의 설계자, 모피아와 한국은행

모피아는 재무부의 영문 약자 'MOF(Minisntry Of Finance)'와 이탈리아 시칠리아섬에서 기원한 미국의 범죄조직 '마피아(Mafia)'를 합친 합성어다. 모피아는 마피아처럼 끈끈한 우애와 분명한 위계질서에 따라 경제금융계를 휘어잡는 조직이란 의미에서 쓰여진 말이다. 모피아란 이름에서 풍기듯 섬뜩할 정도로 쟁쟁한 인물들이 이 그룹의 일원으로 속해 있다.

'재우회'란 이름의 정기모임을 가지고 있는 이들은 1세대 김용환 전 재무장관을 시작으로 2세대 이헌재, 이근영, 임창렬, 김영섭, 신명호, 3세대 윤증현, 강만수, 이정재, 윤진식, 김종창, 유지창, 정건용, 엄낙용, 김용덕, 진동수, 이우철, 4세대 김석동, 김용환, 유재한, 변양호, 최중경, 권혁세, 윤용로, 이두형, 허경욱, 5세대 신제윤, 임종룡, 김주현, 김광수, 추경호, 6세대 진웅섭, 정은보, 정지원, 고승범, 김용범, 서태종, 이병래, 최상목, 7세대 손병두, 도규상, 김학수, 김태현, 권대영 등으로 구분할 수 있다.

모피아의 핵심 계보는 금융정책국(옛 이재국)이다. 1970년대 이후 금융정책은 대부분 이들의 손을 거쳐 나왔다. 금융정책의 입안자이면서 금융시장을 관리감독했던 이유로 이들에겐 막강한 권력이 쥐어졌다. 이로 인해 모피아는 '관치의 본산'이란 비판 아래 안팎으로 견제를 받았다. 안으로는 재무부와 함께 경제정책을 책임졌던 양대 기둥, 경제기획원 관료들의 견제를 받아야 했고, 밖으로는 정치권력의 타깃이 됐다. 특히 새로운 정치권력이 등장할 때마다 한차례씩 위기를 겪었다.

1992년, 노태우 정권은 이재국 간판을 내리게 했다. 정치권력은 이재국을 재무정책국과 금융국으로 쪼개는 조직 개편을 단행한다. 김영삼 정권은 경제기획원과 재무부를 합쳐 재정경제원을 출범시킨다. 김대중 정부 들어선 재정경제원을 기획예산처와 재정경제부로 다시 분리하고, 재정경제부에서 금융정책부문의 일부 조직마저 떼어내 금융감독위원회로 독립시킨다. 이러한 모든 조치는 모피아의 힘을 분산시키기 위한 것이었다.

1997년 IMF 외환위기는 모피아의 위기이기도 했다. 외환위기의 주범으로 지목되면서 수술대에 올랐다. 당시 외환당국자들은 감사원 감사와 검찰 수사를 받아야 했고, 국회 청문회에 나가 증언하는 등 삼중고를 겪어야 했다. 노무현 정부 시절엔 청와대의 노골적인 견제를 받으면서 경제기획원 출신들에게 경제수장 자리를 내줬다. 이명박 정부 땐 금융당국에 대한 대통령의 뿌리 깊은 불신이 있었던 탓에 권력의 중심에서 한참 비켜서 있어야 했다. 하지만 모피아는 결코 호락호락한 조직이 아니었다. 금융부문의 전문성으로는 이들을 따라갈 자들이 없었기 때문에 집권 초기 이들을 부패권력이자 기득권 세력으로 몰아세웠던 정치권력은 오래지 않아 다시 이들 손에 금융개혁의 지휘봉을 건넸다.

모피아에 대적할 만한 전문가 집단은 한국은행이다. 한국은행은 대한민국 정부수립 이후 한국의 거시경제정책을 주도했던 두뇌집단이다. 재무부, 경제기획원 등의 경제부처처럼 최고 학벌의 인재들이 모이는 엘리트 집합소로 인식돼왔다. 1962년 시작된 제1차 경제개발 5개년 계획은 군정의 주문에 따라 한은인들의 손에 의해 만들어진 작품이었다.

한국은행 출신들은 1960년대부터 1990년대 중반까지 국책은행, 시중은행, 신설은행의 수장으로 자리를 옮겨 가며 주가를 올렸다. 경제관료를 견제하는 경제·금융통으로 역할을 했다. 한국은행은 자신들의 조직 일부인 은행감독원(이하 은감원)을 떼어내려는 정부의 시도를 여러 차례 무산시키는 뚝심을 발휘하기도 한다. 은감원은 한은 독립의 상징적인 존재이기에 충분했다. 1995년 은감원을 한은에서 분리해 통합금융감독원을 설치하려던 김영삼 정부의 계획이 수포로 돌아간 것도 한은의 조직적인 반발 때문이었다.

그렇지만 한은은 결국 1997년 IMF 외환위기 직후 은감원과 분리되고 만다. 한은 직원들은 이번에도 역시 "한은의 독립을 지켜달라"며 거리로 뛰쳐나와 여론에 호소했지만 따가운 눈총만 받아야 했다. 환란으로 인해 은행 감독 실패에 대한 책임을 면하기 어려웠기 때문이다. 한은은 다만 이 거래에서 당근을 손에 쥔다. 1997년 말 한은법 개정에서 통화신용정책을 의결하는 금융통화위원회 의장은 재무부 장관에서 한국은행 총재로 바뀐다. 금통위의 의사봉을 한은 총재가 쥘 수 있게 된 셈이다.

한은 조직은 대대로 조사부(현 조사국)와 자금부 라인이 주목받았다. 인재 중의 인재라 불릴 만한 유능한 사람들이 이곳에 모였다. 이곳을 거쳐야 총재가 될 수 있었다. 조사부는 조사국으로 개칭되고, 자금부는 1990년대 말 정책기획국과 금융시장국으로 분리된다. 조사국은 한은의 통화신용정책을 수행하는데 필요한 연구조사 기능을 수행한다. 연구조사가 미비할 경우 정책의 큰 방향이 틀어질 수 있다는 판단에 따라 한은은 예전부터 이곳에 최고 인재를 우선 배치하는 것을 원칙으로 삼고 있다. 이곳 출신자로는 심훈 전 금융통화위원회 위원, 이성태 전 총재, 정규영 전 외국환중개 사장, 이주열 한은 총재, 김재천 한국주택금융공사 사장 등이 있다. 지금의 정책기획국, 금융시장국에 해당하는 옛 자금부 출신으로는 이경재 전 KB금융지주 이사회 의장, 박철 전 부총재(현 리딩투자증권 회장), 박재환 전 주택금융공사 부사장(부총재보 역임), 장병화 부총재보 등이 있다.

율산그룹 부도와 사상 최대의 은행장 물갈이

성공 신화의 원조, 신선호 회장이 이끌던 율산그룹이 1979년 4월 부도를 내고 쓰러지자, 정부는 곧바로 이에 대한 책임을 묻는 사상 최대 규모의 은행장 인사를 단행한다. 은행감독원장이 옷을 벗었고, 10개 시중은행장들이 일제히 교체됐다. 박정희 정권의 마지막 은행 인사였다.

신선호 회장은 1975년 5월 자본금 500만 원으로 율산실업을 창립한 청년 실업가였다. 경기고와 서울대 응용수학과를 나온 그는 영특하고 수완 좋기로 유명했다. 중동 산유국을 상대로 막대한 양의 시멘트를 수출해 돈을 벌기 시작한다. 이 돈으로 그는 1977년 8개의 회사를 추가로 인수해 11개 계열사를 거느린 그룹의 오너가 된다. 1979년 도산하기 전까지 계열사가 14개에 달했다.

잘나가던 율산이 휘청인 건 3가지 악재가 한꺼번에 터지면서다. 1978년 정부는 8·8 투기 억제 조치*를 단행하면서, 모든 건축자재의 수출을 금지한다. 이로 인해 율산그룹은 자금압박을 받기 시작했다. 자금난 해결을 위해 신회장은 편법을 동원, 서울신탁은행에서 500억 원을 융자받는다. 그 뒤 부동산투기에 가담했다. 사운을 걸고 잠실 호수부지 매입에 나선다. 200만 평 부지 가운데 30만 평을 낙찰 받았다. 그러나 사업시행 주체가 나머지 부지를 팔지 못하면서 잠실 호수의 개발 계획은 무산된다.

---

* 기업의 투기성 유휴 자금 등이 부동산시장에 유입되면서 전국지가상승률이 사상 최고치인 49%를 기록하게 된다. 이에 정부는 1978년 8월 8일 '부동산투기 억제 및 지가안정을 위한 종합대책'을 발표한다. 부동산 소개업소 허가제 전환, 부동산등기법 개정, 양도소득세율 50% 균일적용, 기준시가 고시지역 확대적용, 일정규모 이상 토지의 매매허가 및 신고제 실시 등을 골자로 한다.

본업 중 하나인 의류사업도 판매부진을 면치 못했다. 이에 그는 의류상품권을 만들어 관련기관과 거래처, 은행 등에 선물했는데, 청와대 사정당국이 이런 정보를 포착하고 수사를 지시한다. 검찰에 특별수사본부가 꾸려지고, 이 의류상품권을 받은 공무원 3,000여 명이 파면 또는 직위해제를 당했다. 율산그룹 임원들도 소환돼 조사를 받았다. 이 즈음에 3억 5,000만 달러 규모의 사우디아라비아 주택 공사 계약도 최종 단계에서 깨지고 만다. 엎친 데 덮친 격이었다.

율산그룹은 뒤늦게 구제금융을 요청해 70억 원의 자금을 융통하지만, 이 돈은 단자회사 빚을 갚는 데 충당할 정도밖에 되지 않았다. 1979년 2월 채권은행들은 자금난에 허덕이던 율산그룹에 대해 공동관리에 들어간다. 이어 율산그룹 내부인의 제보에 의해 신선호 회장의 비리가 낱낱이 밝혀지고, 신 회장은 1979년 4월 3일 구속된다. 당시 율산그룹의 금융부채는 1,523억 원이었다. 이 사건으로 서울신탁은행장이 배임혐의로 구속되고 제일은행장, 한일은행장, 조흥은행장 등이 잇따라 검찰에 소환돼 조사를 받는다.

율산 사태로 여론이 안 좋아지자, 정부는 은행장들을 대거 경질한다. 이전에 없던 사상 최대 규모의 인사였다. 조진희 은행감독원장을 경질하고 배수곤 원장을 선임한다. 서울신탁은행장에 남기진 중소기업은행장을, 조흥은행장에 김용운 국민은행장을 앉힌다. 또 한일은행장에 정재철 신용보증기금 이사장을, 제일은행장에 하영기 한은 부총재를, 상업은행장에 공덕종 상업은행 전무를 기용했다. 이와 함께 중소기업은행장에 박동희 주택은행장을, 국민은행장에 정진욱 국민은행 전무를, 수출입은행장에 장재식 국세청 차장을, 신용보증기금 이사

1979년 8월 25일 율산그룹 부도 사건 법정 결심공판. 신선호 율산그룹 회장(오른쪽)은 이 공판에서 법정 최고형인 징역 15년을 구형받는다. 그러나 신 회장은 1심에서 징역 7년, 2심에서 징역 5년을 선고 받았으며 대법원 파기환송을 거친 재항소심에서 징역 5년, 집행유예 4년을 선고받는다.

장에 송병순 전매청 차장을 선임했다.

정부는 인사 내용을 발표하면서 몇 가지 인사원칙도 공개했다. '사고를 낸 은행의 경우 내부인사 기용을 배제한다' '시중은행장에는 경험 있는 국책은행장을 발탁한다'는 등의 내용이었다. 그러나 이를 납득하는 사람들은 많지 않았다. 이전에는 마치 내부인사원칙을 지킨 것처럼 선전했지만 시중은행에서조차 내부인사 발탁이 이뤄진 것은 열 중 서넛에 불과했다. 경험 있는 국책은행장이라고 내세운 인사 가운데 과연 몇 명이나 금융 전문가로 인정해야 할지 알 길이 없다고 금융인들은 되물었다.

경북고, TK 금융권력의 중심에 서다

군정이 은행을 국유화한 뒤 나타난 현상 중 하나는 은행장 인사의 지역 쏠림이었다. 호남과 서울, 충청, 강원 출신의 행장들이 없었던 것은 아니지만 이들 지역 출신 행장의 합은 영남 출신 행장 수를 초과하지 못했다. 1970년대에 들어선 영남 선호 현상이 더욱 짙어진다. 이북 출신 행장들을 제외하면 영남 출신 행장들이 단연 많았다. 특히 주목할 부분은 이 시절 금융인 가운데 길고 화려했던 경력의 소유자들이 대개 TK, 대구·경북 출신이라는 점이다. 그 중심에는 경북고등학교라는 학맥이 자리했다. 이들 가운데 일부는 박정희 시대를 넘어 전두환·노태우 정권에 이르기까지 그 세를 뻗쳤다.

가장 대표적인 인사는 김준성이다. 대구 출신인 그는 경북고와 서울대 상학과를 나와 농업은행에 둥지를 튼다. 그러다가 1967년 대구은행의 창립 은행장으로 부임하면서 금융권의 실력자로 부상한다. 1975년 제일은행장, 1977년 외환은행장, 1978년 산업은행 총재를 지냈다. 1980년 신군부가 들어선 뒤에도 그의 관운은 식지 않는다. 1980년 한국은행 총재, 1982년 부총리 겸 경제기획원 장관에 올랐고, 1984년엔 은행연합회장을 역임한다. 김준성은 또 1987년 삼성전자 회장에 이어 1988~1994년 ㈜대우 회장으로 일하는 등 재계로까지 그 힘을 뻗친다. 그는 1995년 이수그룹을 창업해 회장에 오른다. 그사이 김우중 대우 회장과는 사돈지간이 된다. 약 30년간 금융계와 관가, 재계를 휩쓸었던 그랜드 슬래머였다. 한국 경제사에서 이만한 이력을 가진 경제인은 아직 없다.

배수곤 행장은 김준성의 경북고 4년 후배다. 경북 성주에서 태어나 도쿄경제대를 중퇴한 뒤 은행계에 발을 디딘다. 중소기업은행장, 상업은행장, 은행감독원장을 역임했다. 외환은행장을 거쳐 재무부 장관으로 일했던 서봉균은 배 행장의 경북고 4년 후배다. 7대 외환은행장을 역임한 재무부 출신의 정춘택도 대구 출신이었다. 1980년대 이후 이들의 뒤를 잇는 인물로는 김만제, 이경재, 정지태, 사공일, 이정재 등이 있다. 김준성의 경북고 16년 후배인 김만제는 1982년 한미은행장, 1983년 재무부 장관, 1986년 부총리 겸 경제기획원 장관을 역임한다.

경북 영주 출신의 이경재 행장도 역시 경북고를 나왔다. 이 행장은 이명재 전 검찰총장, 이정재 전 금융감독위원장, 이병재 전 우리파이낸셜 대표의 형이다. 서울대 경제학과를 졸업한 뒤 고등고시 행정과 12회에 합격했지만 한국은행에서 일한다. 금융결제원장, 중소기업은행장, KB금융지주이사회 의장을 역임했다. 정지태 상업은행장은 이경재 행장의 경북고 1년 후배다. 그는 김영삼 정부 시절, 정치실세의 대출 청탁을 거부하면서도 3연임에 성공한 뚝심 있는 행장이었다. 은행장 경험은 없지만 당시 정통 경제관료였던 사공일은 정지태의 고등학교 동기 동창이다. 대통령실 경제수석비서관을 거쳐 재무부 장관을 역임했다. 사공일 전 장관은 2009년부터 2011년까지 대통령직속 G20 정상회의 준비위원회 위원장을 맡으며 자신의 글로벌 네트워크를 유감없이 발휘한다.

1970년대 경북고 학맥을 이야기할 때 빼놓아선 안 될 아주 중요한 인물이 있는데, 그가 바로 신현확 국무총리다. 그는 1920년생인 김준성과 동년배로, 경성대 법문학부(현 서울대 법대)를 거쳐 일제 강점기에 일본 고등문관시험 행정과에 합격한 뒤 대구대 교수로 재직한다. 해방 후에는 상공부에서 관료 생활을 시작해 1959년 부흥부 장관을 역임한다. 이후 동해전력 사장, 쌍용양회 사장으로 일했고, 정치인으로 변신해 9대, 10대 국회의원을 지낸다. 그는 그사이 보건사회부 장관, 부총리 겸 경제기획원 장관을 역임했으며 1979년 국무총리에 부임한다. 그는 1973년 9대 국회의원으로 당선된 뒤부터 경북고 출신 동문에게 큰 힘이 됐던 인사로 알려졌다.

CHAPTER 3

전두환·노태우
신군부 세력의 금융 압살

민영화라 하고 자율을 구속하다

1960~1970년대 추진됐던 성장우선정책은 우리 경제의 고도성장에 도움을 줬지만 한편으론 물가불안과 부문 간 불균형이란 구조적인 문제를 드러내고 있었다. 이에 정부는 경제정책 기조를 성장우선정책에서 안정우선정책으로 전환한다. 경제운용 방식도 민간의 창의와 시장 기능을 더 중시하는 민간주도형으로 전환을 모색한다.

1979년 12·12 군사반란을 통해 권력을 잡았던 전두환 정권이 집권 후 추진했던 은행 민영화 조치도 이러한 배경에서 출발한 것이다. 전두환 정권은 1981년 정부가 보유하던 한일은행 주식을 민간에 매각했다. 1982년에는 제일은행과 서울신탁은행 주식을 처분했고, 1983년엔 조흥은행 주식도 매각한다. 이렇게 해서 1972년 이미 민영화한 상업은행을 포함해 5개 시중은행이 모두 민영화됐다. 1982년에는 은행법도 개정했다. 은행감독원장의 포괄적인 지시명령권을 삭제하고, 은행 인사가 자율적으로 이뤄질 수 있도록 은행감독원장의 일반은행 임원 선임 승인권 및 파면권 등을 규정한 금융기관에 대한 임시조치법을 폐지한다. 또 그해에는 재일동포 기업인들이 출자한 신한은행 설립도 허용한다. 1983년에는 미국의 뱅크오브아메리카(BOA)와 국내 기업들이 합작 투자한 한미은행(현 한국씨티은행) 설립을 인가한다. 은행 외 다양한 금융회사 설립도 허용한다. 이를 계기로 1982~1983년 단기금융회사 12곳, 상호신용금고 58곳, 투자신탁사 1곳이 신설된다.

그러나 은행의 민영화는 단지 말뿐인 조치였다. 동일인의 은행주식 소유 및 의결권 행사가 8%로 제한됨으로써 기업들이 은행 지분을 소유하더라도 경영권을 행사할 방법이 없게 되었다. 당시 은행 민영화를 민유화(民有化)라고 비판한 것도 이 때문이다. 1972년 이미 민영화됐다는 상업은행이 이런 처지였다. 정부 지분을 무역협회가 떠안은 것 외에 아무런 의미를 부여할 수 없었다. 1982년 정부는 민영화한 은행 인사에 개입하지 않겠다고 분명한 메시지를 전달한다. 하지만 정부의 인사개입은 멈추지 않았다. 오히려 시간이 흐를수록 커졌다.

1983년 1월 어느 날, 강경식 재무부 장관은 민영화된 상업·한일·제일·서울신탁은행장을 집무실로 불렀다. 그리고 각 은행장들이 2배수로 추천해 자신에게 전달했던 은행임원 추천서를 봉투도 뜯지 않은 채 돌려준다. 그때까지만 해도 은행장들은 은행임원을 선임할 때 2배수로 후보를 추천해 재무부 장관의 추인을 받아야 했다. 강 장관은 봉투를 돌려주고 나서 "앞으로 이런 추천서를 받지 않겠다. 은행임원 인사는 행장 책임하에 해달라"고 밝혔다. 그렇다고 해서 은행장이 인사를 자율적으로 행사할 순 없었다. 재무부가 인사라인에서 빠지자, 비선라인을 통한 인사개입이 오히려 심해졌다. 은행장들은 정치권과 정보기관 등의 인사 청탁을 직접 받아야 했다. 인사철이면 행장 책상머리엔 각종 청탁 메모가 수북이 쌓였다.

"은행장들은 자신의 거취도 분명치 않은 마당에 행원 인사 청탁을 해결해야 했으니, 행장 꼴이 말이 아니었다." 익명을 요구한 한 원로 금융인은 당시를 이렇게 증언한다. 은행감독원장의 포괄적인 지시명령권 삭제, 은행인사 자율화 목적의 임시조치법 폐지 역시 '빛 좋은 개살구'였다. 감독당국의 인사개입은 멈추지도, 줄어들지도 않았다. 금융황제로 불렸던 이원조가 은행감독원장을 맡았던 때는 감독당국의 인사개입이 절정에 달했다. 권력의 비호를 받았던 이원조와 금진호 동의 없이는 어느 누구도 금융기관 CEO에 오를 수 없다는 이야기가 정설로 굳어진다. 이들은 5, 6공화국의 실세 중 실세로 꼽혔다.

나는 새도 떨어트린 신군부의 금융권력

1980년 9월부터 1993년 2월까지 전두환은 7년 6개월간, 노태우는 5년간 권력을 쥐었다. 이때 금융계엔 누구도 범접하지 못할 2명의 금융권력자가 탄생한다. 이들이 바로 금융황제로 불리던 이원조와 막후 금융실세인 금진호다. 두 인사는 권력의 비호를 받으며 금융계를 쥐락펴락했던 실세 중의 실세였다. 두 정권의 비자금 금고지기이기도 했다. '금융인' 이원조와 '관료' 금진호는 각각 정치인으로 변신해 권력을 놓지 않았다.

금융계와 금융당국을 넘나들며 호령하던 실세 가운데엔 관료도 있었다. 정인용 전 재무부 장관이다. 경기고와 서울대 법대를 나온 그는 재무부 사무관으로 출발해 국제금융과장, 외환국장, 국제금융국장, 국제금융차관보를 거친 국제금융통이었다. 재무부 차관, 경제기획원 차관을 역임한 뒤 외환은행장, 은행감독원장, 재무부 장관을 역임한다. 그는 재무부 장관 시절 외자조달 전문가로 유명세를 탔다. 국제무대에 나가면 한국의 외자조달책 'IY 정'을 찾는 이가 많았다. 한때 전두환 비자금의 수수께끼를 풀 열쇠로 지목되면서 수사대상에 올랐다. 정인용은 그러나 1988년 아시아개발은행(ADB, Asia Development Bank) 부총재직 수행을 이유로 5년 5개월간 필리핀 마닐라에 눌러앉으면서 수사망을 피했다.

이필선 제일은행장은 권력과 가장 끈끈한 관계를 유지하던 금융계 인사로 꼽혔다. 전주고, 서울대 상대 출신인 이 행장은 경기은행장을 역임하던 중 신군부에 눈에 들어 제일은행장으로 발탁된다. 한국은행 조사부와 외환은행 독일 뒤셀도르프 사무소장을 거쳤다. 그는 두주불사 호남형으로, 대인관계가 두루 원만했다. 제일은행장 연임에 성공한 그는 국제그룹 부도사건을 처리한 뒤 후선으로 물러난다. 정부는 제일은행에 새로 회장직을 만들어 추대하는 등 그에 대한 예우를 잊지 않았다.

한편 전두환 · 노태우 전 대통령이 훗날 각종 비리 의혹을 받으면서 제5, 제6공화국 시절 난다 긴다 하던 경제금융관료들이 무더기로 검찰 조사를 받는다. 김만제 전 부총리와 사공일 전 청와대 경제수석비서관이 이들이다. 두 인사는 석유개발기금 전용 및 부실기업 정리 의혹에 연루돼 이원조 전 국회의원, 이필선 전 제일은행장과 함께 검찰 조사를 받아야 했다.

금융황제 이원조와 막후 금융실세 금진호

이원조는 제5공화국 이후 10여 년간 금융계의 대통령으로 군림했다. 그의 이름 앞에는 금융황제란 닉네임이 늘 따라붙었다. 그는 전두환·노태우 두 전직 대통령과 막역한 친구 사이로 제5, 제6공화국의 비자금 조달 창구이자 금고지기로 활약했다. 한때 그의 추천 없이는 은행장이 될 수 없다는 말까지 돌았다.

그가 권력의 핵심과 교통할 수 있었던 것은 하나회와 하나회 대부 윤필용 장군 덕분이었던 것으로 알려졌다. 그와 윤필용은 젊은 시절부터 오랜 교분을 쌓아왔던 것으로 전해졌다. 이원조는 그러다가 제일은행 지점장 시절 윤필용 소개로 당시 영관급 장교였던 전두환, 노태우와 만나 술친구가 됐다고 한다. 동향 출신이고 연배가 비슷했기에 어렵지 않게 친구 사이로 발전할 수 있었다.

대구에서 태어난 이원조는 1933년 1월생으로 1951년 대구고등학교를 졸업한 뒤 경북대 사범대에 진학했다. 그는 경북고 재학생들에게 '교장 아들'로 불리곤 했는데, 이유는 그의 아버지가 경북고 교장인 때문이었다. 경남 합천에서 태어난 전두환 전 대통령은 1931년생이지만 진학이 늦어 1951년 대구공고를 나왔다. 대구에서 나고 자란 노태우 전 대통령은 1932년생으로 1951년 경북고를 나와 육군사관학교에 진학했다.

이원조는 제일은행 차장으로 근무하던 1973년, 민간인으로는 유일하게 윤필용 사건에 연루돼 해직당한다. 하나회에 대한 자금지원에 관여했다는 의혹을 받았기 때문이다. 하지만 그는 조사를 받는 동안 하나회에 대한 자금지원을 끝까지 부인했다고 한다. 훗날 전두환·노태우 두 전직 대통령이 그에게 금고지기를 맡길 수 있었던 것도 이 같은 전력을 높이 산 때문으로 전해졌다. 윤필용 사건으로 직장에서 쫓겨났던 그는 이후 제일은행에 복직해 1980년 상무로 승진했다. 그해 전두환이 정권을 잡은 뒤엔 국가보위비상대책위원회 자문위원과 대통령 경제비서관으로 자리를 옮기며 실세로 부상한다.

1986년에는 은행감독원장에 올라 본격적인 이원조 금융시대를 연다. 막후 실세에서 명실상부한 금융권 최고 실세로 주목받게 된 것이다. 그의 은행감독원장 취임식에는 재무부 차관이 축하 인사차 내방했다. 은행감독원장은 재무부 차관을 역임한 관료가 부임하던 자리다. 그래서 장관보다는 낮고 차관보다는 높은 자리로 인식됐다. 그러나 현직 차관이 인사차 직접 취임식에 참석한 전례는 없었다. 고위 관료들도 눈치를 살펴야 했던 최고 실력자였음을 짐작케 하는 대목이다.

은행감독원장에서 물러난 뒤 제6공화국 시절엔 13대, 14대 국회의원을 지냈다. 이때도 금융황제란 별명이 따라다녔다. 1988년 5공 비리, 1993년 동화은행 비자금 사건, 1995년 전두환·노태우 전 대통령 비자금 사건 등 정치 비자금 사건이 불거질 때마다 그는 비리의 몸통으로 거론되며 검찰 수사의 표적이 됐다. 하지만 모두 무혐의 또는 불구속 기소 처분을 받았다. 검찰 안팎에선 "그가 너무 많은 비밀을 알고 있어 건드리지 못한다"는 소문이 나돌기도 했다. 이원조는 1992년 노태우 전 대통령의 주선으로 김영삼 당시 민자당 대선 후보를 돕기도 했다. 1996년 정치비자금 사건에 연루돼 사법 처리될 위기를 맞았지만 "내가 들어가면 여러 사람 다친다"며 버티는 등 숱한 화제를 남겼다.

이원조의 시대는 1997년에 가서야 막을 내린다. 김영삼 정권하에 이루어진 노태우 전 대통령 비자금 사건과 관련해 그는 뇌물방조 혐의로 징역 2년 6개월 형을 선고받고 교도소 신세를 졌다. 다만 이때도 6개월 만에 형 집행정지로 석방됐다.

금진호는 이원조와 함께 전두환·노태우 정권 당시 금융계의 실세로 꼽혔던 관료이자, 정치인이다. 그는 노태우 전 대통령 부인 김옥숙의 여동생 김정숙의 남편이었다. 노 전 대통령의 손아래 동서였던 셈이다. 경북 영주에서 태어나 대륜고와 서울대 법대를 나온 그는 육군 대위로 예편한 뒤 관료의 길로 접어든다. 총무처 행정관리국장, 상공부 중소기업국장, 공업기획국장, 기획관리실장을 역임했다. 그러다가 1980년 신군부가 권력을 잡은 뒤 국가보위비상대책위원회 상공분과 위원장을 맡으면서 권력의 중심에 서기 시작한다. 국무총리비서실장, 상공부 차관을 거쳐 1983년부터 1986년까지 상공부 장관을 역임한다.

당시 그는 동향 출신 금융인들의 출세를 도왔던 후원자로 거론됐다. 금진호와 친분이 깊던 자들은 금융권의 요직을 차지했다. 그래서 금융황제 이원조와 쌍벽을 이루는 금융계의 권력자로 회자되기 시작했다. 1987년 소비자보호원 원장으로 있다가 노태우 정권이 들어서고 난 뒤 한국무역협회 고문을 맡는다. 그는 이곳에서 5년 넘게 일하는 동안 노태우 전 대통령의 비자금을 관리하는 금고지기인 동시에 정치자금의 고리 역할을 맡았다는 의혹을 받았다. 실제로 그는 당시 노태우 전 대통령의 비자금을 관리하고 있었다. 노 전 대통령은 2011년 출간한 자서전에서 "1992년 대선 당시 김영삼 후보에게 3,000억 원대 대선자금을 지원했다"고 주장하면서 대선자금 전달자로 금진호를 언급했다. 자서전에는 "금진호 상공부 장관과 이원조 의원을 통해 2,000억 원을 지원하고 대선 막판에는 김 후보 측에게 직접 1,000억 원을 지원했다"는 내용이 담겨 있다. 금진호는 1992년 총선 때 고향에서 민자당 후보로 출마해 14대 국회에까지 발을 들여놓는다. 그러나 1997년 노 전 대통령 비자금 사건의 피고로 법정에 섰고 이원조와 함께 뇌물방조 혐의로 징역 2년 6개월 형을 선고받는다.

시중은행장, 정치금융의 속죄양이 되다

노태우 정권의 정치금융이 절정으로 치닫고 있을 무렵이던 1990년 5월 10일, 한일은행 이병선 행장이 취임 78일 만에 돌연 사임한다. 재벌기업의 부동산 구입을 변칙 승인한 것과 관련해, 책임을 지고 사표를 제출했다는 소식이 전해졌다. 거액 대출 조건으로 금품을 수수한 사실이 적발됐거나 여명선고를 받을 정도로 건강이 쇠약해진 것도 아닌데, 그만한 일로 사임하니 배경에 이목이 쏠렸다. 윗선으로부터 사퇴압력을 받았다는 소문도 퍼졌다.

소문이 사실로 확인된다. 정영의 당시 재무부 장관은 이 행장이 사임하기 직전, 청와대에 불려 들어가 노태우 대통령으로부터 호된 꾸지람을 들었다고 한다. "재벌의 부동산투기를 근절하겠다는 의지로 5·8 조치를 내놨는데, 왜 언론이 정부의 개혁의지를 의심하면서 재벌의 부동산 투기를 문제 삼게 하느냐"며 불호령을 내렸다고 한다.

혼쭐이 난 정 장관은 청와대를 빠져나와 정부청사로 복귀하는 대신 은행감독원장 방에 들러 대책을 논의하고 이 행장의 사임을 종용한 것으로 전해졌다. 이 행장은 한일은행이 1989년, 삼성전자와 한일레저의 부동산 매입을 사후에 승인하고, 동양폴리에스터의 부적합한 부동산 매입을 승인해준 사실과 관련해 책임추궁을 당한 것으로 알려졌다.

이병선 한일은행장을 사임시킨 금융당국의 당시 극약처방은 1990년 5월 8일 발표된 '기업 비업무용 부동산 강제 매각 조치'와 관련이 깊다. 이른바 5·8 조치다. 이는 전국적인 부동산투기의 주범으로 지적됐던 기업의 부동산 과다보유에 칼을 댄 초법적인 조치였다. 당시 49개 재벌 그룹이 갖고 있던 비업무용 부동산 5,700만여 평과 금융기관의 과다보유 부동산을 강제 매각하도록 명령했다. 생산 활동과 직접 관련이 없는 업무용 부동산의 신규 매입을 1년간 금지하는 내용을 담았다. 금융기관들에 대해서도 부동산 신규 취득을 금지했다. 이 조치는 1986~1988년 중 3저(저달러·저유가·저금리) 호황을 틈탄 기업들의 부동산투기를 근절하겠다는 의지의 표명이었다. 그러나 5·8 조치는 이보다 한 달가량 앞서 발표된 정부의 4·4 경기부양책으로 인해 제대로 효과를 보지 못했다. 3저 호황의 여열이 남아 있었기 때문이다. 언론은 이를 문제 삼았고, 5·8 조치가 표류할 것으로 우려한 노태우 정부는 속죄양이 필요했다.

이 행장의 사임은 정치적이었다는 해석을 낳기에 충분했다. 내부 승진을 통해 은행장에 올랐던 이 행장이 본보기가 됐기 때문이다. 하필이면 충북 영동 출신이면서 정치색이 없는 이 행장에게만 책임을 묻느냐는 비판이 나왔다. 금융당국은 이러한 지적이 부담스러웠던 것 같다. 은행감독원은 뒤늦게 서울신탁 · 조흥 · 제일 · 상업은행장에 대해서도 재벌기업의 부동산투기를 묵인하는 일이 없도록 하라는 내용의 문책성 경고를 보낸다.

당시 시중은행장은 파리 목숨에 비유됐다. 정치권력의 비호를 받던 은행장이 승승장구한 반면, 그렇지 못한 은행장들은 사소한 잘못도 용납되지 않았다. 불편부당한 지시, 명령이라 하여 이에 불복한 은행 임원들도 소리 소문 없이 쫓겨났다. 들쭉날쭉했던 심판의 잣대는 금융기관 CEO들을 권력 앞에 굴종하게 했다.

---- CHAPTER 4 ----
전두환 정권의
권력형 금융비리

1982년 이철희·장영자 어음사기 사건

전두환 정권이 들어서면서 희대의 금융사기 사건과 금융 사고가 연이어 터진다. 이철희·장영자 어음사기 사건과 명성그룹 금융부정 사건, 영동개발진흥 어음사기 사건, 국제그룹 해체 사건 등이 그것이다. 이들 사건의 공통점은 전두환 전 대통령 또는 그의 친인척들이 개입하거나 개입 의혹을 받았다는 것이다. 그래서 권력형 비리란 진단이 나왔다. 권력의 꼭짓점에 대한 비리 의혹은 1988년 5공 비리 수사를 통해 일부 드러나지만 1997년 전두환·노태우 전 대통령 비자금 사건 수사가 이뤄지고서야 비로소 전모가 밝혀진다.

희대의 금융사기로 기록되는 이철희·장영자 어음사기 사건은 1982년 5월 4일, 대검찰청 중앙수사부가 이철희·장영자 부부를 어음사기 혐의로 구속하면서 불거진 사건이다. 당시 단군 이래 최대 금융사기 사건으로 회자된다. 검찰은 이철희·장영자 부부를 외국환관리법 위반 혐의로 구속한다. 명동 암달러시장과 캘리포니아에서 80만 달러를 모았다는 것. 그러나 검찰의 발표는 '빙산의 일각'이었다. 이들의 어음사기 행각은 이후 눈덩이처럼 불어난다. 사채시장의 큰손이던 장영자는 국회의원과 국가안전기획부 차장을 지낸 남편 이철희를 내세워 정권의 실력자와 교분을 쌓고 있었다. 그는 자금난을 겪고 있는 기업과 접촉해 현금을 빌려주고 적게는 빌려준 돈의 2배, 많게는 9배에 달하는 약속어음을 받아낸 뒤 이를 사채시장에 유통시키는 방법으로 돈을 모았다. 어음과 담보 조로 받은 견질어음*이 6,400억 원에 달했고, 이를 시중에 유통해 1,400억여 원을 편취했다. 어음이 약속된 기일에 결제가 이뤄졌다면 사건의 실체는 영원히 감춰졌을지 모른다. 하지만 빌린 돈의 9배까지 뻥 튀겨진 약속어음이 만기일에 결제될 리 없었다. 돌고 돌던 어음이 만기에 도달하면 이를 발행한 기업들은 결국 부도를 내고 쓰러졌다.

청와대 배후설이 제기된 이 사건으로 인해 임재수 조흥은행장, 공덕종 상업은행장 등 은행장 2명, 기업체 간부, 전직 기관원, 전두환 대통령의 처삼촌인 이규광에 이르기까지 무려 32명이 줄줄이 구속됐다. 대형 상장사인 일신제강과 공영토건도 부도가 났다. 이철희와 장영자는 법정 최고형인 15년의 징역형을 선고받았는데 복역 중 이철희는

---

* 금융기관이 기업에 대출해줄 때 담보력을 보강하기 위해 받는 일종의 백지어음이다. 어음에는 발행기관만 적혀 있고, 금액이나 만기일, 발행일이 따로 쓰여 있지 않다. 기업이 대출금을 상환하지 못하거나 자금회수에 의문이 생길 때 금융기관은 금액, 만기일 등을 마음대로 적어 교환에 회부해 자금화할 수 있다.

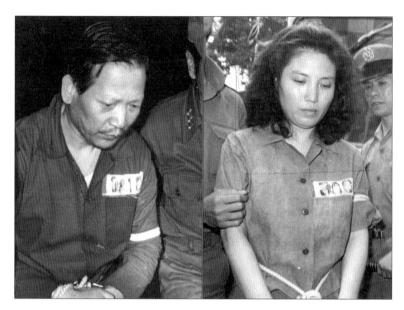

어음사기 사건으로 재판을 받기 위해 이동하는 이철희(왼쪽)와 장영자. 1982년 발생한 이 사건은 당시 단군 이래 최대 금융사기 사건으로 회자된다. 1982년 발생한 이 사건을 계기로 금융실명제를 도입해야 한다는 논의가 본격화된다.

먼저 가석방되고, 장영자는 복역 10년 만에 역시 가석방으로 풀려난다. 1982년 발생한 이 사건을 계기로 금융실명제를 도입해야 한다는 논의가 본격화된다.

1983년 명성그룹 금융부정 사건

1983년 명성그룹 금융부정 사건은 1982년 이철희 · 장영자 어음사기 사건, 1983년 영동개발진흥 어음사기 사건과 함께 제5공화국 3대 대형 금융부정 사건으로 꼽힌다. 김철호 명성그룹 회장을 비롯해 명성그룹 간부, 은행원, 윤자중 교통부 장관, 박창권 대한주택공사 부사장 등이 세금포탈, 뇌물공여 및 수수혐의로 검찰에 무더기로 구속된다. 이 사건에는 특히 전두환 전 대통령의 장인 이규동 대한노인협회장이 개입했다는 의혹이 제기돼 논란을 불렀다.

1983년 8월 17일, 대검찰청 중앙수사본부는 김철호 회장을 탈세와 조세범처벌법 위반, 업무상 횡령 등의 혐의로 구속한다. 대검은 또 김 회장에게 1,000억여 원의 사채자금을 변칙 조달해준 상업은행 혜화동 지점 김동겸 대리를 업무상 횡령혐의로 구속했다. 검찰에 따르면 김 회장은 1979년 4월부터 상업은행 혜화동 지점의 김동겸 대리를 통해 사채전주들이 맡겨둔 은행 예금을 빼내 쓰면서 기업을 확장했으며 4년간 원리금을 상환하지 않아 횡령한 돈이 1,066억 원에 달했다. 검찰은 또 김 회장이 21개의 기업군을 거느린 재벌그룹 회장으로 행세하면서 사기극을 벌였으며 46억 원을 탈세했다고 발표했다.

이 사건은 명성그룹 김 회장의 부탁을 받은 상업은행 혜화동 지점 김동겸 대리가 손으로 쓴 통장을 발행하는 방법으로 사채업자들로부터 1,000억여 원을 조성해 사채놀이를 하다 터진 것이었다. 당시 사채자금은 제도금융 안에서 예금 형태만 바꾸어 기생하고 있었다. 사채업자는 은행을 안정장치로 이용하여 은행에 돈을 예금하고, 은행 지점에는 이 돈을 사채수요자에게 대출하도록 했다. 사채업자들은 채무자에게서 사채이자와 은행이자 간 차액에 해당하는 이자를 직접 챙겼다. 김동겸은 안전장치로 사채업자에게는 수기통장을 발행해줬고, 김 회장에게선 은행 돈을 빌려 갔다는 채무각서를 받아뒀다.

당시 야당에선 일개 지점의 대리가 윗선의 지시도 없이 그만한 액수의 비리를 저지를 수 있었겠느냐며 배후설을 제기했다. 또 사건이 터지기 전 상업은행에 대한 2차례의 특별감사에서 이 같은 대출비리를 발견하지 못한 금융감독당국을 질타하기도 했다. 상업은행 사고는 1973년 정부가 사금융 3법을 제정해 지하자금의 양성화를 시도하려 했지만, 여전히 제도금융 안에 사채가 기생할 만큼 은행 관리가 엉망이었다는 사실을 확인시켜준 사건이었다.

김 회장을 구속한 날로부터 12일 후인 8월 29일, 검찰은 명성 설악컨트리 클럽 골프장 사업계획 승인과 관련해 뇌물을 받은 공무원들도 잡아들인다. 윤자중 교통부 장관이 김 회장에게서 8,500만여 원의 뇌물을 받은 혐의로 구속된다. 박창권 대한주택공사 부사장 등 공무원 9명도 뇌물수수 등의 혐의로 쇠고랑을 찼다. 이 사건으로 김철호는 징역 15년에 벌금 92억 3,000만 원을, 윤자중 장관은 징역 7년에 추징금 8,186만 원을, 김동겸은 징역 12년을 각각 선고받았다.

전두환 대통령의 장인 이규동 대한노인협회장은 김 회장이 자선 서예전을 통해 번 1억 1,000만 원을 대한노인협회에 기탁한 것과 관련해 배후인물로 지목되기도 했다. 야당은 '이규동이 명성그룹의 고문역으로 일했다' '골프장 사업계획 승인을 전후해 이규동이 개입했다'는 등의 의혹을 제기했지만 검찰은 끝내 확인하지 못했다.

1983년 영동개발진흥 어음사기 사건

대통령의 친인척, 장관, 공기업 대표가 연루된 금융사기 사건이 잇따라 발생하면서 금융시장은 일대 혼란에 빠진다. 이런 가운데 1983년 9월, 설상가상으로 또 다른 어음사기 사건이 발생한다. 사채시장의 큰손이면서 정·재계에서 '발 넓고 손 큰 여장부'로 소문났던 이복례 영동개발진흥그룹 회장이 조흥은행 중앙지점 행원들과 공모해 벌인 대형 어음사기 사건이었다.

검찰에 따르면 조흥은행 중앙지점 행원들은 상업어음 보증에 필요한 지점장 직인 및 보증스탬프를 도용해 영동개발진흥, 신한주철에 1,691억 원의 융통어음을 보증해줬다. 또 두 회사는 이 어음을 단자회사와 사채시장에서 할인해 썼다. 이로 인해 조흥은행은 무려 1,700억 원의 재산피해를 입어야 했다. 당시 조흥은행의 납입자본금이 1,100억 원이었으니 실로 엄청난 피해였다. 조흥은행은 부실을 감당하지 못해 폐쇄 위기에 몰렸다.

이에 정부와 한국은행은 조흥은행에 1,800억 원의 자금을 지원하기로 했다. 이복례 회장을 비롯한 영동개발진흥 측 관계자, 조흥은행 중앙지점 행원들의 사기로 끝날 줄 알았던 이 사건은 이헌승 조흥은행장에게까지 번져 국민들에게 충격을 준다. 이 행장은 이 회장으로부터 2억 원의 뇌물을 수수한 혐의로 검찰에 구속돼 유죄선고를 받는다. 이 사건은 또 옛 공화당 출신으로, 권부(權府)를 거쳤던 모 정치인이 개입했다는 설이 제기되는 등 풍문이 꼬리를 물었지만 검찰은 이를 밝혀내지 못했다.

이복례 회장이 징역 12년 형을 받는 등 무려 23명이 이 사건에 연루돼 크고 작은 처벌을 받았다. 이 회장의 아들 곽근배 영동개발 사장은 징역 8년 형을, 이헌승 조흥은행장은 징역 4년에 추징금 1억 5,000만 원, 몰수 5,000만 원의 형을 받았다. 금융감독당국은 사고재발을 막기 위해 금융기관이 어음을 지급보증할 경우 스탬프로 '보증'이란 문구를 사용하는 대신 별도의 지급보증서를 받도록 했다. 또 지급보증 상대를 반드시 어음에 명시하도록 지도를 강화했다. 그러나 '사후약방문'이란 비판을 피할 순 없었다.

이 사건으로 인해 조흥은행의 명예는 땅에 떨어졌다. 전·현직 행장이 연속으로 금융사기에 연루돼 법의 처벌을 받아야 했기 때문이다. 국민들은 행원 몇 명이 공모하기만 하면 은행 재산 모두를 까먹는 것은 식은 죽 먹기란 사실에 또 한 번 놀랐다. 은행 관리가 그만큼 허술하고 엉망이란 사실에 혀를 차야 했다.

1984년 국제그룹 해체 사건

수천억 원대의 금융사기 사건이 잇따라 터지더니, 이번엔 고의 금융사고로 인해 잘나가던 대그룹이 해체되는 사건이 발생한다. 1984년 12월 27일, 국제그룹의 어음거래계좌 개설 은행인 제일은행은 교환 회부된 국제상사 발행어음을 부도 처리해 국제그룹의 부도를 유발한다. 발행어음의 만기가 돌아오면 부도 처리하기 이전에 이를 당사자에게 고지하는 것으로 돼 있는 '사전 협의제' 운용지침을 외면하면서 터진 사건이었다.

이는 당시 전두환 대통령의 지시에 따른 결과였음이 뒤늦게 밝혀진다. 전두환 대통령은 국제그룹의 자금조달 계획에 차질을 주기 위해 재무부 장관에게 금융기관의 국제그룹 여신지원 방침을 전면 취소하라고 지시한다. 또 이 같은 사실을 국제그룹에 알리지도 말 것을 지시했다. 발행어음이 부도 처리되면서 국제그룹은 심각한 자금난에 빠진다. 이에 채권은행들과 은행감독원은 국제그룹의 정상화를 위해 금융지원 계획을 내놓는다. 국제그룹은 자구 노력 이행계획을 확정한다.

그러나 전두환은 1985년 2월 7일부터 11일 사이에 당시 김만제 재무부 장관에게 국제그룹 해체 지시를 비밀리에 내린다. 재무부 장관은 2월 20일 신임 이석주 제일은행장을 불러 기업 정상화 금융지원 계획과 국제그룹의 자구노력 이행 계획을 파기하도록 지시한 것으로 알려졌다. 또 국제그룹 전면 해체 및 전 재산 처분 위임장을 강제로 내놓으라고 지시한 것으로 전해졌다. 결국 2월 21일 이석주 제일은행장은 국제그룹의 전면 해체 방침을 발표한다. 주식 및 경영권 양도 가계약과 주식 매매 계약서에 청구인의 서명 날인도 강제로 받는다. 이로써 1949년 12월 부산에서 설립돼 국내 굴지의 그룹으로 성장한 재계 서열 7위의 국제그룹은 공중 분해되고 1년 뒤인 1986년 12월, 한일그룹에 흡수되고 만다.

1987년 국제그룹 양정모 회장은 국제그룹 해체는 새마을성금 등 당시 제5공화국의 준 조세성 자금 기부를 거부하고 1985년 2·12 총선에 협조하지 않은 것에 앙심을 품고 벌인 권력의 해코지라며 회사 되찾기 운동을 전개한다. 1988년 10월 국회는 국정감사에서 재무부, 은행감독

1993년 7월 29일 헌법재판소의 위헌 결정 후 기자회견을 갖는 양정모 전 국제그룹 회장. 양정모 회장은 국제그룹 해체는 전두환 정권의 권력에 의한 불법 행위라며 회사 되찾기 운동을 벌였고 결국 헌법재판소로부터 위헌 판결을 받아낸다.

원, 제일은행 등으로부터 국제그룹에 대한 부실기업 정리 자료를 제출받아 국제그룹 해체 사건의 전모를 파악한다. 이를 계기로 1989년 2월 국제그룹 복권추진위원회는 공권력 행사로 인한 재산권 침해에 대해 헌법소원을 제기한다. 양 회장은 7년여의 지루한 싸움 끝에 1993년 7월 헌법재판소로부터 국제그룹 해체는 위헌이라는 판결을 받아낸다.

　그러나 양 회장은 1996년 대법원 최종 판결에선 패소해 한일그룹을 상대로 기업을 돌려받는 데는 실패한다. 한일그룹으로 넘어갔던 국제상사는 IMF 외환위기 시절 법정관리에 들어간 뒤 2006년 LS그룹의 계열사인 ㈜E1을 새 주인으로 맞아 ㈜LS네트웍스로 회사명이 변경된다.

국제그룹 해체 사건은 당시 정치권력의 힘이 얼마나 대단한지를 보여준 사건이었다. 정치권력의 눈 밖에 나면 아무리 큰 기업이더라도 한순간에 공중 분해될 수 있다는 불편한 진실이 만천하에 드러났다. 공권력과 금융기관이 정치권력의 시녀가 되면 누구든지 불행에 빠트릴 수 있다는 한 시대의 비극도 확인시켜주었다.

CHAPTER 5

문민정부도
버리지 못한 정치금융

한국은행 총재부터 자른 YS

고 김영삼 전 대통령은 1993년 2월 대통령 취임 후 정치금융의 폐단을 지적하는 여론을 의식해 은행장 인사에 개입하지 않겠다는 입장을 견지하고 있었다. 김 전 대통령은 그러나 취임한 지 오래지 않아 한국은행 총재부터 경질했다. 뜻밖의 인사였다. 조순 한은 총재는 겨우 만 1년간 재임 중이었기 때문이다. 김 전 대통령의 한은 총재 경질엔 사연이 있었다.

이야기는 1992년 대통령 선거전으로 거슬러 올라간다. 당시 선거전은 정주영 현대그룹 명예회장의 대선 출마로 뜨겁게 달아오르고 있었다. 김영삼 민주자유당 대선 후보는 정 회장의 가세를 못마땅하게 여기고 있었다. 김대중 민주당 대선 후보를 상대하기도 벅찬 마당에, 정

회장이 출마하게 되면 보수층의 표가 갈려 대선 승리를 장담하기 어렵다고 봤다. 더욱이 김영삼 후보는 정 회장의 막강한 자금력에 부담을 느끼고 있었다.

이런 차에 여권은 정 회장의 현대전자 자금 유용을 의심하고 은행감독원을 통해 조사를 지시했던 것으로 전해진다. 회사 돈으로 선거자금을 쓰고 있다는 전제였다. 그러나 2~3개월이나 장부를 뒤졌는데도 그런 정황을 포착할 수 없었다. 은감원은 정주영 회장이 개인 주식을 팔아 돈을 마련한 사실을 확인하고 손을 뗀다. 은감원은 청와대와 여권의 압력을 받고 그 뒤로도 현대그룹의 자금 흐름을 샅샅이 추적했지만 원하는 결과를 얻지 못했다. 이런 가운데 정주영 회장의 반격이 있었다. 정 회장은 "한은이 돈을 찍어 김영삼 후보를 돕고 있다"는 폭탄발언을 했다. 정부는 즉각 조순 총재 명의로 정주영 회장을 고소했다.

이런 과정을 거쳐 당선된 김영삼 대통령인 만큼 정주영 회장에 대해 좋은 감정을 갖고 있을 리 없었다. 그런데 조순 총재가 돌연 정 회장을 상대로 냈던 고소를 취하하는 일이 벌어진다. 조 총재는 당시 정치적인 내막을 잘 알고 있던 김명호 은감원장과 신복영 부원장 등 은감원 간부는 물론 청와대와도 일절 상의 없이 고소를 취하했던 것으로 알려졌다. 심기가 불편했던 김영삼 대통령은 결국 조 총재를 전격 경질한다. 그리고 그 후임에 차남 김현철의 장인인 김웅세 롯데월드 사장과 친한 사이로 알려진 김명호를 총재에 선임한다. 정치적 고려 없이 단행했던 단 한 번의 행보에 한은 총재가 경질된 것이다. 이것은 다가올 은행장 물갈이 인사의 신호탄이었다.

문민정부 실세도 쓰러트린 사정한파

비리로 얼룩진 과거 금융 역사와의 단절을 원했던 김영삼 대통령은 금융권에 칼을 대기 시작했다. 때마침 검찰에선 대대적인 사정바람이 불었다. 노태우 정권 실세들과 교분이 두터웠던 은행장을 비롯해 대출비리에 연루된 은행장들이 검찰 수사를 받게 된다. 뿐만 아니다. 이들 가운데에는 문민정부 실세 정치인과 친분이 있던 행장도 있었다. 김영삼 대통령 재임기간 동안 불명예 퇴진한 은행장은 사법처리된 은행장 6명을 포함해 무려 21명에 달한다. 은행장 수난시대라고 할 만했다. 김준협 서울은행장, 김재기 외환은행장, 박기진 제일은행장, 안영모 동화은행장 등은 김영삼 정부가 출범한 지 오래지 않아 물러났다. 이들 중엔 노태우 정권 실세와 친했다는 이유만으로 옷을 벗은 이도 있다. 김준협 행장은 경북 영주 출신으로 전형적인 TK 인맥으로 분류되고 있었다. 노태우 정권 때 동향 사람인 금진호와도 친분이 두터웠던 인물로 회자됐다. 서울은행에서 서소문·서대문 지점장으로 일할 때부터 노태우 정권 실세와 가까이 지냈던 것으로 알려졌다. 1992년 김영삼 당시 민자당 대표가 여당 대선 후보로 결정되자, 대선캠프를 돕기도 했지만 사정한파를 피하지 못하고 1993년 서울은행장에서 물러난다.

　김재기 외환은행장도 행장에 선임된 지 1개월여 만에 물러난다. 충북 청원에서 태어난 그는 원래 주택은행 출신이다. 1992년 1월 주택은행장에 취임했지만 1년 3개월밖에 재임하지 못했다. 주택은행장에서 물러나자마자 곧바로 외환은행장에 올랐지만 역시 오래가지 못했다. 두 은행에서 행장으로 일했던 기간은 고작 1년 4개월에 그친다. 그는 김영삼 대통령의 정치 기반인 민주계 좌장 고 김재광 국회부의장의 동생이었다. 정치인들과도 교분이 두터웠다. 같은 주택은행장 출신이면서 금진호의 대륜고등학교 동기동창인 유돈우 민자당 재정위원장, 장재식 민주당 정책위원장의 도움을 받았던 것으로 알려졌다. 마당발로 불릴 정도로 네트워크가 좋았던 김 행장은 이후 한국케이블TV방송협회 회장, 씨름연맹 총재, 주택사업공제조합 이사장, 한국관광협회중앙회 회장 등을 역임한다.

금융황제 이원조의 비호를 받은 인물로 회자됐던 박기진 제일은행장은 동생이 경영하던 학산개발이 570억 원의 제일은행 대출을 껴안은 채 부도를 내면서 이에 대한 책임을 지고 사임한다. 1980년대 초, 한일은행장을 역임하고 1989년 동화은행 초대 은행장으로 발탁된 안영모 행장은 비자금을 조성해 정·관계에 로비를 벌인 혐의로 검찰에 구속된다. 은행경비영수증을 변칙 처리해 23억 5,000만 원의 비자금을 조성했다는 혐의를 받았다. 이 자금은 당시 이원조에 대한 로비용으로 발표됐지만 뒤늦게 노태우 비자금의 일부였던 것으로 드러난다.

봉종현 장기신용은행장은 전무 재직 시절 덕산그룹 계열 덕산시멘트 광양공장에 시설자금 투자명목으로 240억 원을 대출해주고, 덕산 박성섭 회장에게서 3차례에 걸쳐 사례금으로 4,500만 원을 받은 혐의로 옥살이를 한다. 이철수 제일은행장은 1996년 5월 효산그룹에 대출하면서 2억 5,000만 원을 수수한 혐의로 구속됐다. 또 손홍균 서울은행장은 1996년 11월 국제밸브공업 등 2~3개 회사에 한도를 초과한 금액을 대출해주는 대가로 2억 1,000만 원을 받은 혐의로 쇠고랑을 찼다.

　은행장 대출비리 사건은 그러나 사리사욕을 위한 은행장의 전횡에서 비롯된 결과물만은 아니다. 정치권력이 개입했다. 권력의 실세가 은행장에게 특정기업의 대출편의를 봐주도록 옥죈 결과임이 드러난 것이다. 한보그룹 대출비리에 문민정부의 실세이자, 금고지기였던 홍인길 의원이 개입한 사실이 드러나 그 역시 처벌받는다.

　신광식 제일은행장과 우찬목 행장은 1997년 1월 24일 한보철강이 부도를 내면서 구속 수감된다. 1996년 대출을 대가로 한보그룹 정태수 회장에게서 각각 4억 원의 뇌물을 챙긴 혐의가 적용됐다. 장만화 서울은행장도 한보그룹에 대한 대출 손실에 책임을 지고 사임한다. 행장에 선임된 지 불과 3개월 만이었다. 은행장 수난 시대에 가장 낯부끄러운 은행이 있었다. 서울은행이었다. 서울은행은 문민정부가 들어선 뒤 김준협, 김영석, 손홍균, 장만화 등 4명의 행장이 임기를 채우지 못하고 줄지어 퇴진했다. 참담한 결과였다.

토박이 은행장들의 연임

문민정부 들어 수많은 은행장들이 줄지어 사임하고 구속됐지만 그렇다고 잘나가는 은행장이 없었던 건 아니다. 연임과 3연임에 성공한 행장들이 있었다. 김영삼 대통령은 "은행장 인사에 개입하지 않겠다"는 약속을 실천하기 위해 임기 초 낙하산 인사를 지양하고, 은행 내부 인사를 장려했는데, 이 덕을 본 행장이 몇몇 출현한다.

정지태 상업은행장은 1993년 은행장에 선임된 뒤 내리 3연임해 문민정부가 끝날 때까지 자리를 지켰다. 경북 칠곡에서 태어난 정 행장은 경북고와 서울대 법대를 나온 엘리트였다. 입행 후에도 인사부장, 심사부장 등 요직을 두루 거치면서 능력 있는 행원으로 인정받았다. 그가 시중은행장 최초로 3연임에 성공할 수 있었던 것은 능력도 능력이겠거니와 든든한 학맥과 배짱이 있었던 때문으로 보인다. 그 역시 행장으로 재임하던 1996년을 전후해 홍인길 의원으로부터 한보그룹 대출 청탁을 받은 것으로 전해졌다. 정 행장은 그러나 당시 홍 의원에게 "은행 사정이 안 좋아 들어줄 형편이 못 된다"며 거절의사를 분명히 전했다. 권력 실세의 청탁을 거절하기란 여간해선 어렵다. 그만한 배포와 자신감이 없으면 불가능한 일이다.

　　노태우 정권 때 은행장에 오른 윤순정 한일은행장은 문민정부 들어서도 자리를 지키며 연임했다. 그는 당시 보기 드문 호남 출신이었다. 전남 강진에서 태어나 목포상고를 나왔다. 대인관계가 원만해 권력의 미움을 사지 않았던 것이 연임 배경으로 전해진다. 행장에서 물러난 뒤엔 증권시장안정기금 이사장을 역임했다.

　　윤 행장의 뒤를 이었던 이관우 한일은행장 역시 연임에 성공했다. 다만, 행장 재임기간은 길지 않았다. 외환위기가 터진 뒤 한일은행은 부실이 심화돼 독자생존이 어렵다는 진단을 받고 있었다. 은행을 살리는 길은 비슷한 은행과 합병하는 길 외엔 없었다. 그는 연세대 동문 배찬병 상업은행장과 합병하기로 전격 합의한 뒤 물러난다.

　　경북 경주 태생으로 서울대 정치학과를 나온 이규증 국민은행장도 노태우 정권 말에 행장에 취임해 문민정부가 끝날 때까지 자리를 지켰다. 이 행장은 1992년 정보사 부지사기 사건으로 국민은행이 기관 경고를 받은 데다 금융당국과의 관계도 원만치 않아 행장 연임이 어려울 것으로 예상됐다. 실제 이 행장은 당시 김용진 은행감독원장의 눈 밖에 나 있었다. 여기다 홍재형 부총리, 한이헌 경제수석과도 좋은 관계를 유지하지 못했던 것으로 전해졌다. 낙마할 것이란 관측이 유력했다. 그러나 그는 보기 좋게 연임에 성공했다. 시장 안팎에서는 그가 김영삼 대통령의 최측근 정치인과 정보기관 수장, 리틀 YS라 불리는 김현철과 줄이 닿는다는 소문이 돌았다. 정치적이란 평가를 받았던 이 행장도 그러나 세월의 변화 앞에 무릎을 꿇는다. 그는 김대중 정부가 들어서자 임기만료를 앞두고 스스로 자리에서 물러난다. 3연임 스타 정지태 상업은행장도 이 행장의 뒤를 따른다.

이용만 재무장관과 동화은행 비자금 사건

1995년 7월 어느 날, 이용만 전 재무장관이 2년 5개월 만에 휠체어를 탄 채 돌연 귀국한다. 지상파 TV에선 그날 주요 뉴스로 그가 공항 입국장에 들어서는 모습을 일제히 보도했다. 거동이 불편한 듯 휠체어를 타고 있던 그는 영락없이 딱한 처지가 된 촌로의 모습이었다. 정·재계에 일순간 긴장감이 돌았다. 그의 말 한마디에 1992년 대선 당시 정치자금 문제가 재차 불거질 것을 우려했기 때문이었다. 이용만 전 재무장관이 해외 유랑길을 떠난 계기는 1993년 5월 안영모 전 동화은행장 뇌물수수 사건이었다. 이 전 장관은 이원조, 김종인 의원과 함께 안 행장의 뇌물 공여 리스트에 이름이 올라 있었다. 그는 안 전 행장이 이 사건으로 검찰에 연행돼 조사를 받기 한 달여 전에 이미 출국해 도피생활에 들어가 있었던 것이다.

당시 금융계에서는 이원조의 대를 잇는 금융계 최고 실세이던 이용만 전 장관이 1992년 대통령 선거 때 정치자금 금고지기를 한 것이 문제가 돼 출국했다는 소문이 파다했다. 당시 김영삼 대선 후보를 위해 발에 땀이 배도록 전력을 다해 뛰었던 이가 바로 그였기 때문이다. 이전 장관은 출국 이후 미국과 일본을 오가며 출가한 딸과 친인척 집에서 칩거 생활을 했다.

이용만은 시원시원한 성격에 보스 기질이 다분했다. 선배 관료에겐 믿음직한 후배였고, 후배 관료들에겐 멋진 선배였다. 선이 굵었던 그의 매력에 빠진 후배들이 적지 않았다. 해외출장을 가는 후배 관료들은 이용만의 거처를 수소문해 면담하기를 원했지만 그는 누구와도 만나지 않았다. 당시 그가 얼마나 철저히 외부세계와 단절하려 했는지 짐작케 하는 대목이다. 도피생활 도중 건강을 해친 그는 척추 질환 및 심장 질환을 앓고 있었다. 휠체어를 타고 입국한 것도 이 때문이었다. 하지만 건강이 악화돼 그가 귀국을 결심했다고 보는 이는 없었다. 그와 함께 뇌물수수 사건에 연루됐던 사람들이 사실상의 사면조처를 받은 게 영향을 미쳤을 것이란 관측이 유력했다.

이용만은 관료생활 동안 숱한 화제를 뿌린 인물이었다. 1980년 5월, 차관급의 경제과학심의회 상임위원을 지내던 그는 당시 전두환 대통령의 처삼촌인 이규동 광업진흥공사 사장의 면담을 거절한 것이 화근이 돼 옷을 벗는다. 하지만 이용만은 2년 뒤 단자회사인 중앙투자금융

사장으로 재기한다. 취임 6개월 만에 그는 중앙투자금융을 업계 1위 회사로 끌어올린다. 아이러니하게도 그의 낙마에 힘을 썼던 이규동은 이철희·장영자 어음사기 사건에 연루돼 사법처리 수순을 밟던 차였다. 중앙투자금융 사장으로 재기의 발판을 마련한 그는 이후 신한은행장, 외환은행장, 은행감독원장을 거쳐 1991년 5월 친정인 재무부 장관으로 복귀한다. 11년 만의 금의환향이었다.

그는 누구라도 만났다 하면 자기편으로 만드는 묘한 재주를 지녔다. 도움을 줘야 할 사람이다 싶으면 물불 가리지 않고 제 일인 양 팔을 걷고 나섰다. 그는 자기소신이 너무 강해 스스로 적을 만들기도 했다. 노태우 정권 말기, 최각규 부총리, 조순 한은 총재와 사사건건 논쟁을 벌여 트러블 메이커로 회자됐다.

안영모 동화은행장 뇌물수수 사건에서 이용만은 안 행장과 정치권을 잇는 정치자금의 고리로 지목받았다. 1993년 4월 21일 안영모 동화은행장을 연행해 조사했던 검찰은 안 행장이 부정대출을 해주고 커미션을 받아 거액의 비자금을 조성한 뒤 이를 정치권과 금융감독기관 등에 로비자금으로 사용했다는 혐의를 잡고 있었다.

한편 이 사건은 권력과 결탁한 정치검사들의 수사 방해가 있었던 것으로 뒤늦게 드러난다. 함승희 전 의원(새누리당)에 의해서다. 함 전 의원은 당시 이 사건 수사를 맡았던 검사였다. 함 전 의원은 1993년 초 동화은행 비자금 사건을 수사하는 동안 검찰 수뇌부의 회유와 압력으로 수사를 제대로 하지 못한 채 덮어버렸다고 1995년 〈월간조선〉 6월호 인터뷰에서 밝혔다. 검사를 그만두고 변호사로 있던 그는 인터뷰에서 "안영모 전 동화은행장이 개인적으로 대출 커미션을 받은 선에서 사건을 마무리하고 비자금 관련 수사는 하지 말자, 그러면 출세를 보장해주겠다는 회유를 받았다"고 밝혔다. 그는 "당시에는 안 들은 것으로 하겠다 했지만 결국은 하다가 만 수사가 되고 말았다"고 증언했다. 함 전 의원은 이 사건 수사과정에 대해 "안영모 전 동화은행장의 비자금 이동경로를 추적하다 보니 정관계 인사 10여 명이 관련된 것으로 나타났다. 이 가운데 정경유착과 직접 관계가 없다고 판단되는 사람은 제외하고 그 대상을 이용만 전 재무장관, 김종인 전 청와대 경제수석, 이원조 씨 3명으로 정하고 수사했다"고 밝혔다. 그는 또 "안영모 행장으로부터 이들 세 명에게 뇌물을 줬다는 진술을 확보했으나 검찰 상부가 물증 없이는 소환할 수 없다는 논리로 일관했다"고 말했다. 함 전 의원은 이와 함께 "당사자들을 소환하지 않고 수표 추적에 나서 천신만고 끝에 물증을 찾아냈다"면서 "검찰 지휘부는 수사를 제약하기 위해 필요에 따라 '물증 없이는 안 되니 수표를 추적하라'는 논리를 폈는데, 수표추적이 되면서 이들이 함정에 빠졌다"고 밝혔다.

상업은행은 정치금융의 최대 피해자?

1960년대 이후 정치금융의 폐해가 반복되던 한국 금융사에서 가장 피해를 본 은행은 상업은행이 아닌가 싶다. 상업은행은 1899년 설립된 대한천일은행을 모태로 한다. 당시 대한천일은행은 실질적으로 민간이 설립한 민족계의 근대적인 은행으로는 최초의 은행이었다. 1894년 조선·한흥·제국은행 등이 민족자본에 의해 설립되지만 자금부족으로 얼마 못 가 문을 닫았고, 1897년 설립된 한성은행도 운영과정에서 공립화됐기 때문이다.

그러나 상업은행은 내부인사를 은행장으로 선임한 예가 극히 적다. 낙하산 인사들의 부임지로 굳어졌다. 한일은행과 합병한 뒤에도 상황은 달라지지 않았다. 불행한 역사의 시작은 1961년 5·16 군사정변이 일어나면서다. 조흥은행 출신의 문종건 행장이 부임했고, 그 바통을 이어받은 사람은 한일은행 출신의 전신용 행장이었다. 뒤이어 산업은행 출신의 서진수 행장이, 서울은행장을 역임했던 임석춘 행장이 내리 수장으로 선임됐다. 1970년대 들어서는 한국은행 출신의 김봉은, 배수곤, 주인기 등이 잇따라 행장에 부임했다.

상업은행이 내부인사로 행장을 선임한 것은 이현기 행장이 부임한 1988년 들어서다. 그러나 그것도 오래가지는 못했다. 고작 10년간이었다. 외환위기 때 한일은행과 한빛은행, 우리은행으로 간판을 바꿔 달았지만 상업은행에는 다시 근 10년간 외부 인사들이 수혈됐다.

한미은행장 출신의 김진만이, 한국개발연구원(KDI) 출신의 이덕훈이, 삼성그룹 출신의 황영기가, 삼성화재 출신으로 서울보증보험 사장 등을 거친 박해춘이 이들이다.

1998년 기업 및 금융기관 구조조정부터 2011~2012년 저축은행 구조조정에 이르기까지 약 15년에 걸쳐 진행됐던 관치금융을 파헤친다. 관치금융은 외환위기를 전후해 뚜렷한 차이를 보인다. 외환위기 이전 관치금융은 사실상 정치금융이라 해도 무방했다. 정치권력에 의해 완벽히 조종됐다. 정치권력의 하수인이 금융을 지배했고, 금융권력이 정치권력으로 변신하기도 했다. 관치행태 역시 변화가 나타났다. 외환위기 이전에는 정권의 비호 아래 지시와 명령 일색의 경영 간섭이 주를 이루었다. 시장원리를 훼손하는 일도 비일비재했다.

외환위기 이후 관치에 지시와 명령이 없었던 것은 아니다. 하지만 설득과 정보제공 형태의 유연한 관치가 출현한다. 이는 외환위기라는 시장실패에 대한 관료사회의 책임의식이 반영된 결과로 보인다. 관료사회에 만연했던 과신과 교만에 대한 자기반성의 발로다. 금융정책당국에서 시장원리를 중시하는 시장파가 고개를 들기 시작한 것도 외환위기 이후다.

3부

외환위기 이후
관치는 금융을
이롭게 하였나

CHAPTER 1

김대중 정부와
기업·금융 구조조정

아쉬웠던 1차 은행 구조조정

1997년 IMF 외환위기 이후 은행 구조조정은 피할 수 없는 운명이었다. 1980년대 중반부터 시작된 금융자유화 및 개방화가 1990년대 본격화되면서 금융기관 간 경쟁이 격화되었고, 금융기관의 경영위험이 확대됐다. 여기에 세계적인 공급과잉 및 수요감소가 이어져 그동안 고속성장을 유지해오던 우리 경제는 1990년대 중반 이후 성장 속도가 둔화되고 있었다. 이러한 금융환경 변화에 충분히 대응할 수 있도록 은행들은 선진 경영형태를 갖춰 내실을 도모해야 했다. 그러나 불행히도 은행들은 수익성 및 생산성을 높이는 데 관심을 두지 않았다. 금융감독당국의 보호를 받으며 안주하려 했다. 신용위험이나 외환위험 등을 체계적으로 관리하지도 못했다. 외형 성장 위주의 경영을 지속했다.

1997년 6월 3일 서울 명동에서 전국금융노동조합연맹 산하 금융회사 직원들이 관치금융을 규탄하는 시위를 벌이고 있다.

이로 인해 은행들은 1997년 초부터 시작된 대기업들의 연쇄 도산에 직접적인 영향을 받으며 급격히 부실화됐다. 은행들은 아무런 대비 없이 수수방관하다가 대기업이 쓰러지는 것을 지켜본 뒤에야 뒤늦게 보수적으로 자금을 운용했다. 하지만 때는 이미 늦었다. 은행이 돈줄을 죄자, 신용경색이 심화됐다. 이윽고 건실한 기업마저 흑자 도산하는 결과가 이어졌다. 금융중개 기능의 중추적 역할을 담당하던 은행이 제 기능을 발휘하지 못하면서 전 산업의 연쇄부실화 우려를 낳았다.

정부는 결국 은행 구조조정에 나설 수밖에 없었다. 김대중 정부는 관료에서 정치인으로 변신한 김용환의 천거에 따라 이헌재에게 지휘봉을 맡긴다. 이헌재는 1970년대 원조 모피아 김용환 밑에서 관치를 배웠던 수제자다. 율산그룹 부도 사태를 계기로 1979년 관가를 떠나야 했던 이헌재가 초대 금융감독위원장에 지명되면서 19년 만에 금의 환향한다.

금융감독위원회(이하 금감위)는 1998년 3월 말 기준, 26개 전 일반은행을 대상으로 자산 부채에 대한 실사를 벌인다. 이를 통해 BIS 자기자본비율이 8% 미만으로 나온 12개 은행(조흥 · 상업 · 한일 · 외환 · 평화 · 강원 · 충북 · 대동 · 동남 · 동화 · 경기 · 충청)에 1998년 4월 말까지 경영정상화 계획을 제출하도록 한다. 계획서에는 2000년 6월까지 BIS 자기자본비율 8% 실현에 필요한 증자, 외자유치 등의 자구방안을 담도록 했다.

정부는 또 12개 은행이 제출한 경영정상화 계획을 객관적으로 평가하기 위해 세계은행과 평가기준을 협의한 뒤 국제회계법인과 업무제휴 중인 6개 국내회계법인에 그해 4월 30일부터 6월 13일까지 이를 심사하도록 했다. 이와 함께 회계법인이 평가한 정상화 계획의 최종 심의를 위해 회계사, 법률가, 대학교수, 연구원 등 외부 전문가로 경영평가위원회(이하 경평위)를 구성해 6월 20일부터 6월 28일까지 심사를 벌이도록 했다. 각 은행이 제시한 계획이 객관적으로 실현가능한지 여부, 실현 가능할 경우 2000년 6월 말까지 BIS 자기자본비율 8%를 달성할 수 있는지 여부를 기준으로 경영정상화 계획의 승인 여부를 심사하게 했다.

정부가 외부 전문가들로 경평위를 구성한 것은 평가의 공정함을 기하는 동시에 불필요한 정치개입 논란에서 벗어나겠다는 의도였다. 그만큼 은행 퇴출을 결정하기란 매우 힘든 작업이었다. 정부수립 이래 전례가 없던 일인 데다 충청권의 지방은행들이 포함돼 있어 정치적으로도 매우 민감한 사안이었다. 경평위는 양승우 안진회계법인 대표(위원장)를 비롯해 12명으로 구성됐다.

평가의 공정성을 위해 경평위는 외부와의 접촉을 끊었다. 위원들은 기밀 유지를 위해 6월 20일부터 인천 심곡동 한국은행 연수원에서 합숙에 들어갔다. 그리고 마침내 엿새 만인 25일 심사결과를 내놓는다. 조흥·상업·한일·외환·강원·충북 6개 은행에 대해 조건부 승인을 건의한다. 반면 동화·대동·동남·평화·충청·경기 6개 은행은 정상화 가능성이 희박하다고 보고 승인하지 말 것을 건의한다. 그로부터 나흘 뒤인 6월 29일, 금감위는 경평위 건의 내용을 참고해 부실 금융기관을 지정한다. 대부분 경평위 의견을 따랐다. 의견에 반하는 결정을 내린 것은 평화은행이 유일했다. 금감위는 "평화은행의 경우 자산이 부채보다 많으므로 퇴출대상에서 제외한다"며 조건부 승인 조치를 내렸다.

부실 금융기관으로 지정된 대동·동남·동화·충청·경기 5개 은행에 영업정지 명령과 함께 계약 이전 방식에 의한 정리 명령이 떨어진다. 이들 퇴출 은행의 우량자산과 부채는 BIS 자기자본비율 8% 이상인 국민·주택·신한·하나·한미 5개 우량 은행에 각각 이전된다.

하지만 결과적으로 1차 은행 구조조정은 실패로 끝나고 만다. 이날 조건부 승인 대상으로 결정된 7개 은행 가운데 훗날 독자생존에 성공한 곳은 단 한 곳도 없었다. 비교적 건실한 편에 속했던 조흥·상업·

1998년 6월 29일 정부가 대동, 동남, 동화, 경기, 충청 등 5개 은행의 퇴출을 발표하자 이날 전국민주 금융노동조합 소속 조합원들이 항의 시위를 벌이고 있다.

한일·외환은행의 BIS 자기자본비율이 고작 1~4%에 불과했으니 경영상황이 빠르게 호전될 리가 없었다. 경영정상화를 이루려면 외자유치 등의 방법으로 대규모 자본을 확충해야 했다. 그러나 조건부 승인 은행의 자발적인 증자계획은 계속 미뤄졌고, 원만히 진행되는 듯했던 외자유치 협상도 결정적인 순간 번번이 깨지고 말았다. 여기다 시간이 흐를수록 부실여신은 쌓여만 갔다. 조건부 승인 은행이 선택할 수 있는 대안은 합병밖에 없었다. 상업은행과 한일은행이 연세대 동문 행장들의 의기투합에 힘입어 속전속결로 합병에 골인한다. 조흥은행은 충북은행, 강원은행 등 지방은행과 합병해 간신히 퇴출을 면한다.

하지만 외환위기 이전까지 국내 최고 시중은행으로 꼽혔던 조흥은행은 이미 자존심이 구겨질 대로 구겨졌다. 조흥은행과 충북은행 간 합병계약서에는 2004년께 본사를 대전으로 옮긴다는 내용이 담겨 있었다. 조흥은행의 운명은 이미 지방은행으로 결정돼 있던 셈이다.

하지만 이들 은행 가운데 금융당국을 가장 큰 딜레마에 빠트렸던 것은 외환은행이었다. 외환은행은 1998년 5월 독일 코메르츠은행에서 2억 5,000만 달러(당시 환율가치로 약 3,500억 원)를 유치하는 계약을 체결한다. 그 어렵던 시기에 세계 30위 안에 드는 은행에서 외자를 유치했으니 국가적으로 경사가 아닐 수 없었다. 이를 계기로 회생할 줄로만 알았던 외환은행은 추가 부실이 계속 드러나면서 깊은 수렁에 빠지고 만다. 1998년 6월 말 은행 경영 평가에서 외환은행의 부실여신은 10조 8,000억 원에 육박하는 것으로 드러났다. 부실여신비율이 전체 여신의 28.6%에 달했다. 당시 BIS 자기자본비율 8% 미만, 12개 은행의 평균 부실여신은 3조 6,000억 원대였다. 외환은행은 평균 부실여신보다 3배나 많은 부실을 안고 있었던 것이다.

1999년 4월 외환은행은 대주주인 한국은행이 수출입은행을 통해 3,360억 원을 출자하고, 코메르츠은행이 외환은행 우선주를 2,600억 원어치 인수하는 등의 방법으로 1조 원이 넘는 자본을 확충하게 된다. 하지만 외환은행은 이것으로 문제가 끝나지 않았다. 2000년 2차 은행 구조조정 때에는 전혀 새로운 고민을 안겨준다.

BIS 자기자본비율 8% 이상이던 13개 은행도 사정이 녹록했던 건 아니다. 이후 실시된 경영실태 평가에서 제주 · 부산 · 경남 3개 일반은행과 장기신용은행은 적기 시정 조치를 받는다. 한 치 앞을 내다보기 어려운 국면이 계속됐다. 이런 이유로 경쟁력 제고와 생존을 위한 자발적 합병이 이어진다. 국민은행은 장기신용은행과, 하나은행은 보람은행과 합병하고, 제주은행은 신한은행이 세운 지주회사의 자회사로 편입된다.

한편 경영정상화 이행 일정이 계속 미뤄지고 진전을 거두지 못하면서 금융당국은 적기 시정조치를 내리고 당해 은행 임원들에 대한 교체 인사를 단행한다. 이를 둘러싼 잡음이 끊이지 않는다. 새 은행장 교체 인사가 나올 때마다 지역색을 따지는 등 정치금융 논란이 일었다.

호남 인맥의 은행장 한풀이

김대중 정부 초반, 집권 여당에선 호남출신 금융인들이 인사 때 역차별을 받는다는 불만을 쏟아냈다. 그러나 이는 엄살이었다. 실제와 많이 달랐다. 오히려 영남정권이 지속되는 동안 빛을 못 보던 호남출신 금융인들이 하나둘 중앙무대에 오른다. 송달호(전 국민은행장), 신동혁(전 한미은행장), 위성복(전 조흥은행장), 김정태(전 국민은행장), 홍석주(전 조흥은행장), 하영구(전 한미은행장) 등이 그들이다.

송달호 행장은 1956년 광주고를 졸업하고 서울대 상학과에 진학했다. 1962년 국민은행에 입행한 지 27년 만인 1998년 국민은행장에 부임한다. 준비된 행장이었지만 우연의 일치인지 호남정권이 들어선 때에 맞춰 행장에 부임한다. 건강상의 문제만 없었다면 그의 롱런이 있었을 것이라는 데 이의를 달 사람은 많지 않다. 은행권 지배구조에도 적지 않은 변화가 있었을 것으로 예상하는 전문가들이 많다. 송 행장은 위성복 조흥은행장의 광주고, 서울대 상학과 직속 2년 선배다. 이용근 2대 금융감독위원장의 광주고 3년 선배이기도 하다.

전남 강진 태생인 신동혁 행장은 광주제일고와 서울대 경제학과에서 수학한 뒤 한일은행에서 잔뼈가 굵은 사람이었다. 주요 부서를 두루 섭렵하다가 전무로 승진해있던 차에 김대중 정부가 들어선다. 1998년 한일은행, 상업은행 간 합병 이후 4개월간 행장대행을 맡게 된다. 그 뒤 합병은행장으로 김진만 당시 한미은행장이 결정되면서 새 한미은행장으로 자리를 옮긴다. 당시 신동혁의 한미은행장 선임을 두고 호남정권의 실세들은 "신동혁을 합병은행장에 앉히면 될걸, 왜 TK 출신 김진만을 앉혔느냐? 호남정권이 들어선 뒤에도 지역차별을 계속하느냐"며 불만을 터트렸다. 김진만은 초대 금감위원장 이헌재의 서울대 법대 선배였다. 그래서 이헌재는 "서울대 법대 동문만 챙긴다"는 뒷말까지 들었다. 그러나 꼭 그렇게 볼 만한 인사는 아니었다. 호남 정권이 들어서지 않았다면 신동혁은 행장대행을 끝으로 금융가를 떠나야 했을지도 모른다. 당시 부실 은행의 임원들은 책임을 물어 모두 퇴진시킨다는 원칙을 세우고 있었기 때문이다. 한미은행장으로 자리를 옮긴 신 행장은 2001년 이전 직제에는 없던 회장으로 추대되고, 2002년부터 2005년까지 은행연합회 회장도 역임했다. 관운이 따랐던 셈이다.

김정태 행장은 애초 조흥은행 행원으로 사회에 첫발을 내디뎠지만 입행 후 오래지 않아 증권사로 이직해 증권시장에서 청춘을 보낸 증권맨이었다. 호남인이 오너였던 대신증권, 동원증권(현 한국투자증권)에서 능력을 인정받으며 출세가도를 달린다. 평생 증권인으로 살아갈 줄 알았던 그는 그러나 김대중정부가 들어선 뒤 동원증권 사장에서 주택은행장으로 변신한다. 이어 2001년엔 강력한 경쟁자인 김상훈 국민은행장을 제치고 통합 국민은행의 초대 행장자리까지 꿰찬다.

전남 장흥 출신의 위성복 행장은 '꺼진 재에 불이 붙었다'며 입방아에 올랐다. 위 행장은 1998년 정권이 바뀌고 얼마 뒤 전무로 승진한 데 이어 그해 7월 행장직무대행을 거쳐 8월 조흥은행장에 등극, 초고속 승진행보로 이목을 집중케 했다. 그러나 당시 이헌재 금감위원장이 부실 경영의 책임을 물어 사직할 것을 압박하자, 행장 취임 3개월 만인 그해 11월 사직서를 제출한다. 이때만 해도 세간에선 권력실세와 친분이 두터웠던 이로 알려진 그 역시 운이

다했다고 믿었다. 하지만 그것은 착각이었다. 위 행장은 이듬해인 1999년 4월 강원, 충북은행과 합병한 조흥은행의 새 행장으로 다시 복귀한다.

위 행장의 바통을 이어받은 홍석주 조흥은행장은 상무급인 기획재무본부장에서 일약 은행장에 올라선 호남 출신 인사라는 점에서 회자됐다. 2002년 은행장에 오를 때 나이가 50세였다. 50대 후반이나 60세가 돼야 은행장에 오르던 시절이다. 파격적인 발탁인사였다. 행장 재직 후인 2004년엔 한국증권금융 사장으로 일했다.

한편 김정태 행장은 전남 광주 출신으로 광주제일고를 나왔다. 신동혁 행장의 고등학교 9년 후배다. 홍석주 행장은 광주에서 태어났지만 일찍이 상경해 서울의 3대 명문고로 꼽히던 경복고를 다녔다. 15년이라는 역대 최장 한미은행장*을 역임한 하영구 은행연합회장은 전남 광양이 고향이지만 전국 제일의 명문고로 꼽히던 경기고를 거쳐 서울대 무역학과에서 수학했다.

* 한미은행은 2004년 4월 씨티그룹에 인수되어 씨티은행 서울지점과 합병했다. 그해 7월 상장폐지됐으며 11월 한국 씨티은행(주)으로 변경됐다. 하영구는 한미은행장으로 있다가 2004년 11월부터 2014년 10월까지 10년간 씨티은행장 겸 씨티금융지주 회장으로 일한다.

재계 서열 2위 대우그룹은 왜 해체되었나

1967년 자본금 500만 원짜리 대우실업으로 출발한 대우그룹은 31년 만인 1998년, 재계 서열 2위 그룹으로까지 성장하지만 이듬해인 1999년 8월 해체 수순을 밟는다. 대우에 대체 무슨 일이 벌어졌던 걸까? 대우그룹이 해체될 수밖에 없었던 것은 무분별한 외형확장 전략을 펴면서 재무구조 개선을 등한시했던 결과였다. 외환위기 이후 초고금리가 지속되고, 불안정이 해소되지 않자 재무구조가 취약했던 5대 그룹(삼성·현대·LG·SK·대우) 계열사들도 자금조달에 애로를 겪기 시작한다. 이에 5대 그룹은 1998년 들어 주채권은행과 재무구조 개선 약정을 체결하고, 자의 반, 타의 반으로 재무구조 개선을 시급한 과제로 추진하게 된다.

그러나 대우그룹은 여타 그룹들이 재무구조 개선 작업에 주력하는 동안에도 세계경영을 기치로 내걸고 해외투자를 확대한다. 1998년 중에도 해외 현지법인 19개사, 국내 계열사 6개사를 늘리는 등 외형확장에 치중한다. 5대 그룹 중 상대적으로 재무구조가 건전했던 삼성·SK그룹이 계열사를 줄여갔던 것과는 대조적이었다. 대우그룹은 특히 1998년 4월 쌍용자동차를 인수함으로써 자산규모 면에서 삼성을 제치고 재계 서열 2위로 올라선다.

문제는 대우그룹의 외형확장 방식에 있었다. 투자 확대에 소요되는 자금을 증자나 잉여자금으로 조달하지 않고 차입에 의존했다. 금융기관에서 직접 차입이 어려워지자 밀어내기식 수출과 이로부터 창출된 매출채권을 기반으로 운전자금을 조달하는 방식의 경영을 지속했다.

1999년 7월 25일 대우센터 5층 회의실에서 김우중(왼쪽 첫 번째) 대우그룹 회장이 대우그룹 구조조정과 관련해 성명을 발표하고 있다. 김 회장은 이날 대우그룹 경영을 조기에 정상화하고 명예롭게 퇴진하겠다고 다짐한다. 하지만 대우그룹은 그로부터 약 한 달 뒤에 워크아웃 대상으로 결정됐고 해체 수순에 들어간다.

대우그룹의 1998년 부채비율은 371.5%였다. 금융비용은 전년 3조 원에서 6조 원으로 증가한 반면 영업이익은 예년 수준을 유지해 당기 순이익이 5,540억 원 적자로 반전했다. 투자확대 과정에서 소요되는 자금을 은행 및 제2금융권에서 직접 구하기 어려워지자, CP(기업어음) 및 회사채 등을 발행했다. 이렇게 그룹의 규모를 확대하는 과정에서 부채 규모는 눈덩이처럼 불어나 1998년 말에는 금융기관 차입금 규모가 44조 원에 달했다. 이는 전년 29조 원 대비 무려 53% 증가한 것이었다. 금융 차입을 통한 무리한 투자는 그룹 전체의 부실을 초래했다.

이 와중에 1998년 10월 일본 노무라증권은 대우그룹의 자금 악화설을 제기한다. 이로 인해 대우그룹 여신의 만기연장 및 신규자금 조달이 더욱 어려워졌다. 여타 5대 그룹과는 달리 자체 구조조정의 성과가 미흡했던 것이 신용저하 요인으로 작용했다. 특히 1998년 초부터 추진했던 GM사와의 대우자동차 지분 매각 협상이 별다른 결실 없이 지지부진해지자 그룹의 신용도는 더욱 하락한다.

대우그룹이 본격적으로 자체 구조조정 계획을 수립한 것은 1998년 12월 7일 '재계·정부·금융기관 합동간담회' 개최 이후였다. 이 간담회에 참석한 5대 그룹 계열 주들은 5대 그룹을 핵심 주력업종 위주로 재편하는 것을 골자로 '5대 그룹 구조조정 추진 합의문'을 채택한다. 이 합의문에는 채권은행과 5대 그룹 간 재무구조 개선 약정의 이행을 보장하기 위한 이행 담보장치를 마련해야 한다는 점을 명시한다. 5대 그룹이 더 이상 구조조정을 지연시킬 수 없도록 한 것이다.

이 합의문에 따라 대우그룹은 1998년 12월 8일 구조조정 세부계획을 확정해 발표한다. 주요 내용은 41개 계열사 중 31개사를 정리해 10개사 체제로 운영하는 한편 외자유치, 자산매각 등을 통해 재무구조를 획기적으로 개선한다는 것이었다. 하지만 이런 계획 발표에도 불구하고 대우그룹의 신용은 회복되지 않았다. 특히 국제신용평가기관인 S&P가 1999년 4월 13일 ㈜대우의 신용등급을 B에서 −B로 하향 조정했다. 이에 따라 대우그룹의 투자와 자금조달, 무역의 첨병역할을 하던 ㈜대우는 수출 대금 회수가 지연되고, 신규자금 조달에 애로를 겪는 등 유동성 위기에 몰렸다.

이에 대우그룹은 1999년 4월 19일 '구조조정 혁신안'을 발표한다. 이 방안은 대우중공업 조선부문 등 흑자 계열사를 매각해 재무구조를 획기적으로 개선하는 내용이 담겼다. 대우그룹 계열사 주가가 급등하는 등 단기적으로 큰 호응을 얻지만 역시 실현 가능성에 의문이 제기됐다. 금융권은 다시 냉담한 반응을 보이기 시작한다. 특히 구조조정 성과가 미흡하자, 시장은 채권 회수에 나선다. 1999년 상반기 중 채권 금융기관에서 약 4조 5,000억 원의 대우그룹 CP 및 회사채를 회수해 자금사정이 계속 악화됐다.

1999년 6월 30일에는 삼성자동차가 법정관리를 신청함으로써 그동안 논의됐던 빅딜이 무산된다. 이에 대우그룹 회사채와 CP에 대해 만기연장을 해주던 채권금융기관들은 더 이상 만기연장을 거부했다. 1999년 6월 힐튼호텔 매각과 대우통신의 정보통신 부문 매각 등 구조조정 실적을 발표했지만 그해 상반기까지 구조조정 실적은 연간계획(13조 6,000억 원)의 4.3%에 불과했다. 금융시장의 신뢰를 회복하기엔 부족한 성과였다. 자금 부족 현상이 심각해지자, 대우는 마침내 1999년 7월 19일 구조조정 가속화 방안을 발표한다. 대우그룹을 자동차와 ㈜대우 중심의 전문그룹으로 재편하고, 여타 계열사를 외국과의 합작이나 매각 등을 통해 정리하는 계획을 내놓는다. 또 계열사의 구조조정이 완결되고 자동차 부문의 정상화가 이뤄지면 김우중 회장이 경영일선에서 퇴진할 것임을 약속한다. 마지막 한 수였다.

대우그룹은 이를 조건으로 채권금융기관에 단기여신에 대한 만기조정, 기 상환 CP 및 회사채 재매입 등의 방법으로 4조 원을 지원해줄 것을 요청한다. 초단기자금을 상환하는 등 차입금 만기구조를 조정하기 위해서였다. 김우중은 구조조정 이행을 담보하는 장치로, 자신이 보유하고 있던 약 10조 원 상당의 계열사 및 교보생명 지분 등을 채권금융기관에 담보로 제공하기로 한다. 이에 채권금융기관들은 채권금융기관 대표자회의를 열고 대우그룹 구조조정지원을 위한 단기 여신 6개월 기한 연장, 신규자금 4조 원 지원을 결의한다. 대우 구조조정 방안을 수용하는 결정이었다.

그러나 이 조치도 대우그룹을 위기에서 건져내진 못했다. 4조 원의 지원에도 불구하고 8월 들어 대우그룹의 자금사정은 더욱 악화된다. 진성어음 결제를 적기에 못해주는 상황에 이른다. 이로 인해 협력업체들의 자금난이 가중되고, 납품 거절 사태가 발생한다. 대우그룹은 장래에 대한 불안감으로 국내외 판매 및 수주가 격감하는 등 영업 기반이 급속히 와해됐다. 정상적인 경영 활동을 전제로 구조조정 계획을 수립했던 대우는 더 이상 자체 구조조정을 추진해나갈 여력이 없었다. 1999년 8월 26일 금융당국은 대우그룹 계열 12개사를 기업 개선 작업 대상으로 선정해 채권단 관리하에 두게 된다. 대우그룹 역사의 종말을 알리는 수순이었다. 창업 32년 만에 대우그룹 신화는 이렇게 끝나고 만다.

대우그룹이 해체될 수밖에 없었던 직접적인 원인은 고금리와 신용경색이었다. 이와 관련, 과연 재계 서열 2위의 대우 해체를 방치한 것이 옳았는가에 대한 논란은 여전히 뜨겁다. 구조조정을 진두지휘했던 초대 금융감독위원장 이헌재 측은 긴급 구제금융을 지원받는 조건으로, 국제통화기금(이하 IMF) 등과 고금리 긴축정책을 펼 것임을 약속한 만큼 불가피한 선택이었다고 주장한다. 또 대우 해체는 결국 무리한 사업 확장과 구조조정 지연으로 인해 대우 스스로 시장의 신뢰를 잃은 때문이라고 강조하고 있다.

반면 김우중 회장 측은 국제금융자본의 음모론을 제기하면서 김대중 정부 경제관료들의 그릇된 인식과 판단이 세계경영으로 앞서가던 그룹의 해체를 몰고 왔다고 반박한다. 이들은 애초 IMF와 구제금융 지원 조건에 합의한 것부터 잘못이라고 보고 있다. 고금리정책과 구조조정 요구를 받아들여선 안 됐지만 순진한 정부가 이를 수용해 결국 수많은 기업을 도산하게 만들고, 실업자들을 양산했다고 비판한다. 김 회장 측은 더 나아가 한국이 저성장국면에 접어든 것이나, 가계부채가 늘어난 것은 당시 잘못된 정책 때문이라고 강조한다. 이들은 이에 대한 근거로 2008년 글로벌 금융위기 이후 미국과 유럽이 양적완화와 저금리정책을 펴는 등 한국과는 다른 처방으로 위기를 돌파한 점을 꼬집는다. 김 회장 측 주장에 공감하는 부분이 없진 않지만, 전반적으로 동의하기는 어렵다. 불편한 진실 중 하나는 언제나 약자가 손해를 보고, 부당한 대우를 받는다는 것이다. 김 회장 측 주장대로 우리나라도 양적완화와 저금리정책을 폈다면 대우는 회생할 수 있었을지 모른다. 하지만 IMF나 세계은행은 긴급 구제금융지원의 조건으로 고금리 긴축정책을 강요했다. 이를 거부하면 모라토리엄을 선언할 수밖에 없는 처지였다. 모라토리엄이란 선택의 여지가 있지 않았느냐고 한다면 논란은 커질 수 있다. 다만, 모라토리엄을 피하고자 했다면 정부로선 선택의 여지가 없었다. 한국은 선진국의 잣대가 됐던 OECD(경제협력개발기구) 가입국이었고, 아시아의 4마리 용 가운데 한 곳이었지만 국제사회에선 여전히 약소국으로 평가받고 있었다. 당시 한국 정부로선 선택의 여지가 없던 결정이라는 점을 인정해야 하지 않을까 싶다. 재무구조가 안 좋아지는 상황에서 대우가 '나 홀로 차입경영과 무리한 외형확장'을 지속한 것이 과연 옳은 선택이었는지도 의문이다.

8·12 대우채 환매유예 조치

1999년 7월 19일 대우그룹의 구조조정 가속화 방안 발표에도 불구하고 금융시장에서는 회의적인 시각이 더 많았다. 7·19발표로 오히려 대우그룹이 유동성 위기를 겪고 있는 것이 사실인 양 받아들여지면서 금융시장은 더욱 동요하기 시작했다. 채권시장에서 대우그룹 회사채와 CP 거래가 중단됐다. 이러는 동안 투자자들은 대우그룹 관련 회사채 및 CP가 편입된 공사채형 수익증권의 환매를 요구하면서 투신권의 자금사정이 급속히 악화된다. 투신권의 자금사정 악화는 곧바로 주식 및 채권시장으로 파급돼 주가하락 및 금리상승으로 이어졌다. 7월 23일에는 여기에 중국 위안화 평가절하에 대한 우려와 미국 금리인상 가능성 등이 복합적으로 작용해 종합주가지수가 무려 71.70포인트나 폭락했다. 금융시장은 걷잡을 수 없이 동요했다.

이에 따라 정부는 금융시장 불안 심리를 진정시키기 위해 1999년 7월 25일 대우그룹 구조조정 관련 금융시장 안정 대책을 발표하기에 이른다. 시장은 잠시 안정됐다. 그래도 불안감을 잠재우진 못했다. 증시는 폭발을 앞두고 있는 휴화산처럼 검은 연기와 뜨거운 김이 솟고 있었다. 하지만 이러한 상황은 한 달 전 이미 예견된 것이었다. 금융감독위원회는 이에 대비해 '대우 대책팀'을 가동하고 있었다. 팀장은 재정경제부 증권제도과장으로 일하다가 바로 직전 금융감독위원회 법규총괄과장으로 자리를 옮긴 김석동이 맡았다. 법규총괄과장이 할 일은 아니었다. 그러나 "최악의 펀드런 상황에 대비해야 한다"며 대우 채권 대책을 주문했던 사람이 바로 그였다. 이헌재 금융감독위원장은 김석동에게 즉각 팀을 꾸려 대책을 마련하라고 지시한다.

　법규총괄과장이던 김석동이 대우채 대책을 촉구했던 것은 자본시장의 생리를 잘 알고 있었기 때문이다. 더욱이 그는 얼마 전까지 재정경제부에서 경제분석과장과 증권제도과장으로 일하는 동안 대우그룹 사정을 누구보다 잘 꿰고 있었다. 김석동은 대우그룹이 구조조정 가속화 방안을 검토할 즈음 이미 대우의 위기와 증시의 위기를 직감하고 있었다. 그는 1999년 7월 초 투신사가 운용 중인 수익증권들을 들춰본다. 예상은 빗나가지 않았다. 무보증·무담보 회사채 13조 4,000억 원, 기업어음(CP) 5조 5,000억 원 등 무려 18조 9,000억 원 규모의 대우채가 투신사 수익증권에 편입돼 있었다. 이는 당시 전체 수익증권 잔액의 7%에 달하는 규모였다. 대우채가 편입된 수익증권 계좌 수만도 1,200만여 개에 달했다.

　김석동은 대우그룹 사태에 불안을 느낀 투자자들이 일시에 수익증권 환매를 요구할 경우 펀드런이 나타날 것으로 봤다. 뱅크런보다 무섭다는 게 펀드런이었다. 펀드 환매요구가 쇄도하면 채권금리는 치솟고, 주가는 폭락한다. 투신사들이 유동성 위기에 몰리는 것도 불 보듯 뻔한 일이었다. 이는 결국 금융시스템의 붕괴로 이어질 문제였다. 김석동은 당시 신해용 금융감독원 자산운용팀장 등 국내 최고 투자신탁 분야 전문가와 전산프로그램 전문가들로 대책팀을 꾸려 합숙에 들어간다. 보안 유지와 더불어 최단 시간 내로 대책을 짜내기 위해서였다.

대책팀은 7월 초 서울 마포 홀리데이인 호텔 1개 층을 통째로 빌린 뒤이곳에 진을 친다. 시장 혼란을 최소화하면서 대우채권을 소화할 묘안을 짜내는 것이 목적이었다. 방법은 대우채권이 포함된 수익증권의 환매를 제한하는 수밖에 없었다. 시장원리를 거스르는 일이더라도 금융시스템 붕괴를 막으려면 도리가 없다고 봤다. 문제는 법적 근거를 찾는일이었다. 명분 없이 일을 벌였다간 뒤탈이 생길 일이었기 때문이다.

팀은 당장 돈을 찾겠다는 투자자들에게는 대우채 장부가격의 50%를 내주고, 3개월 뒤 찾으면 80%, 6개월 뒤 찾으면 95%를 내주는 방안을 마련한다. 그리고 덜 받은 투자액은 이듬해 일괄적으로 사후 정산한다는 아이디어를 짜냈다. 법적 근거로는 증권투자신탁업법 7조 4항을 적용했다. '부득이한 사유로 수익자의 환매청구에 응할 수 없을 때환매연기가 가능하다'는 조항이었다. 원래 이 조항은 1998년 9월 16일법 개정 때 폐기된 것이었다. 그러나 개정된 법률 부칙 2조는 1년간 적용을 유예할 수 있게 돼 있었다. 위법 논란을 피할 수 있는 법을 찾아낸 것은 그야말로 절묘한 신의 한 수였다.

팀은 전산프로그램 전문가들이 2개월은 걸릴 것이라고 했던 환매제한 전산프로그램도 밤샘 토론과 작업 끝에 사흘 만에 완성하는 개가를 올린다. 그러나 모든 작업이 순탄했던 건 아니다. 부처 간 업무조정에 애를 먹었다. 재정경제부는 대우채 환매유예 조치와 같은 엄청난 일을 금융감독위원회가 단독으로 추진한 것에 심기가 불편했다. 심지어 엄낙용 재경부 차관은 "시장원리에 맞지 않는 대책"이라며 대책팀을 나무랐다. 하지만 청와대가 지지하는 대책이었다. 재경부는 청와대 의중을 확인한 뒤에야 전격 지원에 나선다. 마침내 금융감독위원회는 1999년 8월 12일, 예정보다 약 보름 늦게 대우채권 처리 대책을 발표한다. 이것이 바로 그 유명한 8·12 대우채 환매유예 조치다.

이 대책으로 말미암아 대우채권 문제로 인한 펀드런 사태는 더 이상 불거지지 않았다. 전문가들 사이에선 이 조치에 힘입어 공적자금이 20조 원가량 절약됐다는 주장이 나온다. 금감위의 이 결정은 훗날 소송 전으로 비화된다. 대우채 환매유예 조치로 피해를 봤다고 주장하는 측이 금융당국과 환매를 거부했던 증권회사 등을 상대로 소송을 벌인 것이다. 법원은 그러나 "8·12 조치 이후 환매 요구에 대한 거부는 문제가 없고, 이 조치 이전에 이뤄진 환매 요구를 거부한 것은 증권사 책임"이란 내용의 판결을 내린다. 8·12 대책은 미래에 닥칠 금융시스템 위기에 선제적으로 대응해 공적자금 투입을 최소화했다는 점에서 통찰력의 승리였다고 할 만하다. 1999년 말 이기호 청와대 경제수석은 김석동을 비롯한 대우 대책팀 팀원들을 격려하기 위해 오찬자리를 마련한다. 이 수석은 특히 김석동에게 감사의 마음을 전하며 청와대에서 특별히 주문 제작한 '반상기세트'를 선물한다.

기금 역사를 다시 쓴 채권시장 안정기금

8·12 조치 덕분에 펀드런 사태는 막았지만 금융시장은 여전히 불안했다. 투신권에서 자금이 계속 빠져나갔다. 투신권에 유동성을 지원하고, 대우 협력업체에 자금을 지원하는 문제가 시급했다. 이를 위한 범금융권 공동노력이 절실했다. 이에 정부는 1999년 8월 23일 관계부처

와 금융기관 대표 등이 참가한 가운데 간담회를 열고 '금융시장 안정 관련 금융기관 합의문'을 발표한다. '금융시장 안정에 상호협력한다' '불요불급한 수익증권 환매는 자제한다' '투신사에 대한 자금지원을 위한 금융기관 합동실무협의를 구성해 운영한다'는 등의 합의가 골자였다.

이어 8월 26일에는 ㈜대우 등 대우계열 12개사에 대한 기업 개선 작업 추진 방침을 결정하면서 '대우그룹 워크아웃 관련, 금융시장 안정 대책'도 발표한다. '워크아웃이 차질 없이 추진되도록 금리 안정 기조를 유지하고, 투신사에 유동성을 지원하는 한편 대우 협력업체에 원활한 자금지원이 이뤄지도록 한다'는 내용이 뼈대인 대책이었다. 이러한 노력에 힘입어 금리 오름세가 주춤하고, 주가는 큰 폭의 회복세를 보인다. 그렇다고 시장이 안정을 되찾은 건 아니었다. 투신권의 자금이탈이 지속되면서 장기금리 상승세가 이어졌다. 일반투자자들에 대한 대우채권 지급비율이 50%에서 80%로 상향조정되는 11월이 다가오면서 증시에는 '11월 금융대란'설이 유포됐다. 회사채 발행이 개점 휴업상태에 들어갔다. 돈줄이 막힌 기업들이 발을 동동 굴렀다.

시장우려를 불식시킬 특단의 대책이 필요했다. 투신사 유동성에 숨통을 틔어주면서 확실한 채권 수요 기반을 마련하는 대책이어야 했다. 이번에도 김석동이 나선다. 결자해지 차원이었다. 대우채 환매유예 조치 방안을 짜낸 사람이 그다. 마무리가 시원찮으면 모든 일이 수포로 돌아가리란 것을 그는 알았다. 김석동 법규총괄과장은 이헌재 금융감독위원장에게 "최소 20조 원 규모의 채권시장 안정기금을 조성하겠다"고 말한다. 이헌재는 그런 그에게 "간이 크다"며 피식 웃는다.

하지만 둘 다 산전수전 다 겪은 관치의 프로였다. 그만한 규모의 기금이 아니면 시장우려를 잠재울 수 없다고 보고 있었다. 이헌재는 "잘해보라"며 작업개시를 명한다. 그리고 집무실 밖을 향하던 김석동을 불러 세운다. 이헌재는 "뭘 도와주면 되겠느냐"고 묻는다. 그는 후배에게 큰일을 맡기고 뒷짐을 지고 있는 자가 아니었다. 김석동은 기다렸다는 듯 "금리가 좀 내려야 하지 않겠습니까"라고 말한다. 한국은행 총재를 만나달라고 대놓고 이야기하기 곤란했던 것이다. 이심전심이었다. "머리 좋네." 이헌재는 김석동의 뒤통수에 대고 또 한마디 한다.

말이 쉬운 20조 원이었다. 그만한 기금을 조성한다고 하니 재정경제부가 펄쩍 뛴다. 재경부는 2조 원의 채권시장 안정기금을 조성하는 것을 골자로 한 대책 자료를 회의석상에 올린다. 자료를 들춰 보던 김석동은 "'0'이 하나 빠졌다"라고 문제를 제기한다. 자신이 제안했던 기금은 20조 원이었음을 분명히 밝히기 위해서였다. 그러자 일순간 분위기가 싸늘해진다. 재경부의 한 간부는 "좀 진지하게 회의를 할 수 없느냐"고 버럭 화를 냈다. 구체적인 방안을 만들기 위한 부처 간 협의는 길어질 수밖에 없었다. 우여곡절 끝에 10조 원의 기금을 조성키로 의견을 모은다. 이제 금융기관의 출자를 독려하는 일만 남아 있었다. 김석동은 시장의 참여를 끌어내기 위해 채권시장 안정기금의 3가지 운용 원칙을 제시한다.

첫째는 '기금이 조성되면 출자은행 등으로 구성된 기금운용위원회에서 자율적으로 기금을 운영한다'는 것이었다. 둘째는 '매수한 채권은 당해 금융기관이 보유하도록 한다'는 원칙을 제시한다. 마지막 셋째로는 '공동채권 매입에 의해 손실이 발생하면 기금에서 최대 3,000억 원까지 부실을 보상한다'는 것이었다. 그는 시장이 뭘 원하는지, 뭘 우려하는지 알고 있었다. 과거 정부의 전횡을 끊어야 기금조성에 성공할 수 있다고 봤다.

외환위기 이전까지 정부가 증시 안정기금 등을 조성하고, 운영하는 행태는 그야말로 주먹구구식이었다. 돈은 금융기관들에게 대라고 하고, '이거 사라, 저거 사라'며 매매에 간섭했다. 기금에서 매입한 유가증권을 출자기관이 보관하지도 못하게 했다. 출자한 기금이 대개 손실로 이어졌지만 아무런 보상안도 제시하지 않았다. 정부라는 이름으로 마구 전횡을 휘둘렀다. 말이 정부지, 그야말로 도둑 심보였다. '불편한 진실'을 해소하면 기금이 모일 것으로 봤던 그의 예상이 적중한다. 8개 은행과 22개 보험사가 참여해 10조 원 규모의 기금이 금세 조성된다.

고대했던 금리가 떨어졌다. 채권 값이 폭등했다. 기금에 출자했던 금융기관들은 돈방석에 앉았다. 17조 5,000억 원 규모의 채권 안정기금이 그 뒤 두 차례에 걸쳐 추가로 조성됐다. 이렇게 해서 모두 27조 5,000억 원 규모의 기금이 조성된다. 조성된 기금은 1999년 9월 27일부터 2000년 2월 29일까지 25조 6,000억 원어치의 채권을 매입한다. 장단기 금리는 덕분에 모두 하향 안정세를 보였다. 돈줄이 말라 애태우던 기업들도 그제야 숨을 돌릴 수 있었다.

불가피했던 2차 은행 구조조정

1차 은행 구조조정은 한계가 분명했던 조치였다. 조건부 승인을 받은 은행 가운데 BIS 자기자본비율이 5%를 넘는 곳이 없었다. 웬만해선 자력갱생이 불가한 상황이었다. 공적자금지원도 충분치 않았다. 연명에 필요한 최소한의 자금을 찔끔 줬을 뿐이다. 금융당국은 외자유치, 증자, 자산 매각 등 자구노력을 촉구했고, 당해 은행 역시 이행을 약속했지만 실천하지 못했다. 단돈 한 푼을 차입하기도 어려운 때였으니 그럴 만했다. 냉정히 말하면 수명 연장 프로그램이었다고 해도 무리가 없다. 1차 은행 구조조정이라고 해봐야 5개 은행을 퇴출하고, 부실경영 책임을 물어 조건부 승인 대상 은행의 임원들을 갈아치운 정도라고나 해야 할까? 그것도 일부 배경 좋은 은행장은 얼마 지나지 않아 경영일선에 복귀했지만 말이다.

1999년 8월 터진 대우그룹의 워크아웃 사태는 은행의 2차 구조조정을 촉발했던 결정적인 이유가 된다. 1999년 12월 실사 결과, 대우의 총 부채는 89조 원, 자산은 59조 8,000억 원으로 집계됐다. 당시 '인류 역사상 최대 파산'으로 기록된다. 자본잠식규모가 29조 2,000억 원에 달했다. 이 부실은 고스란히 금융권으로 전가될 수밖에 없는 상황이었다.

금융당국은 2000년 6월 말 기준 은행에 대한 자산부채 실사를 거쳐 BIS 자기자본비율이 8% 미만인 은행을 대상으로 2차 은행 구조조정을 단행하기로 한다. BIS 자기자본비율이 8% 미만인 은행과 1차 은행 구조조정 당시 공적자금이 투입됐던 조흥·외환은행에도 9월 말까지 경영정상화 계획을 제출토록 했다.

앞서 당국은 경영정상화 계획을 평가할 2기 경영평가위원회도 구성한다. 2기 경평위에는 삼일회계법인을 대표해 윤종규(현 KB금융지주 회장)도 참여한다. 금융감독위원회는 당시 은행업무 최고 전문가로 꼽히던 금융감독원의 주재성을 경평위에 파견, 실무지원을 맡긴다. 그 해 10월 경평위는 심의를 위해 수출입은행 신갈 연수원에 합숙 캠프를 차린다. 1차 경평위의 합숙캠프(인천 한국은행 연수원)보다 훨씬 더 먼 곳에 숙소를 잡았다. 언론의 취재와 정치권의 구조조정 개입을 막기 위한 조처였다.

자산 부채 실사 결과, 한빛·평화·광주·제주 4개 은행이 BIS 자기자본비율 8% 미만 은행으로 나온다. 한빛·평화·제주은행은 이미 적기 시정조치가 내려진 상태였다. 광주은행은 새로 적기 시정조치를 받았다. 금감위는 부실이 심각한 이들 4개 은행의 자본금에 대해 전액 감자(全額減資)를 명령한 뒤 공적자금을 투입한다. 이후 평화은행은 한빛은행이 흡수 합병토록 하고, 나머지 은행들은 금융지주회사법에 따라 신설한 금융지주회사 자회사 등으로 편입한다. 금융지주회사법은 금융지주회사의 설립을 촉진하고 금융지주회사와 그 자회사의 건전한 경영을 도모하기 위해 2000년 제정한 법이었다. 금융당국은 당시 서둘러 이 법을 제정했는데, 이유는 은행 구조조정에서 당장 처분 곤란한 금융기관을 지주회사 자회사로 편입하기 위해서였다.

평화은행과 합병한 한빛은행엔 2조 7,000억 원가량의 공적자금이 추가로 투입된다. 한빛은행은 은행 이름을 우리은행으로 바꾸고 새로 설립된 우리금융지주 자회사로 편입된다. 광주은행, 경남은행도 이 무렵 우리금융지주 자회사로 편입된다. 제주은행은 신한금융지주 자회사로 편입한다. 하나은행은 오랜 자구노력에도 불구하고 부실에서 탈피하지 못한 서울은행을 흡수 합병한다.

당국은 추가 공적자금을 투입하기에 앞서 국민과 정치권의 이해를 구하는 데 진통을 겪어야만 했다. 수십조 원의 공적자금을 투입한 지 불과 몇 해 만에 다시 손을 벌리는 꼴이었으니 '밑 빠진 독'이란 비판을 살 만했다. 또한 2차 은행 구조조정 역시 완벽한 구조조정일 수 없었다. 한빛·광주·경남 3개 은행 합병을 시도했지만 은행 노조 설득에 실패했고, 정치적 이해관계가 얽히면서 추진력을 잃고 말았다. 독자생존이 가능한 것으로 진단됐던 조흥은행과 외환은행은 얼마 뒤 다시 구조조정 대상이 돼버렸다.

외환은행의 BIS 비율 8.00%, 우연인가 조작인가

2000년 6월 말 기준 외환은행에 대한 자산부채 실사 결과는 우연치고는 너무나 극적이었다. 2차 은행 구조조정을 앞두고 금융감독원이 실시한 자산실사에서 외환은행의 BIS 자기자본비율은 8.00%로 나온다. 재무건전성 최소 충족요건인 8%를 소수점 이하 두 자리 수까지 정확히 맞추고 있었다. 당시 금융당국의 독자생존 가능성 판단기준은 BIS 자기자본비율 8% 이상이었다. 이를 충족하는 은행에 대해서는 증자 등 자본 확충을 강제할 수 없었다.

이와 관련해 시장에선 다양한 의문을 제기했다. 그중 하나는 "행장이 은행감독원 임원 출신이었으니, 금융감독원 측에서 배려한 결과일 수 있다"는 반응이었다. BIS 자기자본비율이 8% 미만으로 나올 것을 우려한 은행 측이 미리 손을 쓴 결과가 아니겠느냐는 의혹 제기였다. 금융당국은 BIS 자기자본비율이 8% 미만인 경우 은행에 공적자금을 투입하는 한편 은행 임원들에게 부실경영의 책임을 추궁했다. 때문에 그럴싸한 추측이었다. 그러나 확인되지 않은 루머에 불과했다.

이러한 추측이 나올 수 있었던 것은 당시 외환은행장이 은행감독원 출신이었던데 원인이 있다. 김경림 당시 외환은행장은 은행감독원 여신관리국장, 감독기획국장, 은행감독원 부원장보를 거쳐 부산은행장을 역임했던 인물이었다. 외환은행의 BIS 자기자본비율이 시장의 기대 수준을 뛰어넘고 있었던 것도 의혹을 부추겼다. 자산실사가 있기 전까지 전문가들은 외환은행이 대우그룹 사태 여파로 재무건전성 기준을 맞추지 못할 것으로 보고 있었다.

부질없는 생각이지만 당시 외환은행이 8% 재무건전성 기준을 충족한 것은 불행이 아니었던가 싶다. 자산실사에서 BIS 자기자본비율이 단 0.1%포인트만 낮게 나왔더라도 외환은행은 이 비율을 10% 이상 맞출 수 있는 기회를 잡을 수 있었다. 그러면 비록 독자생존은 아니더라도 그 이후 불거졌던 경영불안을 잠재웠을지 모른다.

결국 외환은행은 2차 구조조정 대상에서 제외될 수 있었지만 경영불안이 지속됐다. 현대그룹 사태와 자회사 외환카드 부실로 인해 한 차례 더 위기를 맞는다. 1999년 2월 홍세표 은행장이 부실 경영에 책임을 지고 물러난 뒤 이갑현, 김경림, 이강원 행장이 연이어 임기를 못 채우고 물러난다. 김경림 행장은 2002년 3월 임기를 1년여 앞두고 돌연 사임한다. 행장 대행체제에서 외환은행 행장추천위원회가 후임 행장을 선출하지만 2번 연속 청와대 인사검증을 통과하지 못한다. 그러다가 한 달여 만에 이강원 행장을 선임한다. 그러나 취임과 동시에 서울고 인맥 덕을 봤다는 의혹을 받던 이 행장 역시 1년 6개월 만에 물러난다. 수난은 행장들만 겪은 게 아니다. 외환은행의 매각을 주도했던 촉망받던 한 재정경제부 관료는 외환은행 헐값 매각 시비에 휘말려 길고 긴 법정싸움을 벌여야 했다.

금감위 설치 및 금융감독기관 통합 방안

1996년, 대기업 중심의 과도한 확장투자와 급속히 추진했던 외환 및 자본 자유화 조치는 금융 및 외환시장 질서를 어지럽히고 있었다. 이윽고 1997년 1월 한보철강이 부도로 쓰러지더니 3월 삼미, 4월 진로, 7월 기아그룹 등 대기업들이 잇따라 도산했다. 여기다 경상수지 적자 누증, 외화 유입 부진 등도 나타났다. 김영삼 정부는 이에 1997년 초 31명의 위원들로 구성된 금융개혁위원회에 향후 금융체계 개편방향을 마련토록 지시한다. 언젠가 닥칠지 모를 금융위기에 대비하고, 중장기 금융안정 방안을 마련해야 할 필요가 있었기 때문이다.

김영삼 정부는 애초 금융시장 안정 대책을 총괄하는 컨트롤타워 역할의 정부 조직이 있어야 한다고 봤다. 은행, 증권, 보험 등 업권별로 분산된 금융감독기관도 합리적으로 개편할 필요를 느끼고 있었다. 정부 요구에 따라 금융개혁위원회가 금융개혁 방안을 제안하고, 김영삼 정부는 마침내 1997년 12월 29일 금융감독위원회를 출범시킬 근거법안인 '금융감독기구의 설치 등에 관한 법률'을 제정한다. 이윽고 1998년 3월 국무총리실 소속의 합의제 행정기구인 '금융감독위원회'가 출범한다.

이듬해인 1999년 1월에는 은행감독원, 증권감독원, 보험감독원, 신용관리기금 등 4대 금융감독기관을 하나로 통합한 금융감독원도 출범한다. 금융감독원장은 금융감독위원회 위원장이 겸임하는 구조였다. 금융감독위원회는 일복이 많은 조직이었다. 출범과 동시에 대한민국 정부수립 이후 최대 경제 국난이랄 수 있는 외환위기 수습을 책임져야 했다. 1999년엔 대우그룹 붕괴 사태를, 2003년엔 신용카드 대란 사태와 SK글로벌 분식회계 사건을 수습해야 했고, 2005년부터는 부동산 버블 붕괴에 대비한 대응책을 강구해야 했다.

하지만 태생적인 한계가 있는 조직이었다. 입법기능이 없었다. 그래서 금융개혁을 주도할 추진력이 모자랐다. 금융정책 수행 기관인 재정경제부(현 기획재정부)와 업무가 중복돼 부처 간 눈에 보이지 않는 갈등이 불거지기도 했다. 금감위를 법 제정권한이 있는 명실공히 금융정책 총괄 조직으로 바꿔야 한다는 지적이 전문가 그룹에서 쏟아져 나왔다. 2007년 12월 대통령 선거를 앞두고 있던 이명박 대통령 후보 진영에서도 비슷한 안이 제시됐다.

이명박 정부가 숙제를 해결했다. 금융감독위원회는 출범 10년 만인 2008년 3월 입법기능을 갖춘 금융위원회(이하 금융위)로 거듭난다. 대신 정부 조직이던 금융감독위원회의 위원장이 수장을 겸임하던 금융감독원을 떼어내 별도의 원장을 두도록 했다. 재정경제부 안에 있던 금융정책국은 금융위로 이관됐다. 금융정책과 금융기관의 건전성 감독 일체를 금융위가 책임지도록 하기 위한 조처였다. 이를 계기로 금융위원회는 금융정책을, 금융감독원은 금융기관의 건전성 감독을, 한국은행은 물가안정을 위한 통화신용정책을, 재정경제부는 외환정책을 전담하는 식의 역할 조정이 분명해진다.

하지만 금융감독위원회와 금융감독원의 탄생 과정엔 사실 지금까지 우리가 모르고 있던 비밀이 있다. 금융감독위원회를 설치하고, 금융감독기관을 통합하는 방안은 원래 1997년이 아니라 김영삼 정부 집권 3년차 때인 1995년 초에 만들어진 것이다. 김영삼 정부의 최대 업적으로 꼽히는 금융실명제가 실시된 지 1년여 즈음 지난 1995년 1월 초 어느 날이었다. 공직생활 16년 만에 잡은 해외연수 기회에 들떠 출국 준비에 여념 없던 재정경제원 금융정책실의 김석동 주무서기관은 김영섭 금융정책실장의 호출을 받는다. 서울 시내 모 호텔을 예약해놨으니 밖에서 조용히 만나자는 전갈이었다. 김석동은 왠지 불안하고 찜찜했다. 김 실장이 굳이 밖에서 만나자는 것은 비밀리에 의논할 일이 생겼다는 건데, 그렇다면 또 뭔가 큰 일이 터졌겠구나 싶었다. 불길한 예감은 왜 항상 적중하는 걸까. 호텔에 먼저 와서 기다리고 있던 김 실장 주변엔 무거운 공기가 맴돌고 있었다. 김 실장은 어렵게 말을 꺼냈다.

"김 서기관, 여기 좀 앉아봐. 해외연수 간다고 했지? 그거 꼭 가야 하는 거야?"

이게 뭔 일인가 싶던 김석동은 펄쩍 뛴다.

"예? 그게 무슨 말씀이세요? 준비 다 끝났습니다. 이번엔 꼭 가야 합니다."

이때 김 실장이 메모지에 몇 자 적은 쪽지를 김석동에게 내보인다. '3개 금융감독기관 통합방안' 3개 금융감독기관이라 함은 신용관리기금을 제외한 은행감독원, 증권감독원, 보험감독원을 두고 한 말이었다.

"김 서기관, 나 좀 도와줘. 연수 가지 마라. 나중에 내가 꼭 보내줄게. 이거 당장 해야 할 일이야."

김석동은 아무것도 보이지 않았다. 눈앞이 캄캄했다. '출국 전 짐 정리한다고 며칠 밤을 새우던 아내에게 뭐라고 말해야 할까? 외국 가서 산다고 들떠 있던 아이들에겐 또 뭐라고 설명해야 하나?' 천국에서 지옥으로 떨어진 김석동은 머리가 복잡했다. 모면할 방법을 찾아봤지만 선택지가 뻔한 고민이었다. 주어진 임무를 버리고 출국을 감행할 위인이 그는 못 됐다. 3개 금융감독기관 통합방안을 짜내기 위해 그는 곧 짐을 싸야 했다. 비밀작업이었던 이유로 재경원 안에서도 그의 임무를 아는 사람이 몇 안 됐다. 그는 다음 날 조세

연구원으로 파견 발령을 받는다. 연수 예정이던 그의 갑작스러운 파견 발령에 주위 사람들은 의아스럽다는 반응을 보였다. 하지만 그가 금융감독기관 통합을 위한 입법안을 마련하기 위해 잠적한다는 더 놀라운 사실을 아는 사람은 없었다.

김석동은 다음 날 여러 박스 분량의 서류를 챙겨 서울 서초구의 한 호텔 방으로 숨는다. 그리고 그곳엔 비밀에 부쳐졌던 김석동의 과제를 지원할 재정경제원 소속의 두 사무관이 매일 드나들었다. 김정관, 조부관 사무관이었다. 이들은 김석동의 한국은행법과 감독기구설치에 관한 법 제·개정 작업을 지원하라는 명령을 받고 있었다. 김석동은 그렇게 46일 밤낮을 호텔에서 지낸 뒤 마침내 47일째 되는 날 호텔을 빠져나온다. 그의 양손에는 은행감독원을 한국은행에서 분리하기 위한 한국은행법 개정안과 은행감독원, 증권감독원, 보험감독원 등 3개 감독기관을 하나로 통합하는 금융감독기구 설치에 관한 법률 개정안이 쥐어 있었다. 이때가 1995년 2월 20일께다. 하지만 불행히도 이 법안은 빛도 보지 못하고 창고로 들어간다. 한국은행이 은행감독원 분리방안에 동의할 수 없다고 거세게 반발한 때문이었다. 그리고 약 2년 뒤 김석동의 손때가 묻은 법안은 금융개혁위원회에 의해 다시 들춰진다.

1995년 1월, 당시 김영삼 정부가 금융감독원 통합작업을 추진한 이유는 뭘까? 당시 금융시장에도 범상치 않은 위기의 기운이 감돌았기 때문일까? 복수의 관리들의 증언을 종합하면 이유는 김영삼 정부의 개혁드라이브로 읽혀진다. 김영삼 정부는 1993년 금융실명제를 실시한 것에 자부심이 대단했다. 전두환·노태우 정권이 미뤘던 과제를 수행했다는 데 고무돼 있었다. 할 수만 있다면 추가적인 금융개혁 과제를 수행하겠다는 의욕에 불타 있었다. 청와대에선 한이헌 경제수석비서관이 이를 진두지휘했다. 경제기획원(EPB,

정부가 은행감독원을 한국은행에서 분리한 뒤 증권감독원, 보험감독원 등과 통합하는 내용 등을 뼈대로 하는 중앙은행제도 개편을 추진하자 1995년 2월 23일 한국은행 부서장 60여 명이 중앙은행의 독립을 해치는 일이라며 이에 반대하는 성명을 발표하고 있다.

Economy Planning Board) 출신인 그는 개혁성향이 강한 진보색채의 인물이었다.

　결과론이지만 만일 당시 한은법 등의 법 개정이 이뤄지고 금융감독원 통합이 성사됐다면 한국 금융산업은 전혀 새로운 길에 접어들었을지도 모른다. 감독원 통합은 금융기관 관리감독체계의 합리화와 금융시장 안정을 목표로 하고 있었다. 또 금융산업 발전을 위해 규제 방식을 사전규제에서 사후규제로 전환하고, 과도한 규제를 해소하는 방향으로 틀이 맞춰져 있었다.

　그러나 김영삼 정부는 한발 물러서야 했다. 총대를 맨 한국은행이 극렬히 반발한 때문이었다. 앞서 한은은 1961년 군부의 은감원 분리 기도를 막아냈던 전력이 있었다. 한은은 "독립을 지킨다"는 명분을 내걸었다. 그런데 이러한 명분의 한편엔 부끄러운 밥그릇 문제도 존재했다. 은감원은 한은 권력의 지렛대였다. 한은은 은감원을 떼어내면 금융기관에 대한 자신들의 영향력이 제한될 것으로 봤다. 한은은 특히 1970년대 중반 이후 견제세력으로 등장한 재무부 모피아에 피해의식을 느끼고 있었다. 김영삼 정부의 은감원 분리 시도를 모피아의 한은 옥죄기로 해석했다.

학계의 반발이 컸던 것도 김영삼 정부를 뒷걸음질 치게 했다. 국내 경제학자 1,000여 명이 '한은독립 촉구' 공동성명에 참여했다. 단일 경제 문제로는 참여 학자 규모가 사상 최대였다. 경제정의실천시민연합에 따르면 당시 변형윤(서울대), 김윤환(고려대) 교수 등 원로학자는 물론, 박우희 한국 경제학회장(서울대), 이경용 한국금융학회장(서강대), 안충영 한국국제경제학회장(중앙대), 황일청 한국경영학회장(한양대) 등이 서명에 참여했다.

CHAPTER 2

노무현 정부의 위기와
새로운 관치의 도전

관(官)은 치(治)하기 위해 존재한다

"경제가 어려워지면 제도의 최후 보호자로서, 위기관리자로서 (당국이) 개입하는 것이 관치금융이라는 명목으로 공격받을 수 있습니다. 시스템 위기를 방지하고, 시스템 붕괴를 막는 것은 시장을 지키는 정부의 책무입니다."

고 노무현 전 대통령은 취임 직후인 2003년 4월, 경제관료들을 불러 모은 자리에서 금융위기 진화에 당국이 더 적극적으로 나서달라고 주문하면서 이같이 말했다. 노 전 대통령은 탈권위주의자이면서 실용적 시장경제주의자였다. 그렇기에 혹자는 관치금융을 합리화하는 위 발언이 그의 입에서 나왔다는 데 의아해할지 모르겠다. 그러나 엄연한 사실이다. 그만큼 돌아가는 상황이 어렵던 시절이었다. 참여정부가 출범하자마자 신용카드 사태와 SK글로벌 분식회계 사건이 동시에 터졌다. 새로운 위기의 도래, 금융시스템의 붕괴가 우려되던 때였다. 그해 10월, 노 대통령은 국회 시정연설에서 관치금융을 비판하는 것은 잘못이라며 자신의 입장을 좀 더 명확히 전달한다.

"금융시장 개입을 두고 관치경제라는 비판이 있습니다. 시장이 정상적으로 작동할 때는 정부가 개입하지 않아야 하지만, 시장이 붕괴될 위기에 처했을 때는 신속히 시장을 복원시킬 의무가 있습니다. 가장 무책임한 정부는 위기 앞에서 수수방관하는 정부입니다."

관치는 정치금융과 함께 오랫동안 비난의 대상이 돼왔다. 관치의 남용이 반복됐던 탓이 크다. 정치금융이 화두이던 박정희 정권에서 김영삼 정권에 이르기까지 관은 정치권력의 편에 서서 금융산업을 망가트리는 잘못을 저질렀다. 인사개입과 포퓰리즘정책이 대표적이다. 김대중 정부가 들어선 이후에도 여전했다. 정도가 좀 덜했을 뿐 민영화된 금융회사의 인사와 시장가격에 개입했다. 그러나 모든 관치가 잘못이라고 비판할 순 없다. 금융시스템의 비정상적 작동을 바로잡으려면 관의 개입이 불가피하다. 1997년 외환위기는 금융기관의 대출자산 관리 소홀을 방치했던 '게으른 관치'에서 비롯된 것이었다. 반면 외환위기 수습을 위한 금융당국의 일련의 조치는 잘못된 금융관행과 제도를 바로잡으려 했던 '쓸 만한 관치'라고 할 수 있다.

관치에 대한 편견은 이제 버릴 때가 됐다. 좋은 관치, 나쁜 관치를 가려 비판해야 한다. 금융기관에 대한 일방적인 지시와 명령 방식의 권위주의적 관치는 비판받아 마땅하다. 민간금융기관의 자율에 맡겨져야 할 인사권과 시장가격에 개입하는 관치 역시 비난받아야 한다.

그러나 당국이 민간의 자율의사를 존중하는 설득의 관치, 정보제공자로서의 관치, 조정자 역할로서의 관치를 견지한다면 이를 문제 삼을 이유가 없다.

같은 맥락에서 1997년 IMF 외환위기 이후 계속된 금융위기 수습과정에서 금융당국이 보여줬던 관치역량은 재평가할 필요가 있다. 당국은 외국의 금융위기 수습 시나리오를 단순히 모방하는 데 그치지 않고, 여기에 창조적 아이디어를 더해 한국적 위기수습 방안을 완성해낸다. 전 세계 신흥국가는 물론 일본을 비롯한 선진국들이 한국의 외환위기 극복 경험에 주목하는 이유도 이 때문이다.

적어도 위기 때만큼은 관(官)은 치(治)해야 한다. 뒤탈을 염려해 수수방관하는 관이라면 존재 이유가 없다. '관치는 무조건 나쁜 것이니까 관에게 치하지 말라' 하는 것은 '정부가 필요 없으니 정부 없이 가자'는 무정부주의자의 주장과 다를 게 없다. 규제일변도의 관치, 권위주의적 관치, 불편부당한 지시와 명령, 압력의 관치 등 구시대적 산물이 아닌 담에야 관치를 탓할 그 어떤 명분도 없다. 금융기관의 자율적인 경영권 행사를 최대한 존중하면서 시장실패에 적극 대응하는 조정자로서의 관치는 지속돼야 한다. 이러한 관치마저 비판의 대상이 된다면 금융당국은 복지부동할 것이고, 시장실패는 전체 금융시스템의 붕괴로 이어질 수밖에 없다. 정치와 결탁한 잘못된 관치는 한국 금융산업을 불구로 만들었다. 그렇지만 통찰력과 철학이 분명했던 관치가 우리 금융산업의 안전판이 돼주었다는 것 역시 부인할 수 없다.

민간금융기관의 경험과 능력이 만족할 만한 기대수준에 이를 때까지 앞으로 관치의 역할은 줄지 않을 것이다. 특히 민간금융기관이 자금중개라는 공익적 기능을 도외시한 채 사익을 챙기는 데만 급급해 한다면 당국은 조정자 기능으로서의 관치를 포기하려 하지 않을 것이다. 다만, 반드시 짚고 넘어가야 할 부분은 가장 훌륭한 관치는 위기 발생 가능성을 사전에 막는 선제적 대응이라는 것이다. 위기를 진화하는 소방수 역할로서의 관치는 차선이다. 전투에서 승리하는 장수보다 싸우지 않고 이기는 장수, 물샐틈 없는 방비로 적의 도발의지를 꺾는 장수가 더 훌륭한 이치와 같다. 그러나 선제적 대응이란 말처럼 쉬운 일은 아니다. 당국의 선제적 대응을 시장이 새로운 규제로 받아들이고, 저항할 가능성이 높기 때문이다.

따라서 당국은 선제적 대응을 위한 위기예측 능력을 제고하는 데 힘써야 한다. 그러기 위해서는 시장의 전문가 못지않은 전문성을 갖춰야 한다. 과거처럼 정치권력의 힘에 휩쓸려서도 안 된다. 정치중립과 독립적 판단을 견지해나가야 한다. 정책당국이 정치권력의 영향을 받게 되면 미래예측 능력이 떨어질 수밖에 없기 때문이다.

선제적 대응의 어려움 중 하나는 적절한 평가를 받을 수 없다는 점이다. 선제적 대응조치로 위기를 피할 수 있었다 하더라도 시장참가자들은 그러한 조치 없이도 위기를 피할 수 있었다거나 애초에 위기 가능성조차 없었다고 폄하하기 쉽다. 그래서 정책당국은 선제적 대응 조치를 취하기보다는 위기가 발생한 뒤에야 위기를 효율적으로 수습하는 방식을 선호해왔다. 위기의 출현을 막는 것이 시장참가자들의 희생을 줄이는 최선이라는 점에서 이러한 결과가 나타나는 것은 실로 안타까운 일이다. 결국 선제적 대응이란 정책당국자가 어떤 철학을 갖고, 어느 정도의 능력을 발휘하느냐에 달려 있다. 이는 금융산업에 대한 통찰력이 있는 자가 금융당국의 수장이 돼야 하는 이유이기도 하다.

SK글로벌 사태와 SK그룹 해체 위기

노무현 정부가 출범한 지 일주일여가 지난 2003년 3월 4일이었다. 오리무중인 후임 인사로 인해 답답해하던 이근영 금융감독위원장 집무실에 전화벨이 울린다. 이어 비서관이 "검찰에서 연락이 왔다"며 이 위원장에게 알린 뒤 전화를 연결한다. "중대한 사건 정보"라고 운을 뗀 검찰 간부는 수사과정에서 SK글로벌 분식회계를 발견했다고 알린다. "수사결과를 3월 11일 발표할 예정인데, 미리 대비하시라"며 전화를 끊는다. 수사결과 발표일까지는 일주일밖에 남지 않은 때였다. 준비를 서둘러야 했다. 당시 최태원 SK그룹 회장은 분식회계 혐의로 이미 검찰에 구속돼 있었고, 언론은 일찌감치 검찰 안팎에서 흘러나왔던 여러 정보를 토대로 이를 보도하고 있었다. 이때 이근영 금감위원장에게 수사내용을 귀뜸해줬던 검찰 간부가 정확히 누구인지는 확인할 수 없다. 다만 훗날 이 위원장이 청문회에서 당시 사태와 관련해, 대전고 후배인 김각영 검찰총장 등과 통화했다고 증언한 것을 감안할 때 김 총장이었을 가능성이 높다. 검찰이 혐의를 뒀던 SK글로벌의 분식회계 규모는 1조 5,600억 원이었다. SK글로벌은 총자산 7조 원, 총 부채 5조 2,000억 원 규모의 대기업이었다. 이 회사의 분식회계 사실이 알려지면 총자산 52조 5,000억 원의 재계 서열 3위인 SK그룹 전체로 유동성

압박이 확산될 가능성이 농후했다. 이근영은 즉각 당국자를 불러 사태 파악 등의 대책을 주문한다. 그것이 곧 금융시장에 엄청난 회오리바람을 일으킬 SK글로벌 사태의 시작이었다.

검찰은 2002년 12월께부터 최태원 SK그룹 회장과 SKC&C, SK케미칼 간의 부당내부거래 혐의에 대해 내사를 벌였던 것으로 알려졌다. 수사대상은 1999년 JP모건과 SK증권, SK글로벌 간 위법적인 파생상품거래였다. 때마침 2003년 1월 참여연대는 최 회장 등 3명을 배임혐의로 검찰에 고발한다. 수사망이 확대됐다. 노무현 대통령의 취임을 일주일 앞둔 2월 17일 검찰은 SK그룹 구조조정본부 등을 대상으로 압수수색을 벌인다. 그리고 여기서 확보한 자료를 분석해 SK글로벌의 분식회계 사실을 확인한다.

검찰은 2003년 2월 23일 최 회장과 김창근 구조조정추진본부장을 구속하고, 3월 5일 손길승 SK글로벌 대표이사 회장을 소환해 조사한다. 이어 이근영에게 사전 고지한 대로 3월 11일 SK그룹 부당내부거래 및 분식회계 사건 수사결과를 발표한다. 최 회장과 김 본부장은 구속 기소되고, 손 회장 등 8명은 불구속 기소됐다. 검찰은 이들에게 특정 경제범죄 가중처벌법상 배임혐의를 비롯해 주식회사 외부감사에 관한 법률 및 증권거래법 위반, 사문서 위조 등의 혐의를 적용한다. 검찰은 특히 JP모건 옵션 이면거래, 워커힐 주식 부당거래 외에도 SK글로벌이 1조 5,000억 원 상당의 분식회계를 저지른 것으로 확인했다고 발표했다. 수사내용이 사실이라면 단일 회사 분식 규모로는 사상 최대에 달하는 것이었다.

30년 동안 묵은 부실의 산물이었다. 검찰은 2001회계연도 분식규모 1조 5,587억 원 중 1조 3,000억 원가량은 그동안의 누적분이 넘겨진 것이라고 밝혔다. 11일 SK글로벌의 분식회계 수사결과가 발표된 뒤 SK글로벌의 회사채나 CP가 편입돼 있는 펀드의 고객들이 너도나도 돈을 빼기 시작했다. 이 같은 환매사태가 다른 펀드로까지 확산됐다. 펀드런 조짐이 있었다. 이틀 만에 6조 5,000억 원의 환매가 있었다. 13일에는 증권 투신사들이 환매 중단을 선언한다.

뒤늦게 확인됐지만 당시 검찰이 추산한 SK글로벌의 분식회계 규모는 빙산의 일각이었다. 이 회사 채권단이 실사 후 확인한 실제 분식회계 규모는 무려 5조 4,000억 원에 달했다.

참여정부 핵심 실세들은 SK글로벌 사태 해법으로 SK그룹 해체를 지시한다. 대통령 비서실 핵심 실세와 교감했던 이동걸 당시 금융감독위원회 부위원장은 청와대에서 SK그룹의 처리방안을 논의하고 돌아온 뒤 일부 당국자들에게 이런 사실을 주지시킨다. "미리 대비하라"는 메시지였다. 청와대는 분식회계 사건의 해법으로 그룹의 주력 계열사인 SK텔레콤을 매각하는 방안까지 내놓고 있었다. 당국은 그러나 청와대 해법을 거부한다. 총대를 맨 건 김석동 당시 금감위 감독정책1국장이었다. 그는 재계 서열 3위 그룹을 해체할 경우 금융시장에 일대 혼란이 일어날 수 있다고 불가이유를 댔다. 또 SK글로벌은 그룹 내 계열사와 내부거래가 많아 그룹 안에서 충분히 구조조정할 수 있다고 주장했다. 이동걸은 청와대 해법에 제동을 건 김석동이 마뜩잖았지만 그렇다고 그의 판단을 무시할 순 없었다. 김석동은 다양한 경제 위기에 투입돼 전과를 올린 특급 소방수였기 때문이다. 이동걸은 경기고 동기 동창인 김석동이 어지간해선 자신의 뜻을 꺾지 않는 강심장인 것도 알고 있었다. 결국 그의 뜻대로 그룹을 존치하고 SK글로벌을 그룹 안에서 구조조정하기로 한다.

금융시장으로 전이될 파국을 고려하지 않는다면 사실 그룹을 해체하는 것은 어려운 일이 아니었다. SK글로벌을 청산하거나 법정관리로 가져가면 그룹은 자연스레 해체 수순을 밟게 돼 있었다. 당시 대부분의 재벌그룹처럼 SK그룹 역시 순환 출자구조였다. SK글로벌을 청산하면 SK생명, SK해운, SK텔레콤, 워커힐 등 계열사로의 연결고리가 끊기고, 그룹은 뿔뿔이 흩어질 가능성이 높았다. 그룹이 깨지면 금융권의 자금회수가 시작되고, 신규자금지원이 중단될 것이 자명했다. 이렇게 되면 재무상태가 좋지 않은 계열사들이 연쇄 부도로 쓰러지고, 담보채권이 많지 않은 금융기관들도 부실을 면치 못할 것으로 당국은 판단했다. 실제 SK글로벌 채권의 경우 무역금융 비중이 높아 은행권의 담보설정비율이 비교적 낮았다. 결국 청산하거나 법정관리로 가면 금융기관이 떼일 돈이 상당액에 달할 것이란 계산이 나온다. 이 때문에 당국은 구조조정촉진법에 의한 처리가 최선책이란 입장을 정리하고, 청와대를 설득하기에 이른다. 당국은 SK글로벌에 대한 채권단 공동관리를 분식회계 처리 해법으로 내놓고 채권단에 구조조정을 독려한다. 채권단과 SK그룹은 SK글로벌에 대한 SK계열사의 상거래 채권을 출자 전환하는 문제를 놓고 옥신각신하다가 그해 6월부터 해결의 실마리를 풀어가기 시작한다.

6월 3일 SK그룹은 SK글로벌에 대한 국내 상거래 채권 8,500억 원을 출자 전환하기로 약속한다. SK글로벌의 해외법인 축소, 자산매각 등을 내용으로 하는 경영정상화 계획서도 제출한다. 6월 9일 채권단도 국내 협약채권 6조 7,000억 원 가운데 2조 8,500억 원 한도에서 출자 전환하거나 캐시바이아웃(CBO, 채권 할인 매입)하는 내용의 채무 재조정안을 마련한다. 9월 23일 SK글로벌은 임시주총에서 기존 대주주 지분의 전액감자, 소액주주 7 대 1 감자안을 의결한다. 이로써 자본총액은 4,913억 원에서 129억 원으로 감소한다. 계열사 상거래 채권을 출자전환할 수 있었던 SK글로벌은 이듬해인 2004년 10월 6일 3.5 대 1 비율의 감자를 결정한다.

그로부터 약 2년 6개월 뒤인 2007년 4월 17일 최태원 회장은 1,200억 원 상당의 워커힐 지분 40.7%를 SK네트웍스라고 사명을 바꾼 SK글로벌에 무상 증여한다. 사재출연이었다. 그리고 이틀 뒤인 4월 19일 SK네트웍스는 분식회계 사건 발생 4년여 만에 워크아웃에서 졸업한다. SK네트웍스는 2003년 6월 3일 경영정상화 이행계획서대로 2004년 이후 4년 연속 상각 전 영업이익 4,358억 원 이상 달성 약속을 이행한다. 이 회사가 이처럼 빠르게 정상을 되찾았던 건 SK그룹 안에서 구조조정을 추진했기 때문이다. 그룹의 전폭적인 지원이 없었다면 아마 조기 정상화는 불가능했을 것이다. 애초 금융당국이 그룹 해체 대신 채권단에 의한 공동관리 방안을 해법으로 택한 것도 바로 이 때문이다. SK는 ㈜SK의 상거래채권 8,500억 원을 출자 전환함으로써 2003년 9월 자본 전액 감자 후에도 SK네트웍스에 대한 지배력을 확보할 수 있었다.

시험대를 통과한 김승유 하나은행장

위기는 누군가에게 기회가 되기도 한다. 김승유 당시 하나은행장이 그랬다. SK글로벌 사태는 금융당국의 발등에 불이 떨어지게 했던 깜짝 사건이었지만 이를 계기로 김승유는 자신의 존재감을 유감없이 발휘한다. SK글로벌 분식회계 사건으로 부실위험을 안게 된 채권단은 합심해 문제 해결에 나서야 했지만 분위기는 썩 좋지 않았다. 이는 당시 SK그룹의 주채권은행인 하나은행에 대한 불신에서 비롯된 것이었다.

한 은행을 대표했던 임원은 "구조조정 경험이 없는 하나은행이 주도하게 해선 안 될 일"이라며 "하나은행을 빼고 공동관리 방안을 도출하자"고 극단적인 주장을 편다. 하나은행의 SK글로벌에 대한 대출채권은 5,591억 원으로, 산업은행(1조 574억 원), 수출입은행(6,030억 원)에 이어 세 번째로 많았다. 더욱이 하나은행은 SK그룹의 주채권은행이었다. 그런 하나은행을 채권단 협의회에서 빼자고 한 것은 그래서 극단적이란 지적을 피할 수 없었다. 또 다른 은행의 임원은 하나은행을 지목하며 "당신들도 한번 당해보라"며 구조조정을 거들 생각이 없음을 내비친다. 그만큼 하나은행에 대한 불신이 팽배했다. 이러한 불신은 과거 다른 그룹 구조조정에서 보여줬던 하나은행의 이기적인 행태에서 비롯된 것이었다.

김승유는 진퇴양난에 빠진다. 그는 단자회사 한국투자금융을 대형 시중은행으로 키웠던 리더십 있는 CEO였지만 실제로 SK그룹과 같은 재벌그룹의 구조조정을 주도한 경험은 없었다. 더구나 채권단 간 갈등이 수그러들 기미를 보이지 않았다. 갈등 봉합에 나선 건 금융당국이다. "김승유의 리더십을 믿어보자"며 채권단을 다독인다. 당국은 김승유에게 두 가지 원칙만 관철해줄 것을 당부한다. '전적으로 채권단 합의하에 구조조정을 추진해달라는 것' '국내외 채권단 간 동등대우를 원칙으로 해달라는 것'이었다.

외환위기 후 구조조정이 진행되는 동안 해외채권단은 무임승차한다는 비난을 받았다. 기업 부실이 발생해 당해 기업이 워크아웃에 들어가면 국내 채권단은 채권 출자전환에 채무탕감까지 해주면서 전력을 다해 지원했다. 하지만 해외 채권은행은 먼발치서 구경만 하다가 회사가 정상화된다 싶으면 빚을 갚으라며 돈을 빼 갔다. 이런 얌체 짓에 국내 채권단은 진절머리가 나던 때였다. 두 가지 원칙만 지켜낸다면 하나은행이 SK그룹의 주채권은행으로서 사태를 매끄럽게 수습할 수 있을 것으로 당국은 내다봤다.

진통 끝에 SK글로벌에 대한 구조조정이 본궤도에 오른다. 김승유가 좌장으로 나선 채권단 협의회는 구조조정촉진법을 적용해 일사천리로 사태를 수습한다. 최태원 SK그룹 회장이 주식 전량을 채권단에 담보로 제공하겠다는 성의를 표하자, 3개월간 채권행사 유예를 결의한다. 유예기간 중에 SK와 경영 정상화 이행계획 약정을 체결한다. 국내외 채권단 동등대우 원칙을 관철해 해외채권 상환도 동결했다. 채권단은 3월 20일 대출금 부당회수에 대한 원상회복도 결의한다. 채권 보전 조치였다. 3월 18일 이전까지 일부 은행과 외국계 은행들이 각각 예금과 대출상계, 국내지점의 대출채권 해외지점 이전 등의 방법으로 빼돌린 채권을 원상회복하도록 한 것이다.

채권단은 또 2003년 3월 5일 SK글로벌이 전체 직영주유소 760개 중 29%에 해당하는 285개 주유소를 ㈜SK에 2,145억 원에 매각한 것에 대해서도 매각을 무효화하고, 원상회복하도록 조치한다. 김승유는 당국의 기대를 저버리지 않았다. SK글로벌에 대한 워크아웃은 계획된 일정에 따라 차질 없이 진행됐다. 김승유가 이해상충이 불가피했던 채권단을 설득하면서 조정능력을 보여준 때문이었다. 그는 카리스마 넘치는 전략가였다. 제1, 제2금융권에서 잔뼈가 굵은 탓에 SK그룹 속사정도 훤히 꿰고 있었다. 시험대에 올랐던 김승유는 결국 합격점을 받는다. 시장은 하나은행이 덩치를 불리며 승승장구할 수 있었던 것은 모두 김승유의 리더십 때문이라는 점을 비로소 인정하게 된다.

김대중 정부가 키운 신용버블의 폭발

위기엔 이유가 있고, 전조(前兆)가 있기 마련이다. 2003년 터진 신용카드 사태도 그랬다. 가계신용은 1999년 하반기 이후 폭발적으로 증가하고 있었고, 그 중심에 신용카드사가 있었다. 그러나 막지 못했다. 정부의 무능함 때문이었다. 금융당국은 급속한 개인신용의 팽창이 가져올 위험을 충분히 인지하고 있었음에도 선제적인 조치를 취하지 않았다. 사태발생을 차단할 여러 번의 기회를 놓쳐 사태를 키웠다.

외환위기 직전인 1997년 9월 말 처음으로 200조 원을 넘어섰던 가계신용 잔액은 경제위기에 따른 신용경색의 영향으로 1998년 말 184조 원까지 감소한다. 그러나 경기회복과 함께 서서히 증가해 1999년 상반기에 외환위기 이전 수준을 회복한다. 그러다가 1999년 하반기에 접어들면서 매우 빠른 증가세를 보였고, 그 추세는 2003년 초 참여정부 출범시점까지 계속된다.

이 기간 동안 가계신용은 연평균 약 25% 성장했다. 특히 신용카드사가 중심이 된 여신전문금융회사의 가계대출 증가율은 연평균 50%에 육박했다. 한마디로 카드 신용의 폭발이었다. 여신전문회사의 가계대출 잔액은 1999년 38조 3,000억 원에서 2000년 59조 4,000억 원, 2001년 81조 8,000억 원으로 증가하더니 2002년 마침내 100조 원을 돌파하며 105조 원을 기록한다. 신용카드사들이 가계대출을 늘리면서 전체 대출시장에서 이들이 차지하는 비중 역시 1997년 6.6% 수준에서 2003년 9월 말엔 16.2%로 치솟았다.

1999년 하반기 이후 가계신용은 우려해야 할 분명한 이유가 있었다. 팽창속도가 지나치게 빨랐다. 차입자의 궁극적인 상환능력 증대에 상응하는 부채 증가는 원칙적으로 문제될 것이 없다. 그러나 1999~2003년 동안 가계부채 증가율은 연 25%에 달해 같은 기간 중 명목소득 성장률 8.2%보다 3배 이상 높았다. 가계부채 상환능력에 의구심을 갖기에 충분한 상황이었다. 여기다 현금서비스, 카드론 등 신용카드사의 대출은 담보 없이 이뤄졌던 신용대출이라는 점에서 심각히 바라볼 현안이었다.

사실, 신용카드사의 신용대출 남발 사태의 발단은 1999년 5월로 거슬러 올라간다. 1999년 5월 1인당 70만 원으로 묶여 있던 신용 카드의 현금서비스 상한 규제가 규제개혁위원회 주도로 폐지된다. 특정 차주에 대한 신용공여액 상한을 설정하는 것은 금융회사의 고유한 영역이라는 판단이 작용했다. 원칙적으로 이 조치엔 문제가 없었다. 그러나 신중했다고 보기 어렵다. 규제개혁 논리만을 앞세운 나머지 신용카드사의 신용심사 능력에 대한 검증도 없이 규제를 풀었다. 이를 계기로 카드사들은 연체가 없는 회원의 현금서비스 월 이용 한도를 500만 원까지 늘렸다. 이로 인해 서로 다른 카드사가 발행한 10개 신용카드를 보유했던 개인들은 최대 5,000만 원까지 현금서비스를 이용할 수 있었다.

실제 현금서비스 한도 폐지 후 현금서비스 이용은 1998년 32조 7,000억 원에서 2002년 357조 7,000억 원으로 무려 10배 이상 증가한다. 여기다 정부가 소비를 진작시킬 의도로 신용카드 사용을 장려하는 등의 정책적 지원에 나선 것도 개인 신용대출 급증에 영향을 미친다. 카드사들은 이런 지원을 등에 업고 경쟁적으로 신용카드 가맹점과 회원 수를 확대한다. 길거리와 장터, 지하철 역사, 백화점에서 모집인들을 동원해 회원 모집에 나섰다. 그 결과 1999년 3,900만 장이던 신용카드 수는 2002년 1억 500만 장으로 2배 이상 증가했다. 명목 GDP 대비 신용카드 거래액비율은 이 기간 중 9.3%에서 94.1%로 10배가량 커졌다. 2002년에는 가계의 처분가능소득 대비 현금대출비율이 103.4%를 기록했다. '카드 돌려막기'로 버티다가 카드사의 대출 중단으로 돈줄이 막힌 개인들이 신용불량자로 전락했다. 이 수는 2001년 245만 명에서 2002년 264만 명, 2003년 372만 명으로 증가했다.

신용카드 사태의 직접적인 원인은 외환위기 이후 전개된 금융환경 변화에 편승한 카드사의 심각한 도덕적 해이에 있었다. 그러나 정부 책임이 카드사보다 적다고 할 수 없다. 1999년 하반기 이후 나타났던 여러 이상 징후를 목격했으면서도 진화에 나서지 못했다. 신용카드사의 부실이 심각해지기 전에 추진된 감독정책들이 정부 부처 간 이견으로 무산된 때문이었다. 재정경제부(이하 재경부)와 규제개혁위원회(이하 규개위)가 번번이 발목을 잡았다. 2001년 7월 금융감독당국은 신용카드사의 무분별한 자산 확대 경쟁이 가져올 수 있는 잠재위험 요인에 대비하고자, 카드사의 전체 영업규모 중 현금대출 비중을 제한하는 규제 신설을 추진한다. 그러나 재경부는 경기상황을 고려할 수밖에 없다는 이유로 반대한다. 규개위는 규제를 늘릴 수 없다는 논리로 반대했다.

2001년 11월 금감위는 신용카드 발급 시 소득증빙서류 제출, 미성년자 신용카드 발급 시 부모 동의 의무화 등 강력한 규제를 추진한다. 하지만 이번에도 재경부와 규개위가 반대하면서 규제 도입 계획은 무산된다. 2002년 5월 금감위는 신용카드사들의 회원 모집 시 과도한 경품 제공행위를 전면 금지하고, 신용카드사의 현금대출의 업무비중을 50%로 제한하는 조치를 추진한다. 그러나 이번엔 규개위와 공정거래위원회가 반대했다. 결국 시장대응의 완벽한 실패로 이어졌다. 대응이 늦어지면서 카드사의 부실은 심각해지고 부도위기에 몰리기 시작한다. 2001년 말 2.6%이던 신용카드 자산연체율(1개월 이상)은 2002년 말 6.6%로 오르더니 2003년 말엔 14.1%까지 치솟았다. 하지만 속으론 더 곪아 있었다.

카드사들은 대출상환이 어려웠던 회원들에게 기존 대출을 신규 대출인 양 바꿔주는 이른바 대환대출을 실시했다. 대환대출은 상환능력이 없는 회원들과의 거래였으므로 사실상, 부실 대출이었다. 금융당국이 실질연체율을 들여다본 결과는 충격적이었다. 2002년 말 11.2%에서 2003년 9월 말 29.6%까지 급증했다. 자산이 10조 원인 카드사가 30% 연체율을 기록했다고 치면 3조 원의 부실이 발생한 셈이다. 결국이는 '카드사 부실→개인신용불량자 양산→금융시스템 불안'으로 이어질 수밖에 없었다. 2003년 카드사들의 적자는 10조 2,000억 원에 달했다. 이는 직전 해인 2002년 말 카드사 자본금 6조 원의 1.7배에 이르는 것이었다.

신용카드사가 발행한 회사채를 집중적으로 편입하고 있던 투신사의 머니마켓펀드(MMF, Money Market Fund)에 환매신청이 쇄도한다. 회사채시장에 신용경색도 나타났다. 2003년 3월 한 달 동안 투신사에서 무려 27조 2,000억 원의 자금이 빠져나갔다. 카드채 금리가 폭등하면서 카드채와 국고채 간 금리스프레드는 3월 11일 0.96%포인트에서 3월 31일 2.39%포인트로 급격히 확대됐다. 카드채의 신규 발행과 기존 발행채권의 유통이 사실상 중단됐다. 그 결과 신용카드 업계 전체가 부도 위기에 직면했다. 2002년 말 신용카드사의 부채는 무려 89조 4,000억 원에 달했다. 이 중 삼성, LG, 국민카드가 70조 9,000억 원으로 전체의 79.3%를 차지했다. 이에 신용카드사의 부실이 전체 금융권으로 확대되는 사태를 우려한 정책당국이 시장에 개입한다.

당국은 2003년 3월 17일 금융시장 안정을 위한 신용카드 종합 대책을 내놓는다. 신용카드사의 현금대출비율 제한 준수 시한을 2004년 말까지 1년 연장하고, 신용카드사들로 하여금 대주주의 증자 등 자기자본 확충과 과도한 영업행위 시정 등 강도 높은 수지개선 대책을 강구토록 한다. 4월 3일에는 은행·증권사·보험사 연기금 등이 보유한 카드채 전액(44조 5,000억 원)과 투신사 보유 카드채의 50%를 만기 연장하는 조치를 골자로 한 금융시장 안정 대책을 내놓는다. 당국은 은행계열 카드사는 은행이 책임지고 증자를 추진하고, 그룹계열 카드사는 그룹이 증자에 참여해 문제를 해결토록 지시했다.

LG카드 부실 사태와 채권단의 전쟁

4·3 시장 안정 대책에 힘입어 대부분의 카드사들이 수습의 실마리를 찾아가고 있었다. 하지만 시장점유율 1위의 LG카드는 그렇지 못했다. 부실이 컸다. 2003년 9월까지 8개 전업카드사의 누적손실은 4조 1,000억 원이었는데, 이 중 LG카드의 손실이 1조 1,000억 원이었다. 여기다 시장의

불신으로 인해 신규자금 조달에 애를 먹는다. 취약한 지분구조 때문이었다. 지분의 50~90%를 그룹이 보유하고 있던 삼성, 현대, 롯데 등 다른 재벌그룹 계열의 카드사와는 달리 LG카드는 구본무 회장 등 특수관계인 지분율이 24.7%에 불과했다. 이 지분도 보유자가 80여 명에 달해 통일된 의사결정 및 자금동원력에 의문이 제기됐다.

카드사가 경영난에 빠지더라도 소속 그룹의 지원으로 부도 발생이 없을 것이란 믿음을 줘야 했다. 그런데 LG카드는 그렇지 못했다. 시장에서 "LG그룹이 여차하면 손을 뗄 것이다"란 소문이 돌았다. 실제로 LG카드의 유동성 문제가 감지된 뒤 LG그룹 특수관계인들이 11월 초에만 LG카드 주식 577만여 주(2.54%)를 매도하는 등 조금씩 LG카드 지분을 줄이고 있었다. 10월 13일에는 외국인 대주주 워버그 핑커스(Warburg Pincus)마저 보유지분 대부분을 매각했다.

실질연체율 상승, 거액의 손실발생 등으로 카드업계의 장기수익성이 의심받고 있는 상황이었다. 설상가상으로 LG카드의 이 같은 취약한 지분구조와 대주주 이탈 움직임은 시장의 신뢰를 떨어트리는 요인이 됐다. LG카드는 다른 카드사보다 심하게 자금조달 애로를 겪는다. 그해 7~10월 중 LG카드가 조달한 회사채 및 CP 3조 8,000억 원 중 순수한 금융기관 투자는 7.6%(3,000억 원)에 불과했다. 대부분 증권사 창구에서 개인과 일반 법인에게 판매한 회사채와 CP를 통해 자금을 조달한 것이었다. 9월 이후에는 이마저도 어려워져 유동성 문제가 가중된다.

엎친 데 덮친 격으로 LG카드에 대해 과장되게 부정적인 애널리스트 보고서까지 나온다. 10월 하순 들어 유동성 불안을 느낀 LG카드 대주주 LG그룹은 3,000억 원 규모의 유상증자를 실시하고, GE캐피탈로부터 5억 달러를 차입해 유동성을 제고하겠다고 밝혔다. 그래도 시장의 신뢰는 회복되지 않았다. 채권금융기관들은 LG카드 문제를 개별 회사의 경영실패로 간주했다. 그래서 3월의 카드채 사태 때와는 달리 신규자금을 지원하거나 회사채 만기를 연장하는 데 비협조적으로 나왔다. LG카드 문제 해결을 위해 금융기관이 공동자금을 지원하는 건 시장원리에 맞지 않는다고 여겼다. 사태수습에 협조 않겠다는 입장이었다.

그러나 당국의 인식은 달랐다. 카드사는 경제의 지급결제시스템을 형성하는 기초 인프라이기 때문에 LG카드의 부도를 방치할 경우 금융시장 전체가 위험에 빠질 수 있다고 봤다. 채권금융기관의 재산적 피해도 클 것으로 판단했다. 윤용로 금융감독위원회 감독정책2국장은 적극적인 조정역할에 나서기로 한다. LG카드 부도에 따른 금융시장 여파를 파악하기 위해 벌인 정밀분석 결과는 당국의 시장개입 의지를 굳히는 계기가 된다.

분석결과, LG카드가 계속기업(going concern)으로 남게 될 경우 손실을 보전하고도 1조 원 이상 여유 자금을 확보할 수 있다는 계산이 나왔다. 반면 LG카드가 부도로 쓰러지면 연체채권 및 대환대출채권 등의 급매가 불가피해 자산가치의 15% 정도만 회수할 수 있을 것이란 진단이 나왔다. 이 경우 채권금융기관들이 부담해야 할 재산 손실은 4조 2,000억 원으로 추정됐다. 더욱이 LG카드의 부도는 자산건전성이 취약한 타 카드사에게까지 연쇄부도를 몰고와 금융시장에 27조 원에 육박하는 손실을 안길 것으로 추산됐다. 또 다중채무자의 '돌려막기'가 불가능해짐에 따라 연쇄적 연체 발생으로 LG카드의 다중채무자 160

만 명 중 약 50%인 80만 명이 신용불량자로 추가 전락할 가능성이 있었다. LG카드의 현금서비스를 받고 있는 복수카드소지자 85만 명이 다른 카드사에서 4조 2,000억 원의 현금서비스를 받고 있는 것으로 파악됐기 때문이다. 2003년 말 당시 신용불량자는 이미 380만 명에 달하고 있었다. 이를 감안할 때 LG카드의 부도를 방치하면 경제활동 인구 2,300만 명의 약 20%인 460만 명 이상이 신용불량자로 전락할 것이란 계산이 어렵지 않았다.

2003년 10월 말 기준 가맹점 284만 곳 역시 1조 4,000억 원의 판매 대금을 받지 못해 운영난에 처할 상황이었다. 당국은 특히 LG카드 부도 시에는 LG카드채가 편입된 투신사 펀드는 물론 다른 카드채가 포함된 펀드까지 환매 요구를 받음으로써 3월과 유사한 환매사태를 낳을 수 있다고 봤다. 투신사의 유동성 부족과 개인투자자들의 투자 손실을 예견했다.

또 다른 고민이 있었다. LG카드 부도는 LG카드사가 발행한 모든 자산유동화증권(ABS, Asset Baclaed Securitie)의 조기상환 발동요건이 됐다. 유동화자산의 회수자금을 상환자금에 우선 충당하게 됨으로써 유동성 사정은 더욱 회복불능의 상태로 진전될 수 있었다.

ABS는 회사의 부도위험과 분리된 안전자산이라는 특성 때문에 투자자 입장에서 신뢰도가 높아 우리나라 금융시장의 주요 자금조달 수단으로 활용되기 시작했다. 그래서 2003년 말 기준 국내 ABS채권 발행 잔액은 107조 원이었고, 이 중 신용카드사 등 여신전문금융회사가 발행한 ABS가 46조 4,000억 원에 달하고 있었다. 그러나 실제로는 ABS자산에서 창출되는 이익과 원금이 수탁은행에 독립적으로 입금

되지 않고 LG카드의 고유자산과 혼장(混藏)돼 있었다. 따라서 ABS이론과 달리 실제로는 부도 발생 시 투자자의 손실우려 가능성이 제기됐다. LG카드 부도는 국내 최초의 ABS 조기상환 및 투자자 손실을 현실화할 위험을 안고 있었던 것이다. 이 경우 국내 ABS시장 전체의 신뢰도 추락은 불가피했다. 당국이 LG카드 사태에 밤잠을 설칠 수밖에 없는 이유였다.

당국의 고민이 깊어질 무렵, 우려가 현실로 나타난다. 유동성 부족에 직면해 있던 LG카드의 지급불능 사태였다. 11월 21일 오후부터 LG카드는 유동성이 완전히 바닥나게 된다. 전국에 있는 현금자동입출금기에서 LG카드에 의한 현금서비스가 부분적으로 중단된다. 이러한 사실이 TV 등 대중매체에 보도되면서 LG카드에 의한 결제를 거부하는 가맹점이 나타났다. 국내 최대 신용카드사의 부도가 점차 현실화되고 있었다. 결국 당국은 회생지원 작업에 착수한다.

회생지원방안으로 금산법상 적기시정조치부과방안, 회사정리법상 법정관리방안, 기업구조조정 촉진법상의 채권금융기관 공동관리방안 등을 검토한다. 논의 끝에 당국은 사적화의(私的和議) 형태의 채권금융기관 공동관리방안을 택한다. 당시 구조조정을 책임지고 있던 당국자는 이우철 증권선물위원회 상임위원, 윤용로 금감위 감독정책2국장이었다.

이들이 이 방안을 택한 것은 LG카드의 조정자기자본비율*이 12%로, 적기시정조치 대상(조정자기자본비율 8%)이 아닌 점, 회사법상 법정

---

* 카드사의 재무건전성을 평가하는 대표적인 지표이다. 금융기관은 특성상 단순자기자본비율만으로는 자본의 적정성을 충분히 평가하기 힘들다. 이 때문에 회계상 총자산 및 자기자본에 조정항목을 가감해 위험자산 규모에 대비한 자기자본비율을 산정하게 된다. 조정자기자본비율은 (조정자기자본/조정총자산) × 100의 산식으로 산출된다.

관리를 추진하더라도 상거래채권이 동결돼 정상적인 영업이 불가능하다는 점 때문이었다. 기업구조조정 촉진법상의 채권기관 공동관리 방안 역시 문제 소지가 있어 배제했다. 기업구조조정 촉진법 적용배제 채권인 ABS나 상거래채권 등이 전체 채권의 58%(12조 원)에 달했기 때문이다. 공동관리 추진이 의결되더라도 적용배제 채권에 대해서는 개별협상을 통해 만기연장을 해야 했기에 검토 대상에서 제외한다.

당국은 채권단을 독려해 정상화방안을 마련토록 한다. 하지만 이것이 무려 5차례나 반복됐다. 채권단은 공익과 실리 사이에서 갈등했고, 일부 금융기관은 이기적인 행태로 비난을 받았다. 정상화방안 마련을 위한 협상은 한마디로 지리멸렬했다. 이른바 시장주의자라고 자칭하는 일부 은행장들의 이의 제기로 인해 채권은행 간 분담기준 등에 대한 합의과정은 지루한 샅바싸움으로 나타난다.

제2금융권의 채권 만기연장을 독려하지만 ABS, 특정신탁 등 만기연장 배제대상채권이 과다(58%)했던 데다 일부 채권금융기관이 만기연장을 완강히 거부했다. 채권금융단의 대출자금을 출자 전환한 뒤 제한입찰 방식의 매각방안을 마련하지만 자산실사 결과가 기대에 못미치면서 조기매각방안이 무효화된다.

LG카드의 일부 ABS에 대한 조기상환 발동 요건을 해소하는 과정에서는 수탁은행인 국민은행의 반대로 또 한 번 정상화방안이 벽에 부닥친다. 급기야 정상화방안은 타 금융기관의 동참으로 이어진다. 한미은행과 외환은행, 6개 보험회사 등 8개 금융기관이 채권단에 추가 참여한다. 10개 은행 및 6개 보험사로 구성된 채권금융기관은 어렵사리 출자전환에 합의하지만 이번엔 대주주가 외국인이었던 한미은행, 외환은행이

뒷덜미를 잡는다. 두 은행은 정상화방안에 반대하다가 이사회 승인 조건부로 동의서를 제출했는데, 이사회에서 당초 분담의 일부만 지원하는 것으로 의결하면서 합의가 틀어진 것이다. 외환은행은 특히 기존 채무 출자전환과 신규 유동성 제공을 거부하고 만기연장에만 찬성했다.

LG카드 정상화방안은 법적 장치에 의한 구조조정이 아니었다. 당국의 독려가 있기는 했지만 공식적으로는 채권금융기관 간 자율적인 결정에 의한 것이었다. 그만큼 개별 금융기관이 구조조정 방안에 동참하지 않는다고 해서 그 의사에 반해 참여를 강제할 수는 없었다. 이런 배경이 있었기에 외국인이 대주주인 금융기관들은 손실 분담 노력없이 보유채권만 회수하려는 이기적 행태를 보였고, 당국은 골머리를 앓아야 했다.

정상화방안 도출이 더뎌지면서 2004년 1월 8일부터 LG카드의 현금서비스는 다시 중단된다. LG카드의 부도위험이 재연된 가운데 마침내 1월 9일 채권금융기관은 LG카드에 대한 채권단 공동관리의 틀은 유지하되 산업은행이 일부 유동성을 추가 지원해 위탁 경영하는 방식의 정상화 방안을 도출한다. 감독당국은 LG카드가 당면한 문제의 공론화를 최대한 자제하며 산업은행 주도하의 물밑 증자협상을 독려한다. 특히 윤용로 금감위 감독정책2국장은 그간의 노력이 허사가 되지 않도록 직접 채권단과 LG그룹을 오가며 출자설득에 나선다.

협상이 쉽지 않았다. 이미 경영에서 손을 뗀 LG그룹에 5,000억 원의 추가 출자를 요구한 때문이다. 급기야 재정경제부도 출자 독려에 나선다. 당시 김석동 금융정책국장, 김광수 금융정책과장은 12월 30일 저녁, 모처에서 LG그룹 강유식 부회장 일행을 만나 결단을 촉구한다. 유종의

미를 갈망하던 2004년 마지막 날 자정 무렵 LG그룹은 추가 출자를 약속한다. 이로써 카드채 사태 발생 1년 9개월, LG카드 현금서비스 중단 사태 발생 1년 1개월 만에 카드사 부실 문제는 해결 국면을 맞게 된다.

참 지독한 협상과정이었다. 고생 끝에 낙이라고 산업은행의 자회사가 된 LG카드는 2005년부터 정상화 궤도에 진입한다. 2007년 LG카드는 새 주인을 맞는다. 산업은행은 LG카드 경영권을 신한금융지주에 6조 6,765억 원을 받고 넘긴다. 이 바람에 산업은행은 2년여 만에 8,000억 원대의 매각차익을 볼 수 있었다. LG카드는 신한카드로 사명을 바꾼 뒤 신한금융지주의 효자 자회사가 된다. 이런 결과가 나올 수 있었던 것은 정부와 금융감독당국이 금융시스템 위험에 맞서 채권금융기관들을 상대로 끈질긴 설득에 나서며 중재자 역할에 힘쓴 공이 크다.

정부가 시장안정을 위해 대형 금융기관을 상대로 중재자 역할을 하는 것은 선진국에서도 자주 찾아볼 수 있다. 1998년 미국 LTCM의 도산위기*, 1991년 영국 BCCI 폐쇄에 따른 중소은행 도산위기** 등이 대표적인 사례이다. 다만, LG카드 사태 처리의 경우 문제를 풀어가는 과정이 너무 길었다. 이 같은 원인 가운데 하나는 이해상충의 문제가 있었다. 산업은행을 제외한 채권금융단은 모두 카드사를 자회사로 보유

---

* LTCM은 노벨상 수상자와 투자 전략가 등이 주축이 돼 설립한 헤지펀드이다. 경영진의 명성을 기반으로 높은 수익률을 올리지만 러시아 외환위기로 인해 약 40억 달러의 손실을 입으며 도산위기에 처한다. 미연방준비제도 이사회가 35억 달러의 구제금융을 제공하며 위기를 극복했다.

** 영국의 다국적 은행인 BCCI는 불법 주식 취득 및 마약 밀매 자금중개 등 불법 영업행위 사실이 적발돼 세계 주요국의 은행감독당국으로부터 영업정지 및 자산 동결조치를 당한다. 이로 인해 중소금융기관이 도산위기에 빠지자 영란은행이 보증하는 방식으로 대형금융기관이 중소금융기관에 융자를 제공해 위기를 넘겼다.

하고 있거나 자체적으로 카드업을 운영하고 있었다. LG카드의 경영정상화에 미온적으로 대응했던 이유 중 하나다. 최종 협상에서 산업은행이 위탁 경영하겠다고 나서지 않았다면 LG카드 정상화 계획은 수포로 돌아갔을 공산이 크다. 결과론이지만 당국이 기왕에 이해조정자로서 나선 바에야 좀 더 주도적인 역할을 다했다면 정상화 계획을 앞당길 수 있었지 않았나 싶다.

금융시스템 위기에 대응한 채권금융기관들의 공동관리는 지금까지 살펴보았던 것처럼 운영상의 많은 문제를 내포하고 있어 대안 모색이 있어야 할 것으로 보인다. 금융기관들은 LG카드 부도를 방치할 경우 안게 될 손실과 금융시스템 붕괴 위험을 걱정하면서도 손실분담 책임에서는 자유롭고자 하는 등 이중적인 태도를 보여주었다. 이는 자율적인 의사결정 능력의 한계를 드러낸 것이다. 금융기관들이 이러한 행태를 지속한다면 채권단 공동관리방안은 더 이상 유효한 위기대응 수단일 수 없다. 애초 목적과는 달리 오히려 위기를 지속화하고, 시장 불안을 가중시키는 결과를 낳을 것이다.

위기를 막은 선제적 대응, DTI · LTV 규제

2000년 이후 은행의 가계대출이 급증한다. 은행들이 경쟁적으로 주택담보대출을 무제한으로 늘린 데 원인이 있었다. 주택담보대출의 경우 담보가 있다는 이유로 은행의 건전성에 아무런 문제가 없는 것처럼 보였다. 그러나 주택을 담보로 시세의 90% 이상을 대출해주는 은행들이 생기고, 이러한 대출 증가세가 부동산 시세에 영향을 미치고 있는 것으로 파악되면서 우려를 낳았다. 2000년 이후 급증한 주택담보대출은 주택시장의 불안을 키우는 요인이 되고 있었다. 2000~2001년 전국의 아파트 가격이 연평균 18.7%, 서울지역이 연평균 25.1% 상승했는데, 이 기간 중 주택담보대출 증가율은 2년 연속 50%를 넘었다. 주택가격 상승과 주택담보대출 증가율 간 상관관계가 높다는 사실을 보여준 통계였다.

금융당국은 2002년부터 대출규제에 나서기 시작한다. 2002년 5월 가계대출의 대손충당금 적립비율을 인상한 데 이어 그해 10월 14일 주택에 대한 담보대출비율(LTV)을 하향 조정했다. 그로부터 한 달 뒤엔 주택담보대출의 BIS 위험가중치를 상향 조정했다. 주택담보대출의 증가를 억제하기 위한 조치였다. 하지만 대출 증가세는 꺾이지 않았다. 당국은 주택담보대출 억제 대책을 2003년 이후에도 지속적으로 강화한다. 당장 금융기관 부실로 이어지지는 않겠지만 이를 방치할 경우 가계부실과 주택가격 거품을 조장할 수 있다고 본 때문이다.

2003년 이후 주택담보대출을 억제하기 위한 대책은 2003년 5월과 10월, 2005년 6월과 8월, 2006년 3월과 11월 등 모두 6차례에 걸쳐 발표된다. 이들 대책은 대부분 세제 개편 등 다른 부동산시장 안정 대책과 함께 나왔다. 이들 대책의 주된 내용은 투기지역 주택에 대한 담보인정비율 하향 조정, 총부채상환비율(DTI) 규제 신설, 개인별 또는 세대별 대출건수 제한 등이었다. 결과적으로 이들 조치는 주효했다.

2007~2008년 미국의 서브프라임 모기지론 부실 사태는 미국은 물론 유럽과 홍콩 등 전 세계의 부동산 버블 붕괴와 금융시스템 불안으

로 이어졌지만, 우리나라는 달랐다. 2000년대 들어 부동산 시세가 이 상 급등한 탓에 세계적인 추세에 따라 부동산 시세 하락을 면하기 어 려웠지만 이 여파로 인한 금융시스템의 붕괴는 피할 수 있었다. 이는 이러한 위기 상황에 대비해 LTV · DTI 제도를 도입하고, 이를 지속적 으로 강화하는 등의 선제적인 대응이 있었기 때문이다. 두 조치는 외 환위기 이후 관치에 있어 가장 높이 살 만한 것으로 필자는 평가한다. 금융당국이 어떤 철학을 갖고 정책을 펴야 하는지를 보여준 모범답안 이라고 할 만하다. 특히 금융당국은 2008년 이후 정치권과 부동산 당 국이 부동산을 매개로 한 경기부양을 목적으로 두 제도의 완화와 폐 지를 압박하는 동안에도 제도도입 취지와 근간을 훼손시키지 않았다. 대단한 뚝심이었다.

애초 부동산 경기부양을 통해 경제활로를 터보겠다는 구상은 구 시대적이었다. 역대 정부는 모두 부동산을 경기부양의 주요 수단으 로 삼았는데, 이는 결과적으로 우리 경제에 많은 부작용을 낳았다. 공 정성이라는 경제정의를 훼손하고, 산업경쟁력을 떨어뜨리는 한편 경 제불안을 심화시켰다. 또 경제양극화와 빈곤의 대물림, 세대 간 부당 한 소득이전, 경제구조 왜곡 등의 폐단을 야기했다. 금융당국이 두 제 도를 지켜낼 수 있던 것은 금융시장의 안정을 견지하는 길만이 자신 들의 존재가치를 구현할 수 있다는 분명한 철학이 있었기 때문이라고 본다. 주택수급 개선과 같은 근원적인 해결방안을 마련하지 않고, 대 출규제를 해소해 정책목표를 달성해보려는 부동산당국의 대응 방식 은 애초 잘못된 것이었다.

만일, 금융당국이 정치권과 부동산 당국의 압력에 부화뇌동했다면 어떤 상황이 벌어졌을까? 결과는 암담했을 것이다. 부동산 시세는 2012년까지 내리막길을 걸었고, 이후 소폭 반등했지만 전 고점을 회복하지 못했다. 전 고점에서 시세가 30%나 하락한 부동산이 아직 부지기수다. 2008~2011년 중 빚을 내 주택을 구입한 사람들은 '하우스 푸어'로 전락해 시름을 앓고 있을 것이다. 주택구입자금을 대출해준 금융기관들은 채무자의 변제능력 상실로 부실에 빠졌을지 모른다.

2002년 10월부터 2006년 11월까지 당국이 LTV·DTI 규제에 나선 것은 모두 7차례다. 끈질긴 대응이었다. 시행착오가 없던 건 아니다. 시장은 감독당국이 내놓았던 규제의 그물망을 교묘히 빠져나갔다. 자본이득을 얻기 위한 부동산투자자들의 시도는 그만큼 필사적이었다. 쫓고 쫓기는 싸움이 계속됐다. 당국은 대책을 계속 보완하고 강화해야 했다. 여러 가지 상황을 가정해볼 때 '제도 도입 효과 등을 좀 더 숙고한 뒤 대책을 내놓았더라면' 하는 아쉬움이 없는 것은 아니다. 그러나 문제의식을 갖고 끝까지 제도보완에 힘쓰면서 위기에 선제적으로 대응했다는 점에서 높이 살 만하다. 아울러 정치권력을 등에 업고 있던 실세관료들의 집요한 압력을 무릅쓰고 이 두 제도를 지키는 데 바람막이가 돼주었던 관료들의 공적은 재평가받아야 할 것이다.

관치 X파일
권오규의 독서와 서별관 회의장의 고성

DTI · LTV 규제를 둘러싼 숨은 일화를 소개한다. 첫번째 일화는 2006년 11월 15일 금융당국이 비은행 금융기관의 LTV 규제를 강화하고 DTI 적용범위를 투기지역에서 수도권 투기과열 지구로 확대하는 내용의 대책 발표를 앞두고 있던 때다. 이 대책은 전례 없던 강력한 규제였기에 반발이 적지 않았다. 금융자율화에 역행하는 과도한 대출규제라는 비판도 있었다. 금융감독위원회가 기안한 대책이지만 권오규 경제부총리 겸 재정경제부 장관의 최종 승인이 필요하던 사안이었다. 경제기획원 출신의 정통 경제관료인 권 부총리는 자율을 중시했던 시장주의자다. '과도한 규제'라는 비판이 제기되던 11·15 규제를 승인하는 것은 그에게도 부담이 아닐 수 없었다. 하지만 그는 최종 결제자가 된다. 그의 결정엔 찰스 P. 킨들버거의 『광기, 패닉, 붕괴. 금융위기의 역사』라는 한 권의 책이 영향을 미쳤다. 1978년에 출간된 책이지만 한국에는 2006년에야 번역돼 소개된다. 권 부총리는 당시 새로 출간된 도서 가운데 읽을 만한 책을 한 권 이상 매주 구입해 주말을 이용해 읽곤 했는데, 이 일을 도운 사람은 최훈 비서관이었다. 최 비서관은 11월 초 이 책을 구입해 권 부총리에게 읽기를 권한다. 이 책은 지난 자본주의 300~400년 역사 동안 금융시장에 어떤 버블이 존재했고, 그 버블이 꺼지면서 경제에 어떤 영향을 미쳐왔는지를 담고 있었다. 권 부총리는 이 책을 통해 '신용의 버블이 곧 위기의 시작'이라는 교훈을 얻는다. 아울러 부동산 버블을 지금 당장 끄지 못하면 언젠가 금융시장에 큰 혼란을 가져올 것이란 결론을 내리게 된다. 11·15 대책이 온전히 시행될 수 있었던 것은 아마도 권 부총리가 경제현상에 대한 통찰력을 기르기 위해 평소 꾸준히 독서하는 습관을 기른 덕이 아닌가 싶다.

두번째는 청와대 서별관에서 벌어진 일이다. 2011년 2월 어느 날 경제부처 장관들은 청와대 서별관에서 3월 중 발표할 부동산 대책을 최종 조율하고 있었다. 회의장에는 윤증현 기획재정부장관, 김석동 금융위원장, 정종환 국토해양부 장관 등이 머리를 맞대고 있었다. 당시 국토해양부는 부동산 경기활성화를 위해 2011년 3월 말까지로 돼 있던 DTI 규제 폐지 시한을 연장해줄 것을 금융당국에 강하게 요구하고 있었다. 앞서 정부는 2010년 8월 29일 부동산 대책을 발표하면서 비강남권 무주택자, 1가구 1주택자에 한해 9억 원 이하 주택을 구입할 경우 2011년 3월까지 한시적으로 DTI 적용을 폐지하는 내용으로 규제를 완화했다. 정치권은 DTI 규제 연장을 요구한 국토부에 힘을 실어주고 있었다. 정치권 일각에서는 DTI 규제를 아예 폐지해야 한다는 주장까지 나왔다.

하지만 기획재정부나 금융위원회 입장은 달랐다. 2010년 8·29 대책 때 발표한 대로 3월 말까지만 규제를 완화한다는 방침을 세워놓고 있었다. 이를 다시 연장할 경우 시장에 잘못된 신호를 주어 부작용을 낳을 수 있다고 판단했다. 원칙을 깨면 계속해서 무리한 요구를 받을 것이고, 결국 아무것도 지켜내지 못할 것이란 위기감도 있었다. 이날 장관 회의에 앞서 가졌던 부처 간 실무국장 회의에서도 금융위원회와 국토해양부는 이견을 좁히지 못했다. 그럼에도 정치권 등에서는 이미 합의를 봤다는 식으로 말하고 있었고, 일부 언론은 사실을 정확히 확인하지 않고 이들이 주장하는 대로 보도하고 있었다. 서별관 회의에서 정종환은 부처간 조율이 필요한 부동산 대책을 일일이 짚어가며 설명을 하다가 DTI 규제 폐지 시한 연장안은 어물쩍 넘어가려고 했다. 이미 실무국장 선에서 합의가 이뤄진 양 제스처를 취했다. 지켜보던 김석동이 이를 제지한다.

"DTI가 합의됐다고요? 우린 (시한연장에) 합의한 적 없습니다."

불만이 가득한 투였다. 그만큼 그는 DTI로 인해 스트레스를 받고 있었다. 금융당국은 서울 강남 부동산시세의 하락에 대해 "비정상의 정상화 과정"이라고 판단하고 있었다. 기획재정부 인식도 다르지 않았다. 그러나 정치권은 강남 집값 하락에 민감하게 반응하고 있었다. 부동산 시세가 비정상적으로 오르는 동안에는 한마디도 않던 의원들이 집값이 떨어지자 대책을 내놓으라며 아우성쳤다. 근거도 없이 DTI 폐지를 주장하는 정치인들도 있었다. 김석동은 DTI에 남다른 애착이 있었다. DTI는 그가 만든 제도였다. 김석동은 2005년 재정경제부 차관보 시절 8 · 31 부동산 대책을 총괄하면서 DTI를 처음 도입했다. 윤증현 장관도 LTV와 DTI에 애정이 많았다. 두 규제는 7번에 걸쳐 발표됐는데 그중 4번이 그가 금융감독위원장으로 있던 시절 나온 것이다.

"DTI는 연장하기로 한 것이잖소?"

정종환 역시 신경질적으로 대꾸했다.

"누가 연장하기로 했습니까? 연장안 합니다."

김석동이 단호하게 말했다.

"이게 무슨 소리야, 우리가 그렇게 이야기했으면 연장해야 하는 거 아냐?"

고함을 치듯 정종환이 언성을 높였다. 정종환은 이미 자리에서 벌떡 일어나 있었다. 몹시 흥분한 상태였다. 얼굴이 붉으락 푸르락 했다. 정종환은 김석동을 쏘아보며 한 번 더 큰 소리로 말했다.

"연장하시오."

김석동은 이에 질세라 더 크게 언성을 높였다.

"못합니다."

그날처럼 서별관 회의장이 뜨거웠던 적은 없었다고 한 참석자가 분위기를 전했다. 생각이 달랐을 뿐 각자 나라와 국민을 생각하는 마음은 한결같지 않았을까? 김석동은 끝까지 DTI 연장안을 거부했다. 2011년 3월 22일 부동산 대책에 DTI 규제 폐지 연장안이 포함되지 않은 것은 이 때문이었다.

CHAPTER 3

이명박 정부와
글로벌 금융위기

민간인 출신 초대 금융위원장의 조기 낙마

2008년 2월 출범한 이명박 정부는 그해 3월 기존의 금융감독위원회를 폐지하고 금융정책과 금융기관의 건전성 감독 일체를 책임지는 기능의 금융위원회를 출범시킨다. 이로써 금융위는 명실상부한 한국 금융산업의 컨트롤 타워로 부상하게 된다. 금융위 출범이 예고됐던 순간부터 금융시장의 관심은 초대 금융위원장으로 누가 낙점되느냐에 쏠렸다. 일찌감치 민간인 출신이 금융위원장을 맡을 것이라는 소문이 돌았다. 이런 가운데 황영기 전 우리금융지주 회장이 하마평에 자주 등장했다. 새 정부 출범 직전 윤진식 전 장관과 함께 이명박 대선 후보를 도왔던 그의 전력이 퍼지면서다.

뚜껑이 열렸다. 포스코 이사회 의장을 맡던 민간인 출신의 전광우로 결정된다. 민간인 출신이 초대 금융위원장에 오를 것이란 소문은 맞았지만 의외의 결정에 시장은 놀랐다. 전광우는 하마평에 등장하지 않던 인물이었기 때문이다. 초대 금융위원장 인선에 난항이 있었던 것으로 확인됐다. 소문대로 황영기는 가장 유력한 후보였다. 황영기는 서울고와 서울대 무역학과를 나온 엘리트 금융인이었다. 그는 흔히 말하는 네트워크가 좋았다. 삼성그룹과 외국 금융회사에서 착실히 금융수업을 쌓은 국제금융통이었다. 삼성물산에 입사해 국제금융업무를 처음 접했던 그는 더 넓은 세계를 경험하겠다는 일념으로 프랑스 파리바은행과 미국의 뱅크트러스트은행을 차례로 거친다. 1989년 뱅크트러스트은행 도쿄지점장으로 일하다가 친정인 삼성의 부름을 받고 그룹회장비서실 국제금융팀 부장으로 복귀한다. 이어 삼성전자 자금팀장(이사), 삼성생명보험 전략기획실장(전무)으로 일했다. 1998년엔 한국에서 내로라하는 금융 전문가들이 활동한다는 '금융발전심의회'의 국제금융분과 위원으로 활동했다. 2000년부터는 금융발전심의회 증권분과위원으로도 일했다. 그래서 그는 민간인 출신의 금융 전문가가 필요하다 싶을 때마다 주요 금융기관 수장 후보에 올랐다. 잘 알려지지 않은 사실이지만, 2001년엔 우리은행장 후보 1순위에도 오른다. 하지만 삼성투신운용 사장 재직 시절에 금융당국으로부터 징계를 받은 사실이 뒤늦게 확인돼 이덕훈에게 초대 우리은행장 자리를 내주고 만다. 준비된 자에게 기회는 또 오기 마련이다. 삼성증권 사장, 삼성구조조정위원회 위원으로 일하던 황영기는 2004년 2대 우리금융지주 회장 겸 우리은행장으로 낙점된다.

2008년에도 초대 금융위원장 1순위 후보로 거론되던 황영기는 그러나 청와대의 최종 심사를 받는 동안 후보에서 탈락한다. 정치색이 강한 게 탈이 됐다고 한다. 실제 그는 2007년 대선 직전 한나라당을 공개적으로 지지하는 발언을 하기도 했다. 이명박 정부의 경제브레인 으로 활약했던 실세 백용호는 황영기의 전력을 부담스러워했던 것으 로 알려졌다. 백용호는 합리적 실용주의자였다. 금융위원장은 야당에 서도 반대하지 않는 인사를 선임하는 게 득이 된다고 주장했다. 금융 위원장 인선 발표 직전일, 청와대에선 백용호가 금융위원장에 오른다 는 이야기가 돌기도 했다. 그만큼 초대 금융위원장 인선에 우여곡절 이 많았다.

전광우 역시 실력면에서 이미 준비된 자임에 틀림없었다. 서울대 경 제학과를 졸업한 그는 유학 길에 올라 미국 인디애나대학에서 경제학 석박사 학위를 따낸 뒤 인디애나주립대, 미시간주립대 교수로 일한다. 이후 국제부흥개발은행(IBRD)의 수석연구위원으로 활동했다. IBRD 수 석연구위원 시절이던 1998년, 그는 우리 정부로부터 외환위기 수습에 힘을 보태달라는 요청을 받는다. 이에 그해 급거 귀국, 부총리겸 재정 경제부 장관 특보를 맡는 것으로 관가와 인연을 맺었다. 그 후로는 국 제금융센터소장, 우리금융지주 부회장, 금융발전심의회 위원, 딜로이 트 코리아 회장 등으로 일했다. 일각에선 이명박 대통령과 교분이 깊던 사공일 전 장관이 그를 천거한 것이 인선에 결정적인 영향을 미쳤다 고 주장한다. 어쨌든 전광우는 청와대에서도 반대하는 이가 별로 없었 다고 한다. 당시 청와대 인선라인은 미국의 서브프라임 모기지론 사태 가 금융위기로 번질 경우 국제금융통인 그가 위기수습에 큰 역할을 할 수 있다고 믿었다 한다. 풍부한 경제금융지식에 더해 말끔한 용모와 수

려한 언변을 갖춘 전광우야말로 준비된 금융위원장이라고 평가했다고 한다.

하지만 글로벌 금융위기의 단초가 됐던 리먼 브라더스 사태는 그의 직무능력을 시험에 들게 했다. 그는 금융위원장을 맡는 동안 국제금융시장의 신용경색으로 말미암아 발생한 외화유동성 부족에 제대로 대응하지 못한다는 비판을 받는다. 시장과 언론은 관치경험 부족, 위기프로세스 대응 능력 부재를 문제 삼았다. 위기수습 경험이 있는 관료가 필요하다는 대안이 제기됐다. 리더십을 지적한 것이었다.

실제 당시 관료들은 전광우 식 리더십에 적응하지 못했다. 일사불란한 움직임이 없었다. 때문에 위기진화 대책을 추진하는 데 있어 금융감독원에 이니셔티브를 빼앗기는 일이 잦았다. 결국 기대를 모았던 전광우는 만 1년을 채우지 못하고 이듬해인 2009년 1월 진동수에게 바통을 넘기고 만다. 민간인 출신의 금융위원장을 선임해 관치에 새바람을 넣겠다는 애초 이명박 정부의 구상은 실패로 끝나고 말았다. 이명박 정부의 인선은 사실 파격이었다. 초대 금융위 부위원장마저 이창용 교수를 선임하면서 금융위 정무직 인사를 모두 민간인 출신으로 채웠다. 역대 정부는 초대 금융감독위원회 부위원장에 대선캠프 출신의 대학교수를 선임하기는 했지만 금융당국 수장만큼은 관치경험이 풍부한 관료를 임명해왔다.

2008년 글로벌 금융위기와 저축은행 구조조정

미국의 대표적인 투자은행인 리먼 브라더스가 서브프라임 모기지론 부실 여파로 2008년 9월 파산해 세계경제에 암운을 드리우고 있을 무렵이었다. 금융당국은 저축은행 부실을 감지한다. 부동산 경기는 2008년부터 꺾이기 시작했다. 부동산 시세가 떨어지는데, 부동산 프로젝트파이낸싱(약칭 PF)사업이 제대로 진행될 리 없었다. 부동산은 이미 2년전부터 과열 조짐이 있다는 보고가 나오던 터다. 이 사업에 뒷돈을 댔던 저축은행들이 '된서리'를 맞았다는 보고가 올라오기 시작했다.

감독당국은 2009년 97개 저축은행의 대출자산을 대상으로 전수 조사에 나선다. 결과는 예상대로였다. 자산의 60~70%가 PF 대출자산이었고, 이 중에 절반 이상이 돈을 다 되돌려받을 수 없는 사업에 대출돼 있는 것으로 확인됐다. 금융위원회와 금융감독원은 부실화가 우려되는 PF 대출채권을 현가(true sale)로 계산해 자산관리공사(KAMCO)가 이를 우선 인수하도록 하고 저축은행에 필요한 만큼의 대손충당금을 쌓도록 한다. 당시만 해도 저축은행의 재무상태는 영업정지 조치를 받을 만큼 부실화되지는 않은 것으로 나온다. 물론 이것도 회계조작의 결과였지만 말이다.

2011년 이후 실시된 정밀검사 결과 저축은행들은 고정이하여신(연체 3개월)을 요주의 여신으로 분류하는 식으로 회계를 조작해 BIS 자기자본비율 기준을 맞추고 있었다. 부질없는 이야기이지만, 애초 저축은행 구조조정은 2009년에 단행하는 것이 옳았다. 그러나 당국은 저축은행에 생명연장 프로그램을 가동한다. 자신이 책임자로 있는 동안

만은 저축은행에 문제가 발생하지 않도록 대증요법으로 대응했다. 독자생존이 불가능한 저축은행을 그보다 사정이 좀 나은 다른 저축은행이 인수하게 하는 식으로 구조조정을 미뤘다. 부산저축은행이 대전저축은행을 인수하는 등 저축은행의 계열화를 허용한 조치 역시 대증요법 중 하나였다.

저축은행 사태의 심각성은 아이러니하게도 정치적인 의도로 의심받던 감사원의 부산저축은행 기획감사를 통해 드러난다. 2010년 6월 감사원은 부산저축은행 등 4개 저축은행을 상대로 기획조사에 들어간다. 이 조사를 통해 당국은 저축은행의 재무상황을 제대로 파악할 수 있게 된다.

감사원의 기획조사는 사실, 이명박 정부가 호남 사람이 대주주로 있는 부산저축은행을 손보기 위해 벌인 '꿍꿍이'란 의혹을 받고 있었다. 부산저축은행은 부산에 본거지를 두고 있었지만 광주일고 출신들이 대주주로 있었다. 2대 주주 박형선 해동건설 회장은 고 노무현 대통령과 친분이 두터웠던 사이로 알려졌다. 감사원은 박 회장이 박연호 부산저축은행그룹 회장 등과 짜고 자신이 소유하던 특수목적회사(SPC, Special Purpose Company)를 동원해 경기도 시흥에 위치한 영각사 납골당 사업에 1,280여억 원을 불법 대출한 혐의를 잡고 있었던 것으로 전해졌다. 감사원 조사에서 혐의가 드러나지 않자, 이 조사는 국세청과 검찰 손을 차례로 거친다. 검찰은 이듬해 혐의를 잡고 박 회장을 구속 기소한다. 이 혐의에 대해 박 회장은 1심에서 유죄 선고를 받지만 2심에선 무죄판결을 받는다. 대법원 상고심에서도 무죄확정 판결을 받는다. 박 회장은 다만, 세무조사를 받게 된 부산2저축은행 임원의 친척에게 이를 무마해주겠다며 1억 5,000만 원을 수수한 혐의에 대해서는 유죄가 인정돼 징역 1년 6개월과 추징금 1억 5,000만 원을 선고받는다.

저축은행의 부실화 문제가 공론화되고 있을 무렵인 2010년 10월, 시중에는 부실 저축은행 7~8곳이 영업정지를 당할 것이란 소문이 도는 등 불안한 기운이 감돌았다. 금융당국은 이에 대해 "사실이 아니다"라며 발뺌했다. 하지만 실제로는 이 문제의 처리를 놓고 고심에 고심을 거듭하고 있었다. 촌각을 다퉈 문제해결에 나서야 했지만 청와대와 금융당국은 견해 차이를 좁히지 못했다. 진동수 금융위원장은 저축은행 부실을 해결하려면 공적자금 투입이 불가피하다는 입장이었다. 반면 청와대 창구인 최중경 대통령 비서실 경제수석은 "공적자금 투입이 불가하다"며 다른 대안을 찾아달라는 입장을 견지한다. 이러는 사이 시장에선 저축은행 살생부가 돌고 있었다. 금융당국은 2010년 한 해가 지나도록 해법을 내놓지 못했다.

결국 이명박 정부는 사고대책반장 김석동 카드를 꺼낸다. 2010년 12월 31일, 김석동은 3대 금융위원장으로 발탁된다. 재정경제부 1차관에서 물러난 지 근 3년 만이었다. 그는 1979년 관료로 첫발을 내디딘 후 우리나라에서 출몰한 금융위기란 위기에 다 투입돼 특급소방수로 활약했다. 재무부 외환국에서, 이재국에서, 금융감독위원회 감독정책국에서, 재정경제부 금융정책국에서 각각 일하는 동안 그의 손을 안 거친 대책이 없을 정도로 일복이 많았다.

2010년의 마지막 날과 신년 연휴를 저축은행 사태 해결방안을 짜는 데 골몰했던 김석동은 2011년 1월 3일, 출근과 동시에 저축은행 대책반을 꾸릴 것을 지시한다. 기동성과 보안성, 업무집중도를 유지하기 위한 조치였다. 일사불란한 대응이 이뤄지기 시작한다. 2011년 1월 14일, 마침내 저축은행 구조조정의 시작을 알리는 신호탄이 쏘아진다. 이날 금융위원회는 삼화저축은행에 대해 영업정지 명령을 내린다. 전광석화 같은 조치였다.

김석동은 이 같은 중대 사항을 결정하고도 대내외에 발표하기 앞서 겨우 한 시간 전에야 청와대에 이 사실을 알린다. 이는 그가 늘 하는 일 처리 방식이었다. 정치적으로 민감한 사안일수록 그는 정권의 눈치를 보지 않았다. 미리 이를 고지할 경우 일이 틀어질 수 있다고 봤기 때문이다. 앞서 김석동 역시 청와대에 공적자금 투입을 요청한다. 하지만 청와대의 입장에는 변함이 없었다. 청와대는 저축은행 구조조정 용도로 정부가 직접 채권을 발행해서는 안 되며, 예금보호공사 발행채권에 대해 정부가 보증을 서는 것도 안 된다는 입장이었다. 이명박 정부는 그만큼 정치적으로 매우 곤란한 처지에 있었다. 이명박은 경제대통령을 표방했지만 경제는 점점 어려워졌다. 정부 출범과 동시에 글로벌 금융위기를 맞아 제2환란을 우려하게 했다. 경제 불안이 계속되는 가운데 또다시 공적자금 투입을 운운할 경우 정치적으로 치명상을 입을 수 있다고 판단한 것 같다.

결국 김석동은 우회로를 택한다. 삼화저축은행의 영업정지 사태 이후 정치권의 관심이 금융시장에 쏠려 있는 틈을 타, 그는 참모 정은보 금융정책국장과 예금보호기금을 만지작거린다. 부실 저축은행 구조조정에 공적자금을 직접 투입하는 대신 금융업계가 갹출해 적립해놓은 예금보호기금을 구조조정 자금으로 활용하는 방안을 궁리한다. 일종의 수익자 부담 원칙을 적용한 것이다. 하지만 예상대로 저항이 만만치 않았다. 은행과 보험회사가 일제히 반발했다.

"저축은행들이 떠안아야 할 짐을 왜 은행, 보험사가 져야 하느냐"는 논리였다. 저축은행들이 갹출한 기금만으론 부족해 택한 방책이었지만 무리수가 없는 것은 아니었다. 예금보호기금은 금융권역별로 따로 적립되고 있었다. 저축은행들이 초래한 문제를 타 금융권이 떠안게 해선 안 된다는 주장은 틀린 지적이 아니었다.

당국은 갈등의 골이 깊어지기 전에 서둘러 수정안을 내놓는다. 저축은행의 건전화를 지원하기 위해 예금보험기금 안에 상호저축은행 구조조정 특별계정을 설치하고, 사용목적을 저축은행 구조조정으로 한정하는 방안이었다. 정부 출연으로 예금보험기금도 확충한다. 당국은 금융권이 각 권역별 계정에 예금보험료를 납부하되 보험료의 일부를 특별계정에 55 대 45 비율로 납부토록 하는 내용의 예금자보호법 개정안을 마련한다.

다만 저축은행은 특별계정에 100% 납부토록 했으며 저축은행 구조조정 특별계정은 부실이 해소될 것으로 예상되는 2026년 말까지 효력을 유지토록 했다. 저축은행 사태 책임추궁에 여념이 없던 야당도 삼화저축은행에 이어 부산, 대전저축은행 등이 잇따라 문을 닫자, 법안에 찬성한다. 실탄을 마련한 금융당국은 구조조정에 속도를 내기 시작한다. 당국은 2011년 상반기에 모두 7개 저축은행에 대해 영업정지 명령을 내린다. 이어 그해 하반기엔 뱅크런(예금인출) 사태를 맞은 울산, 경은, 토마토, 제일 등 7개 저축은행을 추가로 구조조정한다. 이듬해인 2012년엔 저축은행 업계의 대마로 불리던 솔로몬을 비롯해 한국

· 미래 · 한주 · 토마토2 · 진흥저축은행마저도 정리했다.

전 금융권에 번질 것 같던 화염은 이렇게 해서 진화됐다. 시장은 김석동의 재임 2년 동안 마술 같은 구조조정을 지켜봤다. 한편 저축은행 구조조정은 현직 대통령의 친형이자 여당의 정치거목이던 이상득을 감옥행에 이르게 한다. 이상득 전 의원은 저축은행 구조조정이 한창이던 때 저축은행으로부터 불법자금을 수수한 혐의로 기소돼 유죄를 선고 받고 1년 2개월간 수감생활을 해야 했다.

저축은행 부실 사태와 국감장의 이전투구

2011년 4월 20일, 국회 정무위원회 저축은행 청문회장. 김석동 금융위원장, 진동수·전광우 전 금융위원장, 윤증현 기획재정부 장관, 진념·이헌재 전 경제부총리, 김종창 전 금융감독원장, 권혁세 금융감독원장 등 당시 전·현직 경제수장들이 증인석 맨 앞줄에 나란히 앉았다. 진풍경이었다.

"증인 한 사람 때문에 민의를 대변하는 국회가 이런 식으로 운영되는 것은 국민에게 부끄러운 일입니다."

한나라당 김영선 의원이 이헌재 전 경제부총리를 몰아세운다. 무슨 악연인지, 이 전 부총리의 서울대 법대 후배인 김 의원은 청문회 때마다 이헌재의 킬러가 됐다.

"내가 그렇게 대단한 사람이라고 생각합니까? 적어도 전·현직 금융경제 책임자를 불러 증언을 들을 때에는 모양을 갖춰달라는 말씀을 드린 것뿐입니다."

이헌재가 응수했다. 한나라당 의원들은 이헌재가 재정경제부 장관 시절인 2000년 4월 시행한 예금자보호한도 확대, 저축은행 명칭 변경 등 저축은행 활성화정책이 부실의 원인이 됐다며 쏘아붙인다. 그러자 이헌재가 반박했다.

"손자에게 문제가 생겼는데 학교 선생님이 할아버지한테 와서 책임지라는 것과 똑같은 것입니다. 그 당시 시점에선 최선의 정책 방향이었다고 생각합니다. 지금도 방향 자체가 큰 틀에서 잘못됐다고 생각하지 않습니다."

2011년 4월 20일 국회 정무위원회에서 열린 저축은행 부실화 원인규명 및 대책마련을 위한 청문회에 전·현직 금융당국 수장들이 참석해 책임 추궁을 받고 있다. (왼쪽부터) 김석동 금융위원장, 진동수·전광우 전 금융위원장, 윤증현 기획재정부 장관, 진념·이헌재 전 경제부총리, 김종창 전 금감원장, 권혁세 금감원장이 나란히 자리한 가운데 진념 부총리가 자리에서 일어서 선서하고 있다.

곁에 앉았던 진념 전 부총리도 거들었다.

"과거 저축은행 활성화 대책이 현재의 부실과 무슨 관계가 있습니까. 현 부실의 주범으로 지목하는 것은 이해할 수 없습니다."

윤증현 장관은 금융감독위원장으로 재작하던 2005년 11월, '88클럽' 우대조치를 주도했다는 이유로 주로 야당 의원들의 집중 공격을 받는다. 일부 여당 의원들은 그 조치가 노무현 정부 시절 단행된 것이라는 점에 주목해 그를 공격했다. 윤증현은 이래저래 여야 의원 모두의 공세를 받았다.

"당시로선 최선의 합리적 선택이었습니다. 그렇지만 정부정책이 완벽하지 않았다고 질책한다면 부인하지 않겠습니다. 해당 조치가 미칠 효과에 대한 고민이 부족했다는 지적은 상당히 일리가 있습니다."

윤증현은 거듭된 공세에 두 손 들고 승복한다. 이날 청문회는 저축은행 부실 원인을 규명하기 위한 자리였다. 하지만 여야는 제사보다는 잿밥에 더 관심이 있는 듯했다. 증인들을 사이에 두고 서로 갈려 '네 탓' 공방을 퍼부었다. 여당인 한나라당(현 새누리당)은 저축은행 부실이 김대중·노무현 정부 시절 이뤄진 규제완화 조치 때문이라고 주장하면서 이헌재를 타깃 삼아 집중 공세를 퍼부었다. 그가 두 정부에서 금융감독위원장, 재정경제부 장관(김대중 정부), 경제부총리 겸 재정경제부 장관(노무현 정부)으로 일한 때문이었다.

반면 야당인 민주당(현 더불어민주당)은 이명박 정부가 제때 대응하지 못해 부실이 확대돼 일어난 사고라는 점을 부각시키면서 윤증현 장관을 물고 늘어졌다. 앞서 여야는 청문회 직전 증인출석 문제를 놓고도 옥신각신했다. 이헌재의 증인출석 문제를 놓고 다퉜다. 국회의 증인출석 요구 통지서가 이헌재 자택으로 발송됐다가 반송된 것이 발단이었다. 이헌재는 일주일간 집을 비운다는 이야기와 함께 두문불출한 것으로 확인된다. 그러자 여당은 이헌재 없는 청문회는 의미가 없다며 6월 말 검찰 수사결과가 나오면 그때 다시 출석요구를 하겠다고 벼른다. 이헌재는 버텨보려고 했지만 결국 증인석에 나온다. 이헌재는 그렇지만 윤증현 기재부 장관이 없는 자리에는 나갈 수 없다며 당일 기재위 국감장에 나갔던 윤증현이 돌아오는 시점에 맞춰 출석한다.

DTI와 LTV가 관치의 성공 선례였다면 1998년부터 2005년 사이에 단행된 저축은행에 대한 일련의 규제완화 조치는 관치의 실패사례로 기록돼야 할 것 같다. 당국의 섣부른 규제완화와 감독실패는 2011~2012년 중 26개 저축은행의 영업정지 사태를 낳는 화근이 됐다. 저축은행 구조조정에 투입된 돈만 26조 원에 달했다. 금융당국은 1998년 1월 시중은행에 대한 여신금지업종을 폐지한다. 1974년부터 시중은행에 금지했던 음식, 여관, 주점 등 사행성업종에 대한 대출규제를 푼 것이었다. 금융자율화 일환으로 시행한 이 조치는 그러나 저축은행의 경영난을 가중시키는 원인이 됐다. 이 부문 대출은 저축은행 등 제2금융권의 먹거리 사업이었는데, 은행이 진출하면서 시장을 빼앗기고 만다.

여신금지업종이 폐지되면서 은행들은 개인사업자(SOHO, Small Office Home Office)에 대한 대출을 급격히 늘렸다. 2001~2003년 중 은행의 소호대출 잔액 변화는 당시 분위기를 잘 설명해준다. 소호대출은 2001년 말 47조 7,000억 원에서 2003년 말 85조 8,000억 원으로 2년 만에 1.8배로 급증한다. 당시 소호대출은 전체의 4분의 3이 기업대출로, 나머지 4분의 1이 개인대출로 분류되고 있었다. 이를 감안하면 실제 소호대출은 최소 100조 원 이상이었을 것으로 추산된다. 이는 시중은행이 저축은행시장을 얼마나 잠식하고 있었는지를 보여주는 방증이다. 이에 더해 외환위기 이후 은행들은 서민가계대출에 뛰어들고 있었다. 저축은행의 영업환경은 급속도로 악화되기 시작한다. 자본력이 뒤쳐지는 저축은행들로서는 은행과 경쟁하기 위해 예금금리를 높이고, 대출금리를 내리는 등 무리수를 둬야 했다.

김대중 정부는 이런 사정을 알았는지 저축은행에 당근을 쥐어준다. 2001년 저축은행의 예금자보호한도를 시중은행과 똑같이 1인당 5,000만 원으로 높여줬다. 2002년 3월엔 법을 고쳐 상호신용금고란 이름을 상호저축은행으로 바꿀 수 있게 했다. 이전까지 저축은행들은 상호신용금고 이름으로 영업을 하고 있었다. 명칭을 변경해준 것은 새 출발을 돕기 위해서였다. 2000년 초반 진승현·이용호·정현준 게이트 등 3대 벤처비리가 터지면서 신용금고는 고객들로부터 외면당하고 있었다. 이들이 주가조작에 사용한 돈이 신용금고에서 불법으로 흘러나온 것으로 밝혀졌기 때문이다. 정부가 저축은행의 예금자보호한도를 증액하고, 신용금고라는 낙인을 떼어준 덕에 상황이 바뀌기 시작한다. 날개를 단 듯 저축은행 예금이 불어나기 시작했다. 서민들뿐만 아니라 부자들도 금리가 높은 저축은행에 5,000만 원씩 쪼개 예금을 맡겼다.

2005년 11월 단행된 당국의 규제완화는 결정적인 한 방이었다. 금융당국은 '제로베이스 금융규제 개혁방안'을 발표하면서 98건의 규제를 완화하거나 폐지했다. 그중 하나가 '88클럽' 대출 완화였다. 88클럽은 자기자본비율 8% 이상, 고정이하(연체 3개월) 여신비율 8% 이하인 저축은행을 일컫는 말이었다. 저축은행은 한 법인에 최대 80억 원까지만 대출해줄 수 있었다. 금융당국은 그러나 88클럽은 우량 저축은행이라 해서 이 규제를 없앴다.

이 조치는 사실 프로젝트파이낸싱 투자에서 큰 수익을 남기려던 저축은행 업계가 정치권을 상대로 집요한 로비를 벌인 끝에 거둔 결실이었다. 규제에서 벗어난 저축은행들은 서민대출 금융기관이라는 본연의 역할을 망각한 채 부동산거품에 편승해 돈벌이에 나선다. PF에 전체자산의 60~70%를 쏟아 부었다. 금융당국은 당시 규제를 풀면서 "영원활동 규제는 최대한 풀어주되, 건전성 감독을 더욱 강화해 부작용을 차단하겠다"고 밝혔다. 하지만 약속을 지키지 못했다. 저축은행의 과도한 자산 쏠림 현상을 지켜보면서도 이를 제지하지 않았다.

저축은행들은 또 88클럽 기준을 맞추기 위해 후순위채권을 마구잡이로 팔아치웠다. 부동산 거품이 꺼지면서 PF 대출자산은 대부분 부실화된다. 부채가 자산을 초과할 수밖에 없었다. 후순위채권은 서민에게 폭탄이 돼 돌아왔다. 저축은행이 발행한 후순위채권을 원리금이 보장되는 시중은행 저축상품인줄 알고 투자했던 10만여 명은 이로 인해 피눈물을 흘려야 했다. 지배구조가 취약했던 저축은행에 대한 감독부실도 문제를 키웠다. 대주주는 저축은행

자산을 제 주머니 쌈짓돈마냥 유용하는가 하면, BIS 자기자본비율을 끌어올리기 위해 분식회계를 일삼고 있었다. 금융감독원은 문제의 저축은행을 상대로 감사를 벌이고도 이를 적발하지 못했다.

금융감독원은 당시 저축은행업계의 대마(大馬)로 불리던 곳을 상대로 사냥에 들어갔던 2011년 하반기에 가서야 기존 감사 방식으로는 회계조작을 적발할 수 없다는 사실을 깨닫는다. 2011년 7월 금감원은 내부 인력 179명, 예금보험공사 인력 60명, 회계법인 외인부대 인력 100명 등 총 339명의 검사인력을 꾸려 28개 부실 저축은행을 상대로 일제히 감사에 들어갔다. 사상 최대 규모로 꾸려진 검사인력이었다. 이들은 17주간에 걸쳐 감사를 진행한다. 이를 통해 분식회계가 얼마나 치밀하고, 계획적으로 진행되고 있는지를 확인한다.

"사업이 불가했던 PF 사업이 순항하는 것인 양 회계처리되고 있었다. 고정이하여신을 요주의로 평가했다. 대출 회수가 불가능한 채무자에게 증액대출을 해 부실을 감췄다. 부도덕한 대주주와 경영인들은 자산을 빼돌리기 위해 무려 60회에 걸쳐 자금세탁을 하기도 했다. 제한된 검사 인력으로 1주일간 실시하는 기존의 감사 방식으로는 도저히 적발해내기 어려운 구조였다."

당시 저축은행 감사를 총괄했던 한 당국자는 이렇게 회상했다. 저축은행 부실은 숲을 보지 않고 나무만 바라봤던 관치의 총체적 실패에서 비롯된 재앙이었다.

관치를 위태롭게 한 인사개입, KB금융 수난사

1997년 외환위기 이후 관치행보에 있어 불편한 진실 가운데 하나는 당국의 인사개입이다. 최대 피해자는 KB국민은행이었다. 잘못된 인사가 KB금융의 성장판을 훼손했다. 고 김정태 국민은행장을 비롯해 역대 CEO 가운데 당국으로부터 징계를 받지 않은 인사가 없다. 징계는 곧 퇴진으로 이어졌다. 당국이 퇴진을 압박하기 위해 징계를 내렸다는 지적을 받는 것도 이 때문이다. 또 하나 주목해야 할 점은 징계를 받고 물러난 CEO 모두 외부에서 수혈된 자들이라는 것이다. 선임 당시부터 낙하산 인사라는 비판을 받았다. 대부분 새 정권 출범 후 된서리를 맞았다는 공통점도 있다. 관치의 인사개입과 인사실패란 비판은 그래서 나왔다.

김정태·강정원 국민은행장, 황영기·어윤대·임영록 KB금융지주 회장, 이건호 KB국민은행장 등 최고경영자들이 잇따라 불명예 퇴진한다. 2001년 국민은행과 주택은행 간 통합 이후 초대 은행장을 역임했던 김정태 행장은 국민카드를 합병하는 과정에서 회계기준을 위반했다는 이유로 2004년 9월 중징계에 해당하는 문책경고를 받는다. 때문에 재임기간 중 경영성과를 토대로 그해 10월 연임을 추진하던 김 행장은 계획을 접고 짐을 꾸려야 했다. 2008년 9월 지주회사 설립 후 초대 회장에 올랐던 황영기 회장도 1년 만인 이듬해 9월 직무정지 상당의 중징계를 받고 중도 퇴임했다. 우리금융지주회장 겸 우리은행장 시절 1조 원대 파생상품 투자를 결정했다가 손실을 입혔다는 이유로 발목이 잡혔다.

김정태 행장 후임으로 2004년부터 행장으로 일했던 강정원도 2009년 행장직 3연임과 KB금융지주 회장직에 도전하다가 역시 조용히 물러난다. 자신에 대해 문책경고 상당의 징계가 내려질 것임을 알게 되면서다. 징계사유는 재임기간 중 카자흐스탄 BCC은행에 투자해 손실을 자초하고, 금융 사고를 축소 보고했다는 것이었다.

이명박 정부 실세 중 실세로 지목되며 KB금융지주 회장에 올랐던 어윤대 역시 새 정권 들어 징계를 피하지 못했다. 그가 영입했던 경기고 후배 박동창 당시 금융지주 부사장이 주주총회 안건 분석기관인 ISS(Institutional Shareholder Service)에 내부정보를 건넨 것이 발단이 돼 관리책임 부실을 이유로 주의적 경고를 받는다. 박 부사장은 ING생명 인수가 사외이사들의 반대로 무산되자, 이에 대한 보복성으로 일부 사외이사들의 선임과 연임을 막기 위해 ISS측에 미공개 정보를 흘린 혐의를 받았다.

어 회장의 바통을 이어받았던 재경부 차관 출신의 임영록 회장도 2014년 9월 국민은행 주 전산시스템 교체를 둘러싼 감독의무 태만과 경영진 내분 등을 이유로 이건호 행장과 함께 중징계를 당한다. 임 회장은 중징계에 불복하고, 법정에서 진실을 가리겠다고 버텼지만 오래가지 못했다. 불명예 퇴진 사유는 저마다 달랐다. 하지만 이들 모두 CEO에 선임될 당시부터 낙하산 인사라고 지적받던 이들이란 공통점이 있다.

이 가운데 김정태 행장의 낙마는 여러모로 석연치 않은 구석이 많다. 김 행장은 2004년 10월 임기만료를 앞두고 2002~2003년 경영실적을 지렛대 삼아 연임에 도전한다. 하지만 그는 금융감독원과 갈등하고 있었다. 금감원의 김중회 부원장, 김대평 은행검사2국장은 김정태의 분식회계를 계속 문제 삼았다. 2004년 8월 25일, 금융감독위원회 산하 증권선물위원회는 "국민은행이 2003년 회계결산과정에서 5,500억 원 규모의 회계기준을 위반했다"고 발표했다. 국민은행의 회계 위반 사실보다 더 큰 관심을 끌었던 것은 김정태 행장에 대한 징계 여부였다. 중징계를 받게 되면 연임의 꿈을 접어야 했기 때문이다.

증권선물위원회는 언론의 질문이 쇄도하자, "(회계위반은) 중과실에 해당하지만 고의성은 없는 것 같다. 김 행장에 대한 제재는 9월 10일 금감위에서 결정한다"고 설명한다. 국민은행에 제재가 있더라도 김 행장의 연임시도엔 문제가 없을 거란 뉘앙스의 답변이었다. 그러나 다음 날 금융감독원은 이런 분위기를 뒤집는다. 김중회 금감원 부원장은 기자회견에서 "국민은행의 회계위반은 중과실 3단계에 해당하며 김 행장에 대해서는 문책적 경고 이상의 중징계가 불가피하다"고 밝힌다. 이 발표를 계기로 김정태는 중징계를 받는 쪽으로 분위기가 급속히 기운다.

2004년 9월 9일 금융감독원 제재심의위원회는 김정태에게 '문책적 경고'라는 중징계를 내린다. 9월 10일 금융감독위원회에서도 결론은 바뀌지 않았다. 김 행장은 연임의 꿈을 접어야 했다. 문책적 경고 이상의 징계를 받으면 향후 3년간 금융기관 임원이 될 자격을 잃게 되기 때문이었다. 당시 윤종규 부행장(현 KB금융지주 회장)도 2003년 재무담당 임원으로 있으면서 회계처리에 중대과실을 범했다는 이유로 '감봉' 조치를 받아 국민은행을 떠나야 했다. 그러나 국민은행 분식회계 사건에 대한 일련의 처리과정을 추적해보면 정치금융의 속살을 보는 듯한 느낌을 지울 수 없다.

2003년 9월 국민은행·국민카드 간 합병 과정에서 불거진 분식회계 의혹 사건은 사실, 이정재 금융감독위원장 시절 이미 한차례 문제 제기됐던 것이다. 당국은 당시 "크게 문제 삼을 일이 아니다"라고 판단 내렸다. 그럼에도 감독당국은 이 위원장이 물러나고 윤증현 금융감독위원장이 새로 부임하자, 이를 재론해 중징계 수순을 밟는다.

이 건은 일반적인 징계 패턴과도 다른 양상을 보였다. 원래 당국의 징계수위는 하위 단계에서 높게 나오더라도 상위 단계로 올라가면서 낮아지는 게 보통이다. 징계 대상자의 적극적인 해명이 감안되기 때문이다. 하지만 김 행장 등에 대한 징계는 상위 단계로 올라가면서 오히려 강도가 높아진다. 증권선물위원회에서 '고의성 없는 회계과실'이라고 판단했던 사안이 금융감독원 제재심의위원회와 금융감독위원회에선 '중대 회계과실'로 결론 내려진 것이다. 이에 대해 일각에서는 김 행장이 당시 자신에 대한 당국의 징계를 막아볼 요량으로 정치권을 상대로 구명로비에 나선 것이 문제를 키웠다고 주장하기도 한다. 금융당국이 김 행장의 행보를 공권력에 대한 심각한 도전으로 받아들였다는 해석이다.

그러나 설사 김 행장의 구명로비가 사실이었다고 하더라도 당국의 잘못이 크다. '문제 없던 일'을 불과 수개월 새 '문제 있는 일'로 키운 게 바로 금융감독당국이었기 때문이다. 어쨌든 국민은행은 김 행장이 징계를 받은 뒤 인사가 꼬이기 시작한다. 조직이 불안해졌다. 궁극적으로 성장판이 훼손되고 만다. 국민은행과 주택은행, 장기신용은행 등이 합병해 최대 자산규모의 시중은행으로 부상했던 KB국민은행은 리

딩뱅크 지위를 확보할 수 있는 기회를 놓치고 만다. 수익성이나 성장성에서 경쟁은행인 신한은행, 하나은행에 미치지 못했다.

정권이 바뀔 때마다 CEO가 교체되면서 그 여파는 부행장 이하 임원들에게도 미쳤다. 행장 후보로 유력하던 부행장들이, 부행장 후보로 거론되던 본부장들이 어느 날 졸지에 실업자 신세로 전락한다. 반대로 이미 은행을 떠났던 인사들이 차기 회장체제에서 부행장으로 대거 복귀하는 일이 벌어졌다. 예측할 수 없는 불가사의한 인사가 반복됐다. 은행에선 한동안 "능력은 차선이다. 줄만 잘 서면 출세한다"는 자조가 흘러나왔다. 불안한 조직 위에서 미래 설계가 제대로 이뤄질 리 없었다. 한때 유력한 국민은행장 후보였던 한 인사는 이렇게 회고한다.

"언제부턴가 국민은행 인사는 예측가능성이 없어졌다. 핵심부서인 영업 · 심사 · 인사 · 종합기획 등의 부서장을 역임한 사람 넷 중 둘은 부행장이 되는 것이 일반적이다. 하지만 틀이 깨졌다. 국민은행이 월등한 자산을 갖고도 신한은행 등 경쟁사를 따돌리지 못한 것은 인사가 뒤틀어진 영향이 크다. 국민은행으로서는 참으로 불행한 일이다."

맛 좋은 밥을 지으려면 좋은 쌀, 좋은 물을 재료로 사용하고, 제대로 뜸을 들여야 한다. 한국 금융산업을 세계 일류로 키우는 작업도 마찬가지다. 역량 있는 인재를 등용하고, 꾸준히 국제금융부문의 전문인력을 양성해야 한다. 금융산업 발전을 저해하는 규제와 간섭을 중단하고, 공정한 경쟁의 장(場)을 만들어야 하는 것 역시 불문가지다. 서두른다고 될 일이 아니다. 원칙에 따라 움직이고 차분히 때를 기다려야 한다.

이 시대 금융리더들의 삶은 미래의 한국 금융을 짊어지고 나갈 후배들에게 좋은 본보기다. 부단한 노력과 인내, 창조적인 아이디어, 도전정신이 값진 미래를 여는 열쇠임을 가르쳐준다.

4부

미래금융 어떻게
준비해야 하나

CHAPTER 1

인재가 춤추는
시장 만들기

법과 원칙을 지키는 인사

정치는 국가의 미래를 설계하는 행위다. 정권은 이 역할을 충실히 수행할 책임이 있는 컨트롤 타워다. 따라서 정권은 짊어진 책임의 무게만큼 행보 역시 가벼워선 안 된다. 법치를 강조하는 정치권력은 그런데 왜 하나같이 법과 원칙을 무시하는지 이해할 수 없다. 금융당국의 수장은 임기제라는 사실을 모르고 있는 것 같다. 수틀리면 아무 때고 갈아치운다. 금융위원회 위원장, 금융감독원장, 금융위원회의 전신 금융감독위원회 위원장의 임기는 모두 3년이다. 금융위의 경우 현행 금융위원회설치법 등에 위원장의 임기를 3년으로 한다고 분명히 명시돼 있다. 나머지도 법시행령 등에 임기를 3년으로 한다고 적혀 있다. 다만 이 법에 '본인의 의사에 반하여 그만두게 할 수 없다'는 규정은 없다. 다시 말하면 다른 국무위원들처럼 인사권자인 대통령이 원하면 언제든 자를 수 있다는 이야기가 돼버린다.

그렇기 때문일까? 정권은 이렇다 할 설명도 없이 임기제인 금융위원장을 교체하곤 했다. 교체를 둘러싼 문제의 소지를 없애기 위해 위원장 스스로 사임했다는 형식을 빌리고 있다. 위법이 아니라면 편법이다. 이런 식이라면 왜 굳이 법에 임기를 정해놨는지 모르겠다. 1998년 금융감독위원회가 출범한 이래, 그리고 2008년 금융위원회가 출범한 이래 임기를 채운 금융당국의 수장은 윤증현(금감위원장 겸 금융감독원장 역임)이 유일했다. 또 2008년 금융감독위원회에서 금융감독원이 떨어져 나온 이래 임기를 마친 금융감독원장은 김종창뿐이다.

금융위원장이나 금융감독원장을 임기제로 한 것은 '소신껏 정책을 펴라'는 의미가 담겨 있다. 권력의 이해관계에 끌려다닐 경우 대의를 그르칠 수 있으므로 독립성을 부여한 것이다. 한국은행 총재에게 4년 임기를 부여한 것과 마찬가지다. 그럼에도 정권은 자신들의 정치적 목적에 따라 두 직위의 인사를 마치 일용직 근로자 부리듯 하고 있다. 정권이 바뀌면 이전 정부 사람이라 해서 갈아치운다. 관료들에게 정치 꼬리표를 붙인다. 사실, 이것처럼 어리석은 일이 없다. 코미디다. 필자는 지금까지 정치색이 분명한 관료를 만나본 기억이 없다. 박봉(薄俸)이지만 나라를 위해 일한다는 사명감과 자긍심으로 밤샘 일을 자처하던 관료들을 보았을 뿐이다. 관료에서 정치인으로 변신한 이들도 있는데, 그들은 대부분 당시 정치권력의 권유에 따라 집권당을 선택했을 뿐이다.

임기제인 금융당국 수장이라도 중대한 시장실패의 책임이 있다면 물러나는 게 맞다. 그런데 과거 금융당국 수장들의 낙마 배경을 돌아보면 그런 사례는 많지 않다. 금융당국 수장이 중도 하차한 뒤엔 이러쿵저러쿵 소문이 돌기도 했다. 실세의 인사청탁 요구를 거부했다거나, 선거를 앞두고 표심에 영향을 미칠 단기대책 주문을 외면했다는 등의 이야기가 흘러나왔다. 정권의 실세라는 자들의 청탁을 외면하는 금융당국자는 온갖 음해에 시달려야 했다. 그래서 금융당국 수장들 가운데선 "늘 가슴 한편에 사직서를 품고 다녔다"고 증언하는 이들이 많다. 이러니 금융정책이 제대로 설 리 없었다. 멀리 보고 정책을 펴지 못했다. 피해는 고스란히 시장으로 전가됐다. 금융회사에게 1차 피해가 돌아갔고, 2차 피해는 국민 몫이 돼버렸다. 정치권력이 진정으로 금융산업의 발전을 보고 싶다면 법에 명시된 대로 금융당국 수장의 임기부터 보장해야 할 것이다. 그것이 정권이 금융을 살리는 첫 행보가 될 것이다.

직을 걸고, 철학을 품고, 비전을 제시하라

금융당국은 정치권력과 금융시장을 연결하는 가교다. 따라서 금융당국은 언제나 중심을 잡고 있어야 한다. 확고한 자기철학이 있어야 한다. 그래야만 정권이 잘못된 길을 선택하더라도 이를 걸러낼 수 있다. 시장을 지킬 수 있다. 금융당국은 시장안정에 필요한 '여과지'여야 하고, '바람막이'가 돼주어야 한다. 따라서 이 조직의 리더를 누가 맡느냐는 매우 중요한 관건이다. 금융당국의 수장은 시장원리에 반하는 정책 강요 행위, 친소관계의 특정인을 배려하라는 인사청탁 행위 등 정권의 불편부당한 요구를 뿌리쳐야 한다. 그렇지 않으면 시장에 피해가 돌아가기 때문이다.

일신의 안위를 위해 자기철학을 포기해선 안 된다. 자신의 자리를 지키는 것보다 시장의 안정을 지키는 게 우선이라는 점을 결코 잊어서도 안 된다. 금융위원장, 금융감독원장 등은 소명의식을 갖고 비전도 제시할 줄 알아야 한다. 하지만 아쉽게도 1997년 IMF 외환위기 이후 2015년 현재까지 자기철학을 갖고 비전을 제시했던 수장들은 많지 않았다. 금융위기 진화 명령을 받고 투입돼 재임기간 내내 위기 수습에만 골몰했던 이들을 탓하는 게 아니다.

전시(戰時)가 아니라 평시를 경험했던 금융당국자들의 방만함을 지적하는 것이다. 이들에겐 분명한 기회가 있었다. 자기철학을 갖고 금융의 미래비전을 제시할 시간이 충분했다. 그러나 안타깝게도 이들은 숲을 보지 못했다. 2010년 이후 저축은행 부실 사태를 촉발했던 원인을 상기하면 씁쓸하다.

서민대출 금융기관인 저축은행에 부동산 PF 대출을 허용한 조치는 애초 잘못된 결정이었다. 저축은행에 먹거리 사업을 주자고 했다지만, 그것이 독약이 될 것이란 생각을 당국이 왜 못했는지 이해할 수 없다. 외환위기를 계기로 혼쭐이 난 은행들은 기업대출의 위험을 회피하자고, 가계대출을 늘리고 있었다. 중소 자영업자에 대한 대출인 소호대출시장에도 뛰어들었다. 이로 인해 뒤통수를 맞은 건 저축은행이었다. 은행에 그동안의 단골 고객을 빼앗긴 때문이다. 살 궁리를 찾던 저축은행이 다른 먹거리를 달라면서 불쑥 내민 요구였는데, 당국은 자세히 검토해보지도 않고 요구를 들어줬다. 저축은행이 서민대출 금융기관이란 것을 잠시 잊었던 걸까? 병의 원인을 진단하지도 않고, 대증요법으로 증세를 낮추려 했다. 영락없는 돌팔이였다. 결국 이것이 화근이 돼 저축은행 사태를 낳고 말았다.

비전을 제시하려면 전문성이 있어야 하는데, 전문성 제고를 위한 평소 노력이 부족한 것은 아닐까 싶다. 같은 맥락에서 전혀 필요치도 않은 지표를 재무건전성 기준으로 삼아 17년간이나 감독했다는 사실이 놀랍다. 재무건전성 강화가 말머리에 회자되던 1997년, 감독당국은 증권사와 자산운용회사에 영업용순자본비율(NCR, Net Capital Ratio)을 재무건전성 지표로 도입해 기준을 맞추도록 규제한다. 그러나 이 지표는 유행이 지나 천대받고 있던 것이다. 이 지표를 재무건전성 기준으로 활용하고 있는 곳은 전 세계적으로 손에 꼽을 정도다. 결국 NCR은 자본시장 발전에 방해가 된다는 논란 끝에 18년 만인 2015년 4월에야 폐지된다. NCR은 영업용 순자본을 총 위험액으로 나누어 산출하게 되는데, 3개월 안에 현금화하기 어려운 자산을 위험액으로 분류한다. 이 때문에 이 비율 하락을 우려한 증권사와 자산운용회사들은 해외시장 진출을 주저했고, 인수합병(M&A)에도 적극 나설 수 없었다. 금융당국이 만일 별 쓸모없는 NCR 규제를 도입하지만 않았더라도 우리나라 자본시장이 지금보다 10년은 앞서 나갔을 것이라고 전문가들은 입을 모은다. 혜안이 부족한 금융당국이 자본시장을 미로에 빠트렸다고 볼 수 있다.

사전규제는 과감히 풀고, 사후규제를 강화하는 방향의 제도 개선을 추진해야 하는 것은 아무리 강조해도 지나침이 없다. 영업활동을 제약하는 불필요한 규제가 금융회사의 경쟁력을 떨어트린다는 지적은 어제오늘 이야기가 아니다. 그럼에도 이런 문제제기가 지속되는 것은 금융위가 규제를 폐지하더라도 금감원이 감독규정 등 하위 규정을 고쳐 새로운 규제를 만들어낸 데 원인이 있다. 금융회사들이 다양한 상품을 개발해 서로 경쟁할 수 있도록 해줘야 한다. 그래야 더 좋은 상품이 나올 수 있다. 금융산업의 경쟁력을 높일 수 있다. 금융을 보호한다는 구실로 울타리를 쳐선 안 된다. 자율시장경쟁원리에 위배되는 시장개입은 금융회사의 질적 성장을 가로막을 뿐이다.

정치권력의 낙하산 인사 끊기

정치의 금융지배가 낙하산 인사에서 출발하고, 이것이 결국 금융산업을 삼류로 만든다는 주장을 폈다. 그렇다면 이러한 낙하산 인사를 근절하기 위해서는 어떤 노력과 장치가 필요한 것일까? 가장 확실한 것은 정권 스스로 금융기관 인사에 개입하지 않을 것임을 대내외에 선언하고, 이를 실천하는 것이다. 하지만 불행히도 그런 정권은 없었다. 문민정부 간판을 내걸었던 김영삼 전 대통령이 유일하게 인사개입을 않겠다고 약속했을 뿐이다. 물론 그 역시 끝까지 약속을 지키지는 못했지만 말이다.

낙하산 인사는 모든 정권이 반복하던 잘못이다. 관행이 돼버렸다. 이것이 금융산업을 좀 먹는다는 것을 알면서도 그렇게 했다. 담배가 건강에 해로운 줄 알면서도 흡연을 멈추지 않는 것처럼 말이다. 금융산업 발전에 방해가 될 줄 알면서도 끊지 못할 속사정이 있을지 싶다. 보은 또는 정치적 고려에서 정권의 입맛에 맞는 사람을 앉혔다. 조직폭력배들이 조직유지와 확장에 도움이 되는 인물에게 업소를 할당하듯 정권창출에 도움이 됐다 싶은 자들을 데려다 썼다. 이제 양심과 도덕에 기대어 자발적인 낙하산 인사 중단을 기대하기는 어려울 것 같다. 낙하산 인사를 막을 현실적인 대안을 찾아야 할 시점이다.

금융기관 CEO에 대한 자격요건을 한층 강화하는 조치를 고민해 볼 필요가 있다. '금융 경험이나 지식을 갖추고 있는 자' 정도로는 너무 모호하다. CEO 인사가 있을 때마다 논란이 있는 것도 이 때문이다. '관련 업종에서 최소 5년 내지는 10년간 근무경력이 있는 자' 등으로 좀 더 구체화할 필요가 있다.

CEO 선정과정이 제대로 이뤄졌는지를 검증할 수 있는 제도적 장치도 보완해야 한다. 이를 테면 은행장이나 지주회사 회장 후보를 누가, 어떤 이유로 추천했고, 어떤 논의과정을 거쳐 선출했는지 확인할 수 있도록 의사록 작성을 의무화하는 것이다. 의사록은 또 주주의 요구가 있거나 공익적 목적을 위한 경우 공개할 수 있도록 해야 한다.

'금융회사 지배구조 모범규준'은 은행장이나 금융지주회사 회장 등을 뽑을 때 후보추천위원회를 구성해 선출하는 것을 의무화하고 있다. 이에 따라 금융회사들은 소속 위원 또는 제3후보 추천기관을 통해 후보를 추천받고, 이들 가운데 후보를 압축한 뒤 면접을 거쳐 CEO를 선발하는 절차를 밟고 있다. CEO 선출과정의 투명성을 제고하기 위한 차원이다.

그러나 이러한 절차를 거치더라도 CEO 선출이 공정하다고 볼 수 없다. 어느 후보가 올라오든 일단 정치권력이 밀고 있는 특정인사가 후보에 오르면 자연스레 그가 CEO로 선출되는 모양새를 보여왔다. 따라서 CEO 후보추천위원회가 구성되는 시점부터 해산하는 시점까지 이들의 논의 내용을 기록해두는 것을 의무화한다면 정치권력의 인사 개입 여지는 줄어들 것이다. 일각에서는 CEO 선출 시 후보추천위원회 구성을 의무화하는 내용의 법제화를 추진해야 한다는 지적도 있다. 현행 제도가 여전히 미비한 것으로 평가되는 만큼 이에 대해서도 충분한 논의가 필요하다고 본다.

설립된 지 30년 이상인 금융기관은 내부인사를 CEO로 뽑는 것을 원칙으로 삼는 것도 낙하산 인사 고리를 끊는 대안 중 하나다. 낙하산 인사 논란과 관련해 최근 나타난 변화 가운데 하나는 산업은행, 수출입은행과 같은 국책은행 역시 논란의 중심에 서 있다는 것이다. 산업은행장이나 수출입은행장은 전통적으로 관련 직무경험이 풍부한 경제금융 관료들이 역임했던 자리다. 하지만 박근혜 정부 들어선 대통령의 대학 동문이 이 자리를 차지했다.

관료의 직무 경험을 필요로 하지 않는 자리라면 앞으로 이들 국책은행의 CEO는 내부인사 가운데 선발하는 것을 원칙으로 삼는 것이 어떨까 싶다. 산업은행은 1954년에 설립돼 2015년 기준 창립 61주년을 맞았다. 수출입은행은 1976년에 세워져 39돌을 맞았다. 이들 국책은행엔 수십 년간 국제금융 분야에서 실력을 키워온 금융 전문가들이 즐비하다. 국책은행 가운데 한 곳인 IBK기업은행이 벌써 2대째 내부인사로 은행장을 대물림한 것처럼, 앞으로 두 기관의 CEO도 내부 인사 가운데 발탁하는 것이 경영합리화에 도움이 될 것이다.

사외이사 자격조건을 구체화하라

금융회사 사외이사는 일반기업 사외이사보다 훨씬 책임이 막중하다. 사외이사가 책임을 방기하면 당해 금융회사의 부실을 초래할 뿐만 아니라 금융시스템 전체를 위험에 빠트릴 수 있기 때문이다. 특히 은행의 경우 예금자 등 다양한 이해관계자에 대해 추가로 책임을 져야 한다. 따라서 금융회사 사외이사는 반드시 전문성을 갖춘 적임자를 뽑는 노력이 필요하다. 금융당국이 금융회사의 견고한 지배구조를 강조하면서 금융회사 사외이사 자격을 강화하는 내용의 제도보완을 지속하는 것도 이런 맥락이다.

하지만 현행 사외이사제도는 금융회사의 건전한 발전을 도모하기 위한 제도로 보기엔 모자람이 없지 않다. 사외이사에 대한 명쾌한 자격요건이 나오지 않은 때문이다. 2014년 11월 금융위원회가 마련한 '금융회사 지배구조 모범규준' 역시 기대에 못 미친다. 사외이사의 자격요건이 모호하다. '독립성을 갖추고 금융, 경제, 경영, 회계 등 관련 분야에서 충분한 경험과 지식을 갖추고 있는 자'라는 조건을 두었다. 하지만 이는 2010년 첫 모범규준이 나왔을 때 '금융관련 경력 10년 이상'으로 적극 자격요건을 뒀을 때보다 후퇴했다는 지적을 받는다. 물론 이 경우에도 '금융경력'을 과연 어떻게 해석하느냐의 문제제기가 따른다.

어찌 됐든 이렇다 보니 2014년 모범규준이 나온 지 석 달 만에 당국을 비웃는 듯한 인사가 나왔다. 금융 전문가가 아니라 정치 전문가들이 사외이사로 부임했다는 비판이 쏟아졌다. 2015년 봄, 우리은행이 단행한 사외이사 인사를 두고 나온 말이다. 은행 및 은행지주회사의 사외이사 임기를 2년에서 1년으로 축소하고 겸직을 제한한 것은 사외이사의 '자기 권력화'와 사외이사와 경영진 간 유착을 막기 위한 것이라고 당국은 설명하지만 이 역시 공감하기 어렵다. 경영참여 성과를 바탕으로 1년에 한 번씩 재신임(최장 5년) 여부를 묻겠다는 것인데, 사외이사 역시 임기가 불안하면 소신껏 일하기 어렵다는 점을 간과한 것 같다. 사외이사를 자주 교체하면 사외이사의 전문가적 식견을 살리기 어렵고, 금융회사들이 사외이사 재선임 부담을 진다는 점도 고려할 필요가 있다.

우리나라 금융회사들이 세계적인 조류에 반하는 방향으로 사외이사를 선임하고 있는 것은 우려할 만하다. 세계적인 신용평가회사인 무디스에 따르면 글로벌 금융기관들은 2008년 금융위기 이후 금융인을 사외이사로 선임하는 추세다. 무디스가 BOA, JP모건, 씨티그룹, 모건스탠리, 골드만삭스, HSBC, BNP파리바 등 세계적인 금융기관 20곳의 사외이사들을 경력별로 분류한 바에 따르면 이들 기관의 금융업 경력자 비중은 2007년 32%에서 2010년 46%로 14%포인트 증가했다. 금융인의 전문성을 높이 사고 있다는 방증이다.

반면 2014년 9월 말 현재 우리나라 10개 은행지주회사의 사외이사 가운데 금융업 경력자는 7.8%에 그쳤다. 교수·학자가 41.2%로 가장 많았고, 관료 25.5%, 기업인 15.7% 순으로 비중이 높았다. 법조인은 금융인과 마찬가지로 7.8%였다. KB, 우리, 신한, 하나 4대 금융지주회사의 변화는 특히 주목할 만하다. 2013년 3월 말에서 2014년 9월 말까지 1년 6개월 새 공무원과 기업인, 법조인 비중이 소폭 감소한 대신 교수·학자 비중은 26.5%에서 50%로 껑충 뛰었다. 금융인 비중은 8.8%에서 12.5%로 소폭 증가하는 데 그쳤다. 금융인의 전문성을 간과하고 있는 것으로 받아들일 수 있다. 사실 이것은 사외이사 자격기준이 애매했던 것과 무관하지 않다. 다행스러운 것은 국회에서 3년간 먼지만 뒤집어쓰고 있던 '금융회사 지배구조에 관한 법률'이 마침내 국회를 통과해 2016년 8월부터 사외이사 자격에 적극요건이 도입되는 점이다. 이 법안에 사외이사 자격은 '대통령령이 정하는 금융관련 경력을 보유한 자'로 정해져 있는데, 금융당국은 법 시행일 전까지 사외이사의 전문성을 강화하는 방향으로 구체적인 시행령을 제정하겠다는 방침이다. 충분한 검토를 거쳐 부디 이번에는 더 완성된 결과물을 내놓기를 기대한다.

한국이라는 우물 탈출과 금융한류 심기

한국 금융산업의 미래성장을 담보하는 길은 우물에서 탈출하는 것이다. 해외로 진출해야 한다. 새로운 성장 동력을 확보하기 위해서는 해외진출을 통해 국제화를 추진하는 길밖에 없다. 국내금융시장은 이미 포화상태에 와 있다. 은행, 증권, 보험 등 금융기관의 성장성이 둔화하고 있는 것이 그 방증이다. 저금리 기조가 장기화되면서 은행은 더 이상 예대마진으로 수익을 내기 어려운 구조가 돼버렸다. 수익증권 판매, 방카슈랑스 등 부대사업 역시 성장률이 주춤한 지 오래다. 기업의 시설투자가 감소한 데 따른 여파로 가계대출자산을 지속적으로 늘리고 있는데, 이런 대출구조의 불균형이 잠재위험을 키우고 있는 실정이다. 증권사 역시 증권매매 중개수수료 위주의 수입 구조에서 탈피하지 못하고 있다.

보험사는 수입보험료의 성장 둔화와 자산운용수익의 역마진이라는 이중고를 겪고 있다. 성장이 아니라 위험분산을 위해서라도 이제 해외진출은 선택을 고민할 때가 아니라 필수인 상황이 돼버린 셈이다. 물론 준비 없이 나갈 수는 없다. 역량을 갖추지도 못했는데 국제무대에 나가서 싸우라는 것은 무기도 쥐어주지 않고 맨손으로 전쟁터에 나가라는 이야기와 다를 바 없다. 준비를 갖춘 금융회사에 한해서 차분히 해외 진출을 도모할 필요가 있을 것이다.

그렇다면 어떤 전략을 갖고, 어느 곳에 진출해야 성장 동력을 확보할 수 있을까? 가장 현실적인 대안은 신흥국에 진출하는 것이다. 위험요인을 최소화하면서 최소의 전문인력으로 시장에 진입할 수 있기 때문이다. 우리나라 금융기관은 유럽, 미국 등 선진 금융시장에도 통할 수 있는 경쟁력을 확보했다고 보기 어렵다. 이를 위해선 많은 준비와 노력이 필요한데 한국 금융기관들은 아직까지 선진 금융시장에 몇 개의 지점을 두고, 현지 정보를 파악하는 수준에서 벗어나지 못했다. 이는 그간 중장기 업무성과를 낼 수 있는 만큼의 과감한 투자가 없었던 데다 글로벌 금융인재마저 충분히 확보하지 못했기 때문이다. 미국, 유럽 등 선진국에 진출하려면 부단히 선진 금융기법을 익히고, 인재를 키우고, 글로벌 네트워크를 쌓아야 한다. 실패를 두려워해서도 안 되고, 한두 번의 실패를 비난해서도 안 된다. 그러려면 좀 더 많은 준비과정이 필요하다. 앞으로 어떤 전략으로 선진 금융시장에 진출할지

사회적 공감대도 형성해야 한다.

선진 금융시장에 진출할 필요가 없는 데엔 또 다른 이유도 있다. 과거처럼 높은 수익과 강력한 성장 동력을 찾기 쉽지 않다. 글로벌 금융위기 이후 G20에서는 성장보다는 안정에 방점을 둔 금융규제개혁이 진행됐다. 따라서 위험에 비해 성장의 기회가 많지 않다. 진출하더라도 비용에 비해 효과가 크지 않을 것이라는 것이 전문가들의 지적이다. 반면 아시아권을 비롯한 신흥국은 성장 동력을 찾기에 충분히 매력적인 시장이다. 막대한 인구와 실질구매력에서 비롯되는 안정적인 내수, 외국인 투자 확대 등을 바탕으로 견고한 성장세를 유지하고 있다. 또 이들의 경제성장 과정에서 은행, 증권, 보험과 같은 금융의 역할에 대한 기대와 수요는 지속적으로 커지고 있다.

글로벌 금융인재를 꾸준히 길러내는 것도 중요하다. 2015년 6월 말 현재 국내 금융인력은 약 29만 명(보호설계사와 금융유관기관 인력 제외 시)에 달한다. 중장기적으로 이 가운데 3분의 1에 해당하는 10만 명을 국제금융 전문가로 키워야 금융의 국제화를 실현할 수 있다. 하지만 현재 국제금융 전문가라고 내세울 수 있는 우리나라 금융인의 수는 해외점포 인력, 연구인력, 국제금융파트 인력 등을 모두 합쳐봐야 1만 명에도 못 미칠 것으로 추산된다. 국제금융 전문가를 양성하기 위해서는 각 금융기관이 자발적으로 전문인력 양성 프로그램을 운영하고, 우수한 전문인력을 수혈하는 데 전력을 다해야 한다. 금융당국도 글로벌 네트워크를 기반으로 이에 필요한 정보를 제공하는 지원 노력이 있어야 한다. 특히 각 나라의 역사와 문화적인 특성을 감안해 맞춤형 전문인력을 키우는 작업이 필요하다.

이와 관련해 미래에셋금융그룹이 2006년부터 운영 중인 글로벌 투자 전문가 양성 프로그램은 주목할 만하다. 매년 대학 졸업예정자 가운데 일정 인원을 뽑아 이들에게 미국, 영국, 홍콩, 중국, 인도 등에서 투자 전문가 교육을 받을 수 있도록 4년간 장학금을 제공하고 있다. 미래에셋은 또 2007년부터는 해외유수 대학에서 1년간 교환학생 자격으로 공부할 수 있는 기회도 제공한다. 2015년까지 미래에셋이 글로벌 투자 전문가 양성 프로그램으로 지원한 학생은 122명, 교환학생 프로그램을 통해 지원한 학생은 3,317명에 이른다.

이 두 프로그램은 '연어프로젝트'란 별칭을 갖고 있다. 부화 후 바다로 나아갔던 연어들이 강으로 회귀해 다시 풍성한 산란에 동참하는 과정을 빗댄 것이다. 해외에서 국제금융지식을 접한 젊은이들은 국제금융시장으로 나아가 글로벌 인재로 성장할 것이다. 또 이들 가운데 일부는 국내로 복귀해 한국의 금융산업 국제화에 이바지할 것으로 기대된다. 미래에셋은 이제 출범한 지 20년도 채 안 되는 금융전업그룹이다. 그럼에도 이러한 프로젝트를 가동 중인 것이 놀랍다. 사회공헌 사업으로 시작한 이 프로그램은 다른 금융기관에 귀감이 되기에 부족함이 없다.

사고의 다양화를 위한 호모지니어스 극복하기

2015년 8월 27일 국회에서 열린 이기택 대법관 후보자에 대한 인사청문회는 우리사회에서 나타나고 있는 '순혈주의'를 되돌아볼 기회를 줬다. 여야 의원들은 대법원 대법관의 인적 구성에 쏠림 현상이 나타나고 있는 것을 지적하면서 '법원 순혈주의'라고 비판했다. 대법관들이 '서울대 출신에 고위법관을 지낸 50대 남성' 일색이란 문제제기였다. 비판에 침소봉대는 없었다. 대법관 14명 가운데 12명이 서울대 법대 출신 남성이었고, 고위법관 출신이 13명에 달했기 때문이다. 의원들은 이처럼 획일화된 인적 구성으로는 소수자와 인권 보호를 기대하기 어렵다고 지적했다.

강은희 새누리당 의원은 "대법원의 인적 구성을 다양화하는 것이 중요하다고 본다"고 말했다. 김용남 새누리당 의원도 "대법원의 전원합의체 판결 중에 사회현상을 제대로 이해 못했다고 의심할 수밖에 없는 엉뚱한 판결이 연이어 나오고 있다"면서 "법원의 순혈주의가 직무역량을 약화하는 게 아닌가 걱정된다"고 비판했다. 이언주 더불어민주당 의원은 "대법관의 인적 구성이 다양하지 않다"면서 다양화에 진전이 없는 것을 지적했다. 순혈주의를 극복하는 것은 지금, 우리 사회가 풀어야 할 숙제이다. 다양성의 사회로 나아가야 한다. 다양성을 인정하는 것만으론 부족하다. 다양성을 존중하는 사회를 만들어야 한다. 이것은 시대적 명제이고 요구다. 창의적인 아이디어와 혁신, 그리고 창조경제는 다양성의 바탕 위에서 탄생하는 것이기 때문이다.

호모지니어스(Homogeneous, 균일)집단이 아니라 헤테로지니어스(Hetrogeneous, 불균일)집단을 지향해야 한다. 호모지니어스 집단에선 사고의 획일화가 나타날 가능성이 높다. 성장이나 발전을 담보하기 어려운 구조다. 오래갈 수 없다. 역사적으로 호모지니어스 사회는 자멸하고 말았다. 하지만 안타깝게도 한국 사회엔 순혈주의가 드넓게 퍼져 있다. 지배계층일수록 이를 고집하는 현상이 짙다. 학벌과 출신

지역, 경력 등에 필요 이상으로 가치를 부여하면서 다른 세계 사람들을 배척한다. 정계와 재계, 법조계, 문화 · 예술계뿐만 아니라 가장 순수해야 할 학계에서마저도 순혈주의가 나타난다.

가장 경계해야 할 대상은 어느 곳에서든 파벌을 만들고, '끼리끼리 집단'을 구축하려는 모의(謀議)세력들이다. 이들은 자신들의 기득권을 위해 조직의 화합과 상생, 발전을 가로막는다.

이로 인해 전체 조직 역량을 해함으로써 종국에는 조직의 소멸을 부른다. 금융기관 CEO에 권력자와 친분이 있는 사람을 선임하는 '낙하산 인사'도 일종의 순혈주의다. 능력 유무에 관계없이 오직 권력자 코드에 맞춘 인사이기 때문이다. 정치적 배려에 의한 이런 인사는 가장 크게 비난받아야 한다. 당해 금융기관이 피해를 입든 말든, 나라가 좀먹든 말든 오직 자기 사람 앉히기에 열을 올렸던 정치인들은 역사가 냉엄히 심판해야 한다. 금융산업은 지식 기반의 서비스산업이기에 다른 어떤 산업보다도 다양성이 존중돼야 한다. 차별 없이 유능한 인재를 뽑아 쓰는 조직문화를 만들어야 한다. 전체 시스템의 작동으로 돌아가는 조직을 구축해야 한다. 같은 맥락에서 글로벌 한국금융을 위해 해외 금융인재들을 적극 영입하고, 이들을 경영에도 참여시켜야 한다.

다른 이야기일 수 있지만, 한국사회에서 과거보다 훨씬 더 사회이동(social mobility)*이 어려워지면서 계층 간 갈등이 깊어지는 것 역시 우려할 만하다. 저명한 사회이동 이론가인 폭스(T. G. Fox)와 밀러(S.

---

* 사회이동은 개인이나 집단이 한 사회적 위치나 계급으로부터 다른 사회적 위치나 계급으로 이동하는 현상을 말한다.

M. Miller)는 사회이동을 결정하는 것은 경제적 요인도 중요하지만 학교 교육이 가장 중요한 요인이라고 봤다. 충분한 교육을 받거나 제대로 된 교육을 받은 자는 얼마든지 좀 더 원하는 계급으로 사회이동이 가능하기 때문이라고 설명했다. 하지만 과거엔 통했던 이 이론이 오늘날에는 점차 깨지고 있는 추세다. 한국 사회가 달라졌다. 이제 개천에서 용이 나올 확률이 점점 희박해지고 있다. 가난한 가정의 아이들이 양질의 교육을 접할 기회가 줄어든 때문이다. 좋은 대학에 진학할수 없어졌고, 좋은 직장을 구할 수도 없는 처지가 돼버렸다. 경제적으로 여유가 있는 부유층의 아이들이 좋은 교육기회를 가지면서 더 좋은 직장을 차지하고 있다. 빈부격차가 심화돼가고 있는 지금, 소득계층 간 갈등을 해소하는 첩경은 빈곤층에게 사회이동 기회를 터주는 것이다. 정부는 중산서민층 자녀들이 양질의 교육 서비스를 받을 수 있도록 서둘러 제도를 개선해야 한다. 이를 위해 현실적으로 가장 합리적이랄 수 있는 대안은 공교육을 정상화하는 것이다. 특히 일반고 교육의 질을 높여야 한다. 일반고의 대학진학률은 특목고나 자율형 사립고에 비해 현저히 낮은 수준이다. 특히 상위 SKY대학 진학률에선 비교가 안 될 정도다. 국민의 우려를 씻어줄 교육 백년대계가 절실하다.

CHAPTER 2

금융리더에게 배우다

필자는 김석동, 김정태, 신창재, 박현주, 진웅섭 5인을 현 시대의 금융계 리더로 꼽고, 이들의 삶을 집중 조명하고자 한다. '누가 금융계 리더 인가'라는 질문에 정답은 없다. 보는 관점에 따라 답이 달라질 수 있기 때문이다. 그럼에도 필자가 감히 이들을 금융계 리더로 소개하는 것은 여러 이유가 있다. 첫째는 현 시대를 살아가는 금융인 누구나 손에 꼽기를 주저하지 않는 지도자가 바로 이들이라는 점이다. 금융 산업에 대한 깊이 있는 이해와 통찰력으로 금융사에 기억될 만한 성과를 이뤄냈다는 점이 둘째 이유다. 분명한 자기철학과 원칙을 바탕으로 금융의 미래를 설계했다는 점도 빼놓을 수 없다. 이들은 특히 고난과 역경을 딛고 일어섰으며, 어떠한 외압에도 굴하지 않는 뚝심을 지녔다는 공통점이 있다. 이들의 삶은 미래 한국 금융을 짊어지고 나아갈 후배들에게 좋은 본보기가 될 것임이 틀림없다.

김석동 전 금융위원장

부끄러움 없는 관치역사를 쓰다

"관(官)은 치(治)하기 위해 존재한다."

관치의 달인 김석동이 남긴 유명한 말이다. 그는 치하지 않는 관료, 복지부동하는 관료는 존재 이유가 없다고 봤다. 또 위기수습은 관료가 평생 짊어지고 나아가야 할 숙명이라고 여겼다. 한국 경제에 출몰했던 크고 작은 위기에 투입돼 몸과 맘을 혹사당하면서도 그가 불평 없이 일에 매진했던 것은 이 때문이다. 고비가 없었던 건 아니다. 1997년, 그가 외화자금과장으로 부임한 지 이틀 만에 한보철강이 부도로 쓰러졌다. 이후 그는 환란의 주범으로 몰려 온갖 고초를 겪는다. 과로와 스트레스로 암이 발병해 3번의 대수술도 받아야 했다. 공직을 떠날까 한차례 고민한다. 그러나 끝내 자리를 지킨다. 자신보다 공공의 이익을 더 중하게 여겼던 공익DNA 때문이었다. 30여 년을 일에 파묻혀 살아야 했던 김석동. 그는 그러나 "공직생활을 후회하지 않는다"고 말한다. 오히려 가슴 뜨겁게, 그토록 열정적으로 일할 기회를 준 공직에 대한 감사함을 잊지 않고 있다.

위기에 빛난 관치 30년

그는 사무관 시절부터 일복이 많은 관료였다. 뭔가 일이 터지면 그에게 일거리가 맡겨졌다. 어떤 일이든 실마리를 풀어내는 능력이 탁월했기 때문이다. 5·8 부동산 특별대책반장(1990년), 금융실명제 대책반장(1993년), 부동산실명제 총괄반장(1995년), 금융개혁법안 대책반장(1997년)이란 타이틀이 따라다녔다. 그러나 그 많은 굵직한 일들을 처리하고도 승진 운이 좋은 편이 못 됐다. 장장 14년 7개월간이나 사무관으로 일했다. 경제기획원과 재무부가 통합한 재정경제원의 외화자금과장으로 승진했을 때는 외환위기가 터지는 바람에 모든 책임을 떠안아야 했다. 부임 후 이틀 만이었다.

시련을 딛고 일어나 재정경제부 금융정책과장 후보로 거론되던 그는 1999년 당시 재정부의 예하부대쯤으로 여겨지던 금융감독위원회 법규총괄과장으로 다시 좌천된다. 덕분에 일에서 해방될 줄 알았는데, 그게 아니었다. 외환위기의 후폭풍은 김석동을 내버려두지 않았다. 그는 8·13 대우채권 환매유예 조치에 이어 채권 안정기금 조성 등 위기 진화를 위한 기발한 아이디어를 쏟아낸다. 두 가지 다 대우그룹 해체로 인한 금융시장의 충격을 흡수하기 위한 대책이었다.

2003년 금융시장을 뒤흔든 '신용카드 대란 사태' 역시 그의 존재감을 드러내는 기회가 됐다. 카드사의 연쇄도산을 막기 위해 은행권에서 5조 원을 차입해 카드채권을 매수하는 아이디어를 내놓는다. 당시엔 상상도 할 수 없는 것이었다. 전략은 주효했다. 금방이라도 도산할 것처럼 비틀대던 카드사들이 회생의 길을 찾는다. 같은 시기에 터졌던 SK글로벌(현 SK네트웍스) 분식회계 사태 해결방안도 그의 손을 거쳐 나왔다. 참여정부는 분식회계 해결 방안으로 그룹의 모기업인 ㈜SK(현 SK이노베이션)를 채권단이 공동관리하고, 주력계열사 중 한 곳인 SK텔레콤을 매각하는 방안을 검토한다. 사실상의 그룹 해체방안이었다. 그러나 김석동은 이러한 해법이 대외신인도를 훼손하고, 금융시장을 불안에 빠트릴 수 있다고 봤다. 당시 우리나라 경제는 2분기 연속 마이너스 성장을 하고, 북한의 핵확산금지조약(NPT) 탈퇴에 따른 글로벌 신용경색으로 해외차입이 어렵던 시국이었다. 분식회계 사건을 이런 식으로 풀어갈 경우 외국인투자자들의 불안을 키워 한국 경제에 새로운 위기를 부를 수 있다고 그는 판단했다. 이에 김석동은 청와대를 설득해 SK글로벌만을 채권단 공동관리하에 두는 방식의 해법을 관철한다.

2005년엔 총부채상환비율(DTI) 규제 도입과 중장기 주택공급방안 등을 골자로 한 8·31 부동산 대책을 내놓는다. 덕분에 수년째 과열 조짐을 보이던 부동산 시장이 다소 진정된다.

그러나 위기진화에 탁월한 역량을 발휘하던 그는 재경부 1차관 시절인 2008년 2월 돌연 관가를 떠난다. 이명박 정부가 들어서면서다. 차관이 정무직이기는 했지만 정권이 바뀐다고 해서 옷을 벗는 경우는 흔치 않았다. 때문에 의외의 인사란 비판이 있었다.

김석동은 "향후 1년 내 또 한 차례 큰 금융위기가 닥칠 수 있음을 경계하라"는 당부와 함께 조용히 자리에서 물러난다. 그의 예감은 적중했다. 그해 글로벌 금융위기가 도래해 한국 금융시장은 또다시 출렁였다. 글로벌 금융위기와 저축은행 부실로 골머리를 앓던 이명박 정부는 결국 3년 만에 김석동을 다시 불러들인다. 저축은행의 구조조정을 맡기기 위해서였다. 그는 기대를 저버리지 않았다. 기발한 발상으로 속전속결 구조조정을 마무리한다.

김석동의 위기수습엔 대체 어떤 비결이 있었던 걸까? 그는 새로운 시각으로 접근하고, 집중력 있게 일했다. 공사구분도 철저했다. 부실 저축은행을 구조조정할 땐 정치적 고려를 일절 배제했다. 그는 퇴출결정을 공식화하기 한 시간 전에야 청와대에 이를 보고했다. 정치가 개입하면 구조조정 계획이 틀어질 수 있다고 보았기 때문이다. 그러나 강철 같은 그도 위기수습 임무가 주어질 때마다 중압감에 시달렸다.

"위기 수습에 정부가 나서면 무조건 성공해야 한다고 봅니다. 정부가 나서고도 실패하게 되면 시장신뢰가 무너져 파국으로 결말나기 때문이었지요. 그래서 위기수습에 투입되면 '이게 마지막이다'라는 심정으로 목숨을 걸고 일했어요. 그 때문인지 상상도 못할 초인적인 힘이 나올 때가 많았습니다."

공익 DNA

김석동 인생에 있어 최대 위기는 IMF 환란이었다.

"1997년 IMF 환란 이후 나를 찾는 곳이 정말 많았어요. 환란의 주범이라고 이곳저곳 불려 다녔지요. 대검 중수부 수사를 받고 법원 증언 나가고, 감사원 감사 받고, 국회청문회도 불려 나갔습니다. 그 와중에 위기대책을 마련하자니 6개월을 하루 2시간씩밖에 못 잤어요."

그는 환란 후 스트레스와 과로로 암이 발병해 3번의 대수술을 받는다. 모든 것이 덧없다고 느낀다. 범죄자 취급까지 받아가며 공무원을 해야 하나 싶었다.

"공직을 그만두려고 했어요. 그만두고 오라는 곳도 있었고요."

김석동은 모든 걸 정리하고 미국으로 이민 갈 생각을 한다. 하지만 그때 그를 붙잡아준 이가 그의 아내였다.

"최종 결정에 앞서 가족회의를 했는데, 아내가 한마디 해요. 첫 직장 삼성물산을 다닐 때나 주제실업이란 회사를 차리고 사업을 할 때

늘 불평하던 당신이 훨씬 더 일 많은 공무원이 되고는 한 마디도 투덜대지 않더라는 거였어요. 순간 아차, 싶더군요."

김석동은 삼성물산에서 첫 사회생활을 시작했다. 어떻게 물건을 만들고 수출을 해서 돈을 버는지를 그곳에서 배웠다. 회사에 남아 있으면 임원이 되고 호의호식하겠다 싶을 때 회사를 나왔다. 그리고 어깨선 봉제기술을 갖고 있던 주제실업이라는 의류회사를 차린다. 사업이 순조로웠다. 하지만 2차 오일쇼크로 자금난에 빠지면서 회사는 부도가 난다. 결국 집을 팔아 빚을 청산했다. 애초 그는 사업가 체질이 못됐다. 이윤을 남기는 게 사업인데, 그는 자기보다 사정이 어려운 업체와는 이윤 없이 장사했다. 남을 위해 빚 보증을 섰지만 자기 일로는 그런 부탁을 한 적이 없다. 사업이 잘될 리 없었다. 결국 그는 공무원으로 진로를 틀었다. 그가 말하는 공익 DNA다.

"내겐 선천적으로 공익 DNA가 있었던 같아요. 일반기업이나 사업을 해서 돈을 잘 번다 해도 만족감이 없었어요. 공직을 맡고 보니 이게 딱 내 일이다, 싶었지요."

아내의 말을 곰곰이 되새겼던 그는 공무원이 천직이란 사실을 상기하고 마음을 다잡는다. 그리고 결심한다.

"내가 위기를 만들었으니 대한민국이 다시는 위기에 빠져들지 않도록 하자. 그게 앞으로 내 목표다."

김석동은 위기를 진화하는 소방수 역뿐만 아니라 선제적 위기대응에 총력을 쏟는다. 가계부채가 부실화되는 것을 막기 위한 제도정비를 강화한다. 부동산시세 급락에 따른 가계신용 불안을 차단하기 위해 총부채상환비율(DTI) 규제를 강화한 것이 대표적이다.

"누군가 DTI를 두고 겨울의 밀짚모자라고 주장하더군요. 이 규제가 부동산 경기회복의 걸림돌이 되는 것처럼 말하면서요. 실은 그렇지 않습니다. DTI는 겨울의 내복입니다. 두고 보세요. 한파를 견디게 해줄 든든한 내복이 될 겁니다."

2008년 글로벌 금융위기가 닥치면서 버블 우려를 낳던 전 세계 부동산 시세가 폭락했다. 미국과 유럽이 휘청거렸다. 한국도 그 여파에서 벗어나지 못했다. 다만 한국은 상대적으로 파급이 덜했다. DTI 규제 덕분이라는 주장이 많다. 규제가 없었다면 부동산 가수요가 더 큰 버블을 만들었을 것이다. 그리고 글로벌 금융위기는 수십만 하우스푸어들에게 피눈물을 흘리게 했을지 모른다.

IMF 환란은 변장한 축복

한국을 방문하는 일본 및 중국의 주요 경제관료들이 방한 기간 중에 꼭 한 번 들르는 곳이 있다. 굴곡진 한국 경제의 한복판에서 다양한 경제위기에 대응해왔던 은퇴 관료 김석동의 연구실이다. 그의 이름 석 자는 아시아는 물론 미국에도 잘 알려져 있다. IMF 외환위기 당시 한국 정부가 구제금융으로 받은 돈을 허투루 쓰는지 확인하기 위해 방문했던 국제통화기금(IMF) 및 미 재무부당국자들을 돌려세웠던 이가 바로 그다. 일체의 자금 유·출입 내역을 머릿속에 꿰고 있던 김석동은 사실관계를 간단명료하게 증명해내면서 이들의 혀를 내두르게 했다.

이곳저곳 수소문해 연구실을 찾은 이웃 나라 경제관료들은 "당신을 만나 외환위기 극복의 비책을 듣고 오라는 상부의 지시가 있었다"며

"한 수 가르쳐달라"고 능청을 떤다. 1997년 한국의 환란은 동남아시아의 외환위기에 더해 누적된 한국 경제의 구조적인 문제점이 터지면서 불거진 사태였다. 이를 방치했던 경제당국의 책임도 없지 않다. 중국, 일본 경제당국 역시 이러한 인식과 크게 다르지 않다. 다만, 두 이웃 나라 관료들이 확인하고 싶어 하는 것은 한국 경제 바탕에 깔린 저력이다. 여간해선 극복하기 어려운 위기를 딛고 일어섰던 힘의 바탕이다. 위태롭게 비틀거리다가도 언제 그랬냐는 양 곧추섰던 한국 경제를 이들은 바다 너머에서 지켜봤다. 그리고 이러한 위기극복의 숨은 공로자를 찾아 비법을 전수받길 원했다. 언제 재발할지 모를 세계 금융위기에 대비하고자 함이 분명하다. 이들이 호기심 어린 눈에 김석동은 답한다.

"1997년 한국의 IMF 환란은 변장한 축복(disguised blessing)입니다. 개혁은 쉽지 않은 법입니다. 잘못된 제도를 고쳐보려고 해도 반발이 거세기 때문이죠. 부서져야 비로소 새것을 만들 수 있다는 걸 다시 한 번 깨우쳐줬던 사태였습니다."

그랬다. 외환위기 이전부터 한국에선 구조조정의 필요성이 지속적으로 제기돼왔다. 노사, 금융 등 경제 전 분야에 걸쳐 조직된 대통령직속 자문위원회는 무엇이 문제인지를 지적하고 정책방안을 입안했다. 그러나 본질에 접근하지 못하고 부분적인 개선에 그치고 말았다. 여야 정치권은 개혁이 필요하다는 총론에 동의하면서도 구체적인 방안을 마련하는 과정에서 이견을 좁히지 못했다. 결국 개혁작업은 추진력을 잃고 말았다. 이러한 점에서 외환위기는 자율적으로 문제를 해결하지 못한 데 대한 질책인 동시에 오래 미루어왔던 개혁을 타율적으로나마 강도 높게 추진할 수 있는 계기가 됐다고 볼 수 있다. 김석동은 말한다.

"외환위기가 아니었다면 10년 뒤엔 디폴트(채무불이행) 선언이 나왔을 것이고, 30년간 한국 경제는 암흑의 정체시대를 맞아야 했을 겁니다."

그리고 그는 방문객들의 눈을 뚫어져라 바라보며 마지막 조언을 아끼지 않는다.

"외환위기를 극복할 수 있었던 것은 정부의 힘 때문이 아닙니다. 고통을 감내하면서 끝까지 정부를 신뢰했던 국민이 있었기에 가능했던 것입니다. 저 역시 대한국민 국민일 수 있기에 자랑스러울 뿐입니다."

외환위기는 백만이 넘는 근로자의 직장을 빼앗고, 수십만 가구에 연리 30%라는 살인적인 금리부담을 안겼다. 뿐만 아니다. 100조 원이 넘는 천문학적인 액수의 빚을 국민에게 지운다. 국민이 고통분담을 거부했다면 백약인들 무슨 소용이 있었을까? 김석동은 이걸 꼬집고 싶었던 것이다.

김정태 하나금융지주 회장

굴러온 돌, 하나금융을 하나 되게 하다

180센티미터 훤칠한 키에 솥뚜껑만한 손, 빙긋이 웃고 있는 동안에도 상대방의 일거수일투족을 응시하는 매서운 눈매. 겉만 봐선 아무래도 은행원이라고 보기 어렵다. 사실 김정태 역시 은행원을 꿈꾼 적이 없다. 인생의 여정 속에 우연히 만난 진로였을 뿐이다. 출발이 늦었다.

서른 나이에 행원이 됐고, 마흔 넘어서 하나은행에 둥지를 틀었다. 그렇지만 김정태는 그로부터 16년 뒤인 2008년, 모두가 되고 싶어 하는 행장에 부임했다. 4년 뒤인 2012년엔 다시 하나금융지주 회장에 올랐다. 하나금융 사람이 된 지 만 20년째 되던 해였다.

그는 흔히 이야기하는 '박힌 돌'도, '성골'도 아니었다. '굴러 들어온 돌'이었고, '6두품'이었다. 하나은행은 한국투자금융이라는 단자회사를 모태로 성장한 은행이다. 그래서 한때 하나은행에선 "출세하려면 한국투자금융에서 잔뼈가 굵은 창업공신이어야 한다"는 이야기가 회자됐다. 그런데 그 불문율 같던 기록을 김정태가 깼다. 배경도 없고, 아부도 할 줄 모르는 그가 순전히 자신의 능력만으로 해냈다. 무슨 일이 벌어졌던 걸까? 그에게 어떤 저력이 있었던 걸까?

업의 본질 찾기와 즐겁게 일하기

"주어진 환경에서 업의 본질을 이해하는 데 전력을 다했어요. 즐겁게 일하려고 했고요."

'업의 본질을 이해하고, 즐겁게 일한다'는 것이 김정태의 좌우명이다. 그는 금융업이 서비스산업이란 사실을 잊지 않는다. 은행대출이 어렵던 시절에도 은행원은 항상 '을'이지, '갑'이 아니라고 여겼다. 그가 제조업을 하는 사람들을 애국자라하고 존경하는 것도 이 때문이다. 금융은 '실물의 그림자'여야 한다는 것이 그의 지론이다. 업무에 있어서는 남보다 빨리, 정확히 처리하려고 했다. 이를 위해 모르는 일은 숨기지 않고 배움을 청했다.

1981년 서울은행 내자동지점의 주임으로 첫 행원 일기를 쓸 때 이야기다. 그는 무엇 하나 제대로 할 줄 아는 것이 없었다. 손으로 기록하고, 주판을 튕겨야 했던 시절인데, 그의 손이 말썽이었다. 주판을 튕기기엔 손이 너무 컸다. 남들이 잘할 수 있는 것도 그에겐 쉽지 않았다. 주변에서 수군대기 전에 서둘러 일을 배워야겠다고 생각한 김정태는 선배들을 깍듯이 예우하고, 일 배우기를 자청한다. 자존심은 내팽개쳤다. 밤낮으로 일에 몰두했다. 그러기를 몇 달, 그는 어느 새 가장 일 처리가 빠른 행원이 돼 있었다.

김정태는 주어진 일에 불평한 적이 없다. 어려운 일이 맡겨져도 내색 않고 즐겁게 일하려 했다. 운명처럼 받아들였다. 그러면서 그는 주변 사람들에게도 즐겁게 일할 것을 주문했다. 지점장으로 일하는 동안 그가 했던 일은 즐거운 직장을 만드는 것이었다. 실적을 내라고 닦달하는 대신 즐겁게 일하는 방법을 가르쳤다. 그가 믿었던 긍정의 힘이 곧 효과로 나타났다. 밑바닥 순위의 점포가 오래지 않아 1등 점포로 뛰어올랐다. 그가 가는 지점마다 1등 점포가 됐다. 그에게 '영업의 달인'이란 별명이 따라 붙은 것은 이 때문이다. 김정태는 스스로 웃지만 가끔 회사를 위해 남들도 웃긴다.

하나대투증권 사장 시절 그는 사내 장기자랑 행사에 나가 트레이닝복을 입고 '마빡이 춤'을 춰 보였다. 하나은행장 시절엔 새해 첫 출근날 회사 로비에서 반짝이 옷을 입고 개그콘서트의 '감사합니다' 동작을 따라 하며 직원들을 웃겼다. 회장에 부임한 지 얼마 안 돼서는 월례간담회 때 가수 싸이의 '강남스타일'을 노래하면서 '말춤'을 춰 보이기도 했다.

시련이 강한 자를 만든다

김정태는 6·25 전쟁이 한창이던 1952년 유복한 가정의 4남 2녀 중 차남으로 태어났다. 위로는 형, 누나가 있었고, 아래로 두 남동생과 여동생을 두었다. 가난했던 1950년대에 유치원을 다녔을 정도였으니 꽤 부자였던 게 틀림없다. 선친은 성공한 사업가였다. 선박사업을 하고 있었다. 하지만 사업을 위해 여러 지방을 오갔다. 때문에 부산에서 태어난 김 행장은 서울에서 강릉, 진주, 인천을 거쳐 다시 부산으로 되돌아오는 등 전국을 떠돌아다녀야 했다. 초등학교 졸업 전 4번이나 학교를 옮겨 다녔다. 강릉사범학교 부속 초등학교에 입학했지만 진주 봉래초등학교, 인천 신흥초등학교, 인천 도원초등학교로 전학해야 했고, 졸업은 부산 좌성초등학교에서 했다.

학교를 자주 옮겨 다니다 보면 학업에 집중하기 어려워 성적이 떨어지게 마련인데, 그는 달랐다. 머리가 좋아서인지 성적은 언제나 상위권이었다. 덕분에 그는 부산 경남의 최고 명문고 중 하나인 경남고에 입학한다. 훤칠한 키에 공인 3단 태권도 실력을 갖췄던 그가 눈에 띄지 않을 수 없었다. 그는 규율부장이자 선도부장, 학도호국단장을 맡았다. 교복세대들이라면 다들 이해할 만한 자리였다. 누구도 범할 수 없는 학생 대표였다. 그만하면 주먹 자랑깨나 했을 법한데, 학교 안에서는 싸움을 한 적 없다고 한다.

"그냥 재미있게 학교를 다녔지요, 싸움꾼은 아니었어요. 가끔 학교 밖에서만…."

특유의 미소가 살짝 빛났다. 장난기가 발동할 때 짓는 미소였다. '학생들의 모범이 돼야 할 자리였으니 학교에선 안 싸웠다'는 이야긴지,

'교내에선 대적할 상대가 없었다'는 이야긴지 더 묻지 않아 알 수 없지만 둘 다 맞는 이야기일 것 같다. 그러나 그는 고등학교를 졸업하기 전 처음으로 인생의 쓴맛을 본다.

"고3 때였는데, 아버님 선박사업이 시쳇말로 쫄딱 망했어요. 하루아침에 밥도 못 먹고 다닐 지경이 되고 말았어요."

동네 제일가는 부잣집 자제였던 그는 부친이 사업에 실패한 뒤 전혀 다른 세상을 맛본다. '사장님, 사모님' 하고 부모를 따르던 사람들이 어느 순간 빚을 갚으라며 욕지거리를 해대는 모습을 지켜봤다. 울분을 참을 수 없던 그는 세상을 증오했다. 갑작스러운 가난에 더해 마음의 병까지 앓게 된 그는 첫 대학시험에 낙방한다. 그래서 재수를 택했는데, 그것으로는 모자랐는지 삼수 끝에야 성균관대 행정학과 합격 통지서를 손에 쥘 수 있었다. 하지만 그는 돌연 군입대를 자원한다. 군복무를 면제받을 수 있었는데도 말이다. 그는 장애인이다. 다섯 살 때 귀를 다쳐 오른쪽 귀로는 아무것도 들을 수 없다.

"배고파서 자원 입대했어요. 그때는 가정형편이 너무 어려웠으니까요. 군대라도 가야 한 끼 식사를 할 수 있는 지경이었으니까요."

자원 입대한 그는 논산훈련소를 거쳐 이리(현 익산) 27연대(7공수여단의 모태)에서 군생활을 시작한다.

"군대에서 많이 배웠어요. 내 인생의 좌표는 군대에서 만들어졌지요. 군대가 날 키웠다고 봅니다."

그는 군복무 시절 빵 한 조각을 위해 교회와 성당, 법당을 옮겨 다녔다. 그러다가 법당에서 들은 설법이 귀에 와 닿는다. 이후 법당에서 참선의 시간을 가지곤 했다.

"천상천하 유아독존이란 부처의 말씀이 처음엔 무슨 말인지 몰랐어요. 멋모르는 중학생 때는 부처가 참 건방지다는 생각도 했습니다. 그러다가 군에서 그 말이 '모두가 부처'라는 것을 알게 되고 다른 사람들의 장점을 보는 눈을 가지게 되었지요."

참된 나와 나를 구원하기 위한 노력

세상을 탓하고 증오했던 김정태는 그것이 곧 자기 자신을 증오하고 죽이는 일이었단 것을 깨닫는다. 또 자신을 구하는 것이 곧 세상을 구원하는 길인 것 역시 알게 된다. 그리고 스스로를 사랑하기로 한다. 제대 후 대학으로 돌아간 그는 가정교사를 하며 어렵게 졸업한다. 그는 1979년 삼환기업에서 사회의 첫발을 내디뎠지만 학업을 계속하고 싶은 마음에 사표를 쓰고 대학 조교로 생활한다. 하지만 먹고사는 일은 당장 해결해야 할 과제였다. 교정에서 문득 본 서울은행 입행 모집 공고를 보고 은행 입사를 결정한다.

1981년 서울은행 신입행원 시절은 김정태에게 아련한 추억으로 남는다. 여직원들에게 가르침을 받던 얼레발이 신입사원에서 지점장 사랑을 독차지하던 재간둥이 사원 시절이었다. 서서히 영업의 귀재로 알려지면서 주가가 높아진 그에게 영입 제의가 쏟아진다. 그는 1986년 신한은행으로 옮겼고, 1992년엔 문을 연 지 얼마 되지 않은 하나은행에 영입된다.

하나은행 제일의 영업맨으로 크고 있을 무렵, 그에게 또 한 번 시련이 찾아온다. 아들의 주검을 봐야 했다. 하나은행으로 회사를 옮기던 해였다. 여섯 살배기 둘째가 신경암으로 세상을 등졌다. 신경암은 불치병이었다. 김정태는 치료약도 없이 1년 반 동안 죽어가는 아들의 모습을 지켜봐야 했다. 무력한 자신이 너무도 원망스러웠다. 말로는 다 못할 고통과 절망을 경험했다.

"정말 감당하기 힘든 일이었어요. 지금도 그렇지만… 아이 죽은 이야기는 하지 않는 편인데, 그때 이후로 또 한 번 느낀 게 있지요. 나처럼 누군가에게도 말 못할 아픔이 있겠구나, 하는 것 말입니다."

세월의 무게가 더해져도 자식을 잃은 부모의 상처는 치유되기 어렵다. 상처를 완전히 씻을 수는 없지만 김정태 회장은 아들의 죽음을 계기로 지금보다 더 남을 사랑하자는 마음을 품게 된다. 그를 시험에 빠트렸던 절망 같은 슬픔은 이타심으로 승화한다.

진정한 통합을 위한 첫발

2015년 초 김정태는 외환은행 노조로부터 거센 비난을 받는다. 애초 약속과는 달리 하나은행과의 합병 일정을 앞당기려 했기 때문이다. 하나은행과의 조기 합병이 자신들에게 불리하게 작용할 것으로 판단한 외환은행 노조는 극렬하게 반발했다. 그 역시 물러서지 않았다. 뒤로 물러서면 당장은 편할 수 있더라도, 하나금융이 그만큼 퇴보하리라고 믿었기 때문이다. 합병이 빠르면 빠를수록 하나금융 발전에 도움이 될 것으로 봤다.

그는 두 은행 간 합병이 당장 두 조직의 진정한 통합으로 이어지기를 바라는 것은 무리라고 했다. 합병 이후에도 크고 작은 다툼이 있을 것으로 본 것이다. 상업은행과 한일은행, 국민은행과 주택은행, 신한은행과 조흥은행의 불완전한 합병을 지켜봤던 터다. 충청 · 보람 · 서울은행 간 통합과정을 직접 체험한 것도 물론이다. 눈에 보이게, 보이지 않게 이어지는 합병 은행 조직 간 갈등과 반목이 성장의 시곗바늘을 뒤로 돌렸던 일을 기억한다. 그는 솔직하다. 입에 발린 소리를 할 줄 모른다.

"진정한 통합이 언제쯤 이뤄질 수 있느냐고요? 2015년 합병 이후 입사하는 후배들이 하나금융의 주인으로 성장할 때라고 봅니다. 그래서 합병을 서둘렀던 거고요."

다만, 김정태는 합병이 수년 뒤 분명한 시너지를 낼 것으로 약속한다.

"2017년부터는 합병 시너지가 나오게 될 겁니다. 1 더하기 1은 2가 아닙니다. 3이 될 겁니다. 지켜보세요. 내 산수가 맞는지, 틀리는지."

외환위기 직후 은행 구조조정이 한창일 무렵, 시장에선 합병의 시너지를 놓고 옥신각신했다. 합병 은행의 인력을 감축하는 문제가 먼저 화두가 됐다. 초대 금융감독위원장을 역임한 이헌재는 이와 관련해 당시 "1 더하기 1은 1.2가 돼야 한다"고 주장했다. 합병 은행의 인력을 40% 감축하라는 메시지였다. 때문에 은행노조의 극렬한 반대에 부닥칠 수밖에 없었다. 하루아침에 실직 위기에 몰린 은행원들은 생존을 위해 목이 터져라 합병과 감원에 반대했다. 그 결과 합병 일정 등 구조조정 계획은 지연됐고, 시너지 역시 기대 이하의 결과로 나타나고 만다.

하나은행과 외환은행 간 합병에 인위적인 인력감축은 없다. 두 노조가 합병에 반대할 큰 명분을 없앤 것이다. 우열이 있던 급여지급체계도 단계적으로 긍정적인 방향으로 개선하기로 했다. 근로의욕을 꺾지 않고, 오히려 동기부여를 한 셈이다. 게다가 한 지붕 아래 두 개의 은행을 열면서 수반되던 불필요한 비용 지불도 줄일 수 있게 됐다. 두 은행의 장점을 결합해 새로운 영역의 시장에 도전할 수 있는 길도 열렸다. 김 회장이 말한 시너지란 바로 이걸 두고 한 이야기일 것이다. 김정태가 하나금융의 역사를 다시 쓰는 진정한 뱅커로 남는지 귀추가 주목된다.

신창재 교보생명그룹 회장

산과 의사, 건강한 보험사를 낳다

아는 게 힘이지만 모르는 게 약이 될 때가 있다. 겁 없는 도전은 무지에서 비롯될 때가 있다. 신창재 교보생명 회장은 보험을 몰랐다. 서울대병원에서 촉망받던 산과 의사이자, 학생들로부터 존경받던 서울대 의대 교수였을 뿐이다. 1996년, 교보생명 이사회 부의장으로 경영에 합류했을 때만 해도 보험산업에 대해 아는 게 없던 일자무식자였다. 그가 무모해 보일지 모르는 '보험업 다시 쓰기'에 도전한 것은 그래서 가능했는지 모른다. 그는 현실과 적당히 타협하려 하지 않았다. 2000년 회장에 취임한 뒤 본격적인 경영혁신에 나선다. 잘못된 영업 관행을 일소하는 일이었다. 위험한 도전이었다. 까딱하면 모든 걸 잃을 수도 있는 모험이었다. 거센 저항이 따랐다. 창업주의 2세가 회사를 망친다는 비판도 받았다. 하지만 신창재는 흔들리지 않았다. 그리고 마침내 그는 회사경영에 뛰어든 지 8년 만에, 회장 등극 5년 만에 교보생명을 업계 최고 수익성을 자랑하는 생명보험회사로 탈바꿈시킨다.

혁신으로 회사를 바꾸다

신창재가 회장에 올랐던 2000년 당시 교보생명은 외환위기 여파로 생사의 기로에 놓일 만큼 큰 시련에 직면해 있었다. 교보생명은 그해 2,540억 원의 적자를 냈다. 거래하고 있던 대기업의 연쇄 도산으로, 2조 4,000억 원의 자산 손실도 입는다. 이에 신 회장은 위기를 정면 돌파하기 위해 대대적인 경영혁신에 착수한다. 가장 먼저 단행한 것이 인적 쇄신이었다. 그는 창업주가 세운 대표이사 2명을 물러나게 하는 것으로 혁신의 첫 단추를 꿴다. 편법 계약, 잘못된 영업 관행을 바로잡지 못한 것에 대해 책임을 물은 것이었다.

"아버님께 무릎을 꿇고 용서를 빌었습니다. 당신이 일궈놓은 회사를 살리기 위해 어쩔 수 없이 택한 결정이니 마음이 아프시더라도 용서해달라고 말씀드렸지요. 당시엔 별 말씀이 없으셨는데 그로부터 3년 뒤 돌아가시기 전에 유언처럼 말씀하시더군요. '경영혁신을 계속하라'고요. 제게 큰 힘이 됐던 말씀이었습니다."

그는 인적 쇄신 작업을 멈추지 않았다. 대대적인 인사개혁을 단행한다. 직무능력이 떨어질 경우 친인척도 승진 대상에서 제외했다. 임원진도 능력위주로 새 진용을 짠다.

"신임 회장으로서 권위와 신뢰를 쌓으려면 인사를 공정하게 하는 것이 우선이었어요. 보험업에 대해 잘 모르는 초보 CEO라고 한 귀로 흘려 듣던 직원들도 공정한 인사를 하기 시작한 뒤부터 내 말에 귀를 기울이더군요."

신창재는 인사(人事)가 만사(萬事)임을 알고 있다. 그래서 임원 인사를 할 때만큼은 지금도 신중하고 냉정하게 결정한다. 그는 보험업계의 오랜 관행이던 외형경쟁을 중단하고, 내실경영으로의 전환을 신속히 추진한다. 잘못된 영업관행을 뜯어고치고 영업조직을 정예화하는 것이 핵심이었다. 고객의 이익이 아니라 보험설계사의 이익을 위한 '편법 계약 및 해지 관행'을 일소하는 데 주력했다.

마케팅 전략에도 변화를 시도한다. 애초 보험의 취지에 맞게 중장기 보장성 보험상품 위주로 판매토록 했다. 자산운용은 아웃소싱해 효율화를 도모한다. 이와 함께 경영의 패러다임을 1인 중심에서 비전·전략 중심으로, 공급자·매출 중심에서 고객과 이익 중심으로 전환하는 등 기업문화의 획기적 개선에 집중한다.

이를 통해 그는 고객선호도, 수익성, 재무안정성 등 제반 경영효율을 업계 정상으로 끌어올린다. 또 선진화된 위험관리체계를 구축함으로써 교보생명을 위기에 강한 기업으로 키워낸다. 교보생명이 글로벌 금융위기에서도 생명보험업계 최대 실적을 올리며 성장할 수 있었던 것은 경영혁신 덕분이었다. 신창재의 혁신은 회사의 체질을 바꿔놓았고 괄목할 만한 재무성과로 이어진다.

2000년 취임 당시 2,500억 원이 넘는 적자를 냈던 회사는 이듬해 1,288억 원 흑자로 돌아선다. 그 후 매년 이익 폭을 늘려갔고, 2009년부터는 매해 5,000억 원 이상의 당기 순이익을 냈다. 재무건전성 지표인 지급여력비율은 2000년 73.2%에서 매년 꾸준히 개선돼 2014년 말 현재 271.3%로 향상되기에 이른다. 수익성 지표인 자기자본이익률(ROE)은 2004년 이후 줄곧 대형 3사 중 1위를 기록하고 있다. 취임 당시 3,500억 원 수준이던 자기자본은 2015년 6월 말 현재 7조 원으로 증가했다. 14년간 20배나 늘어난 것이다.

이에 따라 교보생명은 세계적인 신용평가사인 무디스로부터 8년 연속 A2등급을 획득한 데 이어 2015년 12월 국내 생명보험사 중 최고인 A1등급을 받았다. 무디스의 경쟁자인 신용평가사 피치로부터는 국내 시중은행보다 1~2단계 높은 A+등급을 3년 연속 획득한다. 탄탄한 재무건전성을 국제적으로 인정받게 된 것이다.

고객이익 중심의 새 보험문화를 선도하다

신창재는 새로운 보험문화를 선도해 생명보험산업의 선진화에 기여했다는 평가도 받는다. 그는 영업문화를 '판매중심'에서 '고객보장중심'으로 바꾸는 등 생명보험 본연의 가치에 집중하는 경영을 일관되게 펼친다. 2011년 '고객보장을 최고로 잘하는 보험사'라는 새로운 비전을 선포하고 새로운 서비스에 뛰어든 것은 주목할 만하다. 그는 "판매에만 집중하는 것은 잘못된 영업문화"라며 "보험을 파는 회사가 아니라 고객의 이익을 보장하는 회사가 돼야 한다"고 밝혔다.

교보생명이 2011년부터 전개하고 있는 '평생든든서비스'는 신 회장의 경영철학이 고스란히 담겨 있다. '새로운 계약보다는 기존 고객에 대한 유지서비스를 우선한다'는 것을 모토로, 보험업의 애프터서비스를 전면에 내건 것이다. 이 서비스는 모든 재무설계사가 모든 고객을 정기적으로 방문해 가입한 보험의 보장내용을 다시 설명해주고, 모르고 있던 보험금이 있는지 확인해 보험금을 찾아주는 것을 내용으로 한다. 이전의 보험서비스가 신규 계약 체결을 위한 서비스였다면, '평생든든서비스'는 보장유지를 위한 서비스에 방점이 찍혀 있는 셈이다.

교보생명 재무설계사들은 매년 150만 명의 고객을 직접 만나 일일이 보장내용을 설명해준다. 이 과정에서 고객이 미처 몰라 신청하지 못했던 보험금 310억 원(4만 7,000여 건)도 찾아줬다.

이러한 신 회장의 '고객보장 중심' 보험문화 선도 노력은 다른 생명보험사들의 벤치마킹 대상이 돼 유사한 서비스를 낳게 한다. 한국 생명보험산업의 문화에 새 바람을 일으키고 선진화시키는 데 기여했다는 평가는 이래서 나온 것이다. 교보생명은 한국소비자학회로부터 2013년 '소비자대상'을 받았다. 2014년, 2015년에는 금융감독원 민원 발생 평가에서 2년 연속 최우수 등급을 획득한다. 개혁을 통해 교보생명의 이러한 성과를 이끈 신 회장 역시 2014년 '경영학자 선정 경영자 대상'을 수상한다.

창업주 신용호와 신창재

신창재는 어린 시절 차분하고 내성적인 편이었다. 반면 호기심이 많아 라디오나 무전기 같은 것을 조립하고 만드는 데 관심이 많았다. 발명가나 선생님이 되는 꿈을 꾸었지만 경영자는 한 번도 꿈꿔본 적 없다고 했다. 그가 고등학교 2학년생일 때 이야기다. 부친 신용호는 "유학 가서 공부하면 어떻겠냐?"면서 유학을 권유한다. 신창재는 그러나 "싫다"고 답했다.

"유학 가서 경영학을 공부하고 돌아온 뒤 당신 곁에서 경영수업을 받도록 하는 게 아버님 뜻이었던 것 같아요. 하지만 경영학보다는 공학 분야에 관심이 많았지요. 공대 전기과에 가고 싶었어요. 아버님 뜻을 거역하는 것이 마음에 걸렸지만 크게 나무라지는 않으셨어요."

신창재는 하지만 얼마 뒤 의대로 진로를 바꾼다. 당시 의대에 다니고 있던 매형의 영향을 받았기 때문이다. 신용호는 의대로 진로를 결정한 아들의 선택에 흔쾌히 동의한다. 성격상 사업가보다는 의사가 되는 편이 낫다고 생각했다. 신용호는 특히 그가 전공을 산과로 택하자, "새 생명의 탄생을 돕는 게 얼마나 좋은 직업이냐"면서 기뻐했다고 한다. 의사를 천직으로 여겼던 그는 서울대 병원에서 진료와 교육, 연구에 전념했다. 그러나 창업주 신용호는 아들 신창재가 서울대 의대 교수로 10년째 일하던 1996년, 회사에 들어와 자신을 도와주기를 간곡히 권유한다. 힘에 부칠 만한 때였다. 신용호는 그해 우리 나이로 여든 살이었다. 더욱이 그는 1993년 담도암 진단을 받고 4년째 투병 중이었다.

"제가 보험에 대해서 뭐 아는 게 있어야죠. 이전까지 그냥 의사로 남고 싶다며 버텼어요. 하지만 더는 부친의 뜻을 꺾을 수 없었습니다."

신창재는 효자였다. 몹쓸 병에 걸려 병약해진 부친의 바람을 더 이상 거역하지 않았다. 1996년 그는 '좋은 의사가 되겠다'는 꿈을 버리고, 서울대 의대를 떠난다. 그리고 그해 교보생명 이사회 부의장으로 경영에 합류한다. 이것이 그의 삶의 목표를 바꾸는 계기가 된다. 신창재는 교보생명을 업계 최고 회사로 키우기로 결심한다.

"부친은 참 대단한 분이셨어요. 초등학교도 제대로 나오지 못한 분이었는데, 혼자 힘으로 회사를 세워 남부럽지 않은 기업으로 키워놓으셨으니까요. 맨손으로 생나무를 뚫는다는 강인한 정신과 불굴의 의지의 힘이었지요."

신창재에게 있어 신용호는 아버지 이상의 존재였다. 큰 산이었다.

창업주의 호(號) 대산(大山)처럼 말이다. 신용호는 전라남도 영암에서 농부의 아들로 태어났지만 병약한 탓에 초등학교도 다니지 못했다. 그럼에도 그는 식자들보다도 더 체계적인 지식을 갖췄다는 평가를 받곤 했다. 비결은 독학과 다량의 독서였다. 중학교 고등학교에 다니는 선배들로부터 책을 빌려 독학했고, 틈만 나면 책 읽기를 게을리 하지 않던 독서광이었다. 신용호는 '사람이 책을 만들고, 책이 사람을 만든다'고 믿었다. 1980년 서울 종로구 1번지에 교보빌딩을 세우면서 빌딩 지하 2,700여 평 금싸라기 같은 공간에 교보문고를 연 것도 이 때문이다.

신용호는 스무살이 되던 해, 홀로 중국으로 건너갔다가 광복 후에야 귀국한다. 이후 출판사, 직물회사를 차렸다가 1958년 대한교육보험을 설립하고 보험업에 뛰어든다. 그리고 한국 보험업 역사에 새 기록을 써 내려갔다. 세계 최초로 교육보험을 개발했다. 이 상품은 자식만큼은 배움의 기회를 주고자 했던 부모들로부터 큰 관심을 끌어냈다. 전국적인 선풍을 일으켰다. 건강보험 상품의 효시인 암 보험을 국내 최초로 선보인 것도 그다.

"아버님은 감성적인 리더십이 뛰어난 분이었어요. 사람의 마음을 움직이는 능력이 탁월하셨지요. 잘못을 꾸짖을 땐 눈물이 쏙 빠지도록 호통을 치셨지만, 칭찬과 격려를 아끼지 않는 자상한 CEO셨지요. 직원들에게 동기부여를 참 잘하셨어요."

신창재는 부친과 다른 구석이 많지만 리더십만큼은 물려받은 것 같다. 직원들과 격의 없이 자유토론을 하면서 직원들의 목소리에 귀 기울이는 소통의 리더십을 발휘한다. 부친에게서 발견할 수 없던 유머도 갖췄다는 평가를 받는다.

2000년 회장 취임식 연설도중 그는 '교보생명 파산'이라는 충격적인 가상 뉴스를 제작한다. 변화를 주저하던 임직원들에게 위기의식을 불어넣기 위한 것이었다. 2001년 회사 비전과 CI를 선포하는 자리에선 개그맨 이경규 가면을 쓰고 나타난다. 그리고 "간판만 바꾼다고 회사가 변화는 것이 아니라 사람이 바뀌어야 비로소 변화와 혁신이 가능하다"는 메시지를 전달한다. 소통을 위한 변신도 주저하지 않는다. 앞치마를 두른 웨이터에서 둥근 모자를 쓴 파티셰로, 통기타를 든 가수로, 난타 공연자로 변신해 임직원들의 사기를 북돋는다.

그가 2세 오너경영인으로 보험업계에 발을 들여놓은 지도 어언 만 15년이다. 창업주의 뜻을 받들어 이사회 의장 겸 CEO로 활약했던 그는 경영권 승계 계획을 어떻게 짜놓았을까? 등소평의 흑묘백묘(黑貓白貓)를 언급하면서 오너경영인이든 전문경영인이든 회사에 성과를 낼 수 있는 사람이라면 누가 CEO가 돼도 상관없다고 입장을 밝혔던 것이 그다. 그는 특히 말단 시절부터 회사에서 잔뼈가 굵은 임원들 중에 경영인이 나왔으면 좋겠다는 이야기도 서슴지 않았다.

"애초 입장에 변화가 없습니다. 교보생명을 세계 최고 생명보험회사로 키울 수 있는 능력을 갖춘 사람이라면 누구든 환영할 생각입니다."

큰 나무 곁에는 큰 나무가 자라지 않는다는 속설이 있다. 하지만 최근 수년간 신창재의 경영성과를 지켜보면 이 말은 틀린 것 같다. 어느새 한국 보험산업의 큰 산으로 성장한 신창재가 앞으로 또 어떤 변신을 보여줄지 이목이 쏠린다.

박현주 미래에셋 회장

한국 자본시장의 미래를 열다

박현주 미래에셋금융그룹 회장은 한국자본시장의 미래다. 한국 금융 투자업계의 신화를 쓰고 있는 주인공이다. 증권사 스타급 주식중개인 이던 그는 월급쟁이 10년여 만인 1997년 미래에셋창업투자와 미래에 셋자산운용을 설립, 창업에 도전한다. 그로부터 10년 뒤 미래에셋은 국내 1위 자산운용회사이면서 아시아를 대표하는 금융투자그룹으로 성장한다. 2015년, 미래에셋은 자산운용, 증권, 생명 등 3개 핵심 금융 계열사에 컨설팅, 부동산114 등의 자회사를 둔 거대 금융그룹의 위용 을 갖춘다. 운용자산만 170조 원에 달한다. 금융회사로는 전례가 없는 초고속 성장을 그가 일궈낸 것이다.

이런 연유로 2010년 미국 하버드대학 비즈니스스쿨은 아시아 기반 의 자산운용회사 가운데 최초로 미래에셋을 성공사례 심층 연구 대상 으로 집중 조명한 바 있다. 미래에셋의 비상은 박현주의 힘과 열정에 서 비롯된 것이라 해도 과언이 아니다. 그는 자본시장의 미래를 꿰뚫 어 보는 통찰력을 지녔다. 또 현실에 안주하지 않는 창조적 파괴자이 면서 자기철학이 분명한 경영인이다. 타협을 거부하며 원칙을 고집하 는 것도 이 때문이다. 더욱이 그는 최고 부자가 되기보다 최고 기부자 가 되기를 소원하는 따뜻한 기업가다. 박현주에 주목할 수밖에 없는 이유다. 2015년은 박현주에게 특별한 한 해였다. 그는 경쟁사들을 제 치고 KB대우증권 인수에 성공한다. 박 회장은 미래에셋증권과 대우 증권을 합병해 한국 금융산업과 자본시장의 DNA를 바꾸겠다는 포부를 밝혔다. 수년 내 합병회사를 세계적인 투자은행으로 키워 선진 금융시장에서 글로벌 투자은행들과 당당히 겨루겠다는 이야기를 다른 말로 표현한 것이다.

창조적 파괴자

박현주는 창조적 파괴를 주장한 경제학자 조셉 슘페터의 이론을 개인과 조직의 영역으로 확대 승화한다. 낡은 것을 버리고 새로운 것을 창조해 변혁을 일으키는 창조적 파괴 행위가 경제발전의 토대가 되는 것처럼, 새로운 것을 얻기 위해 기존의 것을 버리는 자기파괴 과정이 개인과 조직의 발전을 끌어낸다고 믿고 있다. 그리고 그는 현실에 안주하지 않고, 쉼 없이 자기파괴, 자기혁신을 감행한다.

그는 대학교 2학년생 때 당시 투자 1번지였던 명동을 기웃거리며 주식투자를 배운다. 대학원에 진학한 1985년엔 서울 명동 인근에 10평 남짓한 사무실을 임대해 '증권연구소'를 차리고 투자자문업에 뛰어든다. 학생 시절 투자를 통해 번 돈으로 밑천을 댔다. 빨랐다. 이때가 고작 만 27세 되던 해였다. 겁 없는 청춘이었다. 큰돈을 벌지는 못했지만 이익을 내고 있던 이듬해 그는 사무실을 정리하고 증권사 입사를 결심한다. 더 큰 꿈을 실현하려면 체계적인 투자 실무경험이 필요하다고 판단했기 때문이다. 그는 당대 최고라는 동양증권 이승배 상무 밑에서 증권을 배운다. 1988년엔 회사를 옮겨 한신증권(옛 동원증권, 현 한국투자증권) 계열사인 한신투자자문에서 운용과장을, 한신증권에서 상품운용과장으로 일한다.

자산운용에 있어 천부적인 재능이 드러난 것이 바로 이때다. 3,000억 원 규모의 회사자금을 운용했던 그는 전 증권사를 통틀어 최고수익률을 내 경영진에 눈에 들기 시작한다. 이를 계기로 1991년, 만 서른둘의 나이에 동원증권 중앙지점장에 발탁된다. 당시 동원증권 역사상 최연소 지점장이었다. 남들보다 2~3년 늦은 직장생활이었지만 지점장엔 10년 앞서 올랐던 셈이다.

그는 기대를 저버리지 않았다. 만년 바닥 순위를 면치 못하던 지점을 2년 뒤 전국 1위 점포로 키운다. 폐장 후 고객들과 고스톱이나 치면서 놀아주던 직원들에게 상장기업을 방문해 투자유망기업을 발굴토록 독려하면서 솔선수범한 덕분이었다. 그는 객장문화를 바꿨다. 고객들이 진정으로 원하는 것은 잠깐의 유희가 아니라 투자수익이라는 점을 일깨운다. 회사는 그에게 더 큰 임무를 부여했다. 1994년 서울 압구정지점을 맡겼다. 그는 이번에도 실망시키지 않았다. 고객들에게 블루칩 투자를 권유해 엄청난 수익을 안겨주었다. 돈 있는 강남의 부자들이 그의 지점으로 몰렸다. 당연히 그의 지점은 전국 1등 점포가 되었다. 1995년 그는 서른일곱 나이에 이사급인 서울 강남본부장에 오른다.

이쯤 되면 누구나 안주하는 삶을 택했을 것이다. 대과(大過)가 없다면 최소 10년간은 안정된 직장에서 호사를 누릴 수 있을 테니 말이다. 그러나 자기혁신 DNA의 창조적 파괴자, 박현주는 도전을 멈추지 않는다. 10년여간 증권사에서 쌓은 실무경험을 토대로 창업의 꿈을 실현하기 위해 사직을 결심한다. 1997년 IMF 외환위기가 막 도래하기 직전 서른아홉의 박현주는 그룹의 모태인 미래에셋창업투자와 미래에셋투자자문(1998년 자산운용사로 전환)을 잇따라 설립한다. 거액의 자산가들이 그를 믿고 찾아왔다. 500억 원 규모의 실명펀드 박현주 1호는 판매개시 2시간 30분 만에 동이 났다. 그는 1년 뒤 80%대 수익률로 투자자들의 성원에 보답한다. 1999년엔 미래에셋증권을 세웠고, 2005년엔 SK생명을 인수해 미래에셋을 제2금융권의 강자로 키운다. 모든 것이 빛의 속도처럼 빨랐다. 창조적 파괴의 결과물이었다.

그는 성장이란 도전을 통한 새로운 시장의 창조라고 주장한다. 이러한 성장철학으로 인해 미래에셋에는 유독 최초라는 수식어가 많이 따라붙는다. 국내 최초의 뮤추얼펀드, 국내 최초 인덱스펀드, 국내 최초 개방형 뮤추얼펀드, 국내 최초 랩어카운트 상품판매, 국내 최초 PEF(사모펀드), 국내 자산운용사 최초 인도 및 중국 진출 등이 이에 해당한다.

미래를 보는 통찰력

필자가 박현주 회장을 알게 된 것은 〈내외경제신문〉(현 〈헤럴드경제〉) 증권부 기자로 일하던 1995년이다. 당시 그는 지금처럼 유명인사는 아니었지만 증권바닥에서 주식 좀 한다는 인사들 사이에선 입소문이 자자하던 스타급 주식중개인이었다. 동원증권(현 한국투자증권) 압구정지점장으로 일하던 그는 투자자들에게 삼성전자, 삼성화재 등 우량주와 저PER(주가수익배율)* 주식 매수를 권해 엄청난 수익을 안겨주고 있었다. 1994년 초만 해도 삼성전자는 5만 원, 삼성화재는 1만 원을 밑돌고 있었는데, 1995년 말께 두 회사 주식 시세는 각각 15만 원, 3만 원

* 주가를 주당순이익으로 나눈 주가의 수익성 지표를 말한다.

을 돌파했다. 덕분에 그의 권유대로 두 회사 주식에 투자했던 고객들은 불과 1년여 만에 대박의 꿈을 실현할 수 있었다. 수익가치에 기반한 투자관행이 온전히 뿌리내리지 못하던 때였다. 하지만 그는 그때 이미 가치투자를 선도하고 있었다. 이런 성과를 낼 수 있었던 것은 최소 10년 앞을 내다보고 아는 사업에만 투자한다는 투자철학에 더해 시장변화를 꿰뚫어 볼 줄 아는 통찰력이 있었기 때문이다.

자산운용회사 설립 5년 만인 2001년, 해외투자를 감행한 것도 숲을 보았던 결과다. 당시 국내 증시는 우려했던 버블의 붕괴로 싸늘한 기운이 감돌고 있었다. 박 회장은 투자위험 관리를 위해선 글로벌 분산투자가 불가피하다고 봤다. 아울러 글로벌 투자환경의 변화를 읽지 못하면 투자수익을 거두는 데 한계가 있다고 판단했다. 하지만 해외투자를 하려면 전략을 분명히 세울 줄 알아야 했다. 그래서 그는 그 해 미국 유학길에 올라 하버드 대학에서 직접 전략에 관한 프로그램을 이수한다. AMP(Advanced Management Program)과정이었다. 유학기간 중 박현주는 미래에셋을 아시아의 대표 투자그룹으로 키우고, 아시아 지역에서 최고의 전문성을 갖춘 뒤 세계시장에 도전한다는 전략을 세운다. 이 일환으로 그는 세계 각국의 우수한 회사에서 인재를 영입한 뒤 2003년 말 홍콩에 투자법인을 설립한다.

2005년 중국, 인도 등 신흥시장 투자를 중심으로 하는 해외펀드를 국내 최초로 선보이고, 해외펀드 판매를 본격화한 것도 같은 맥락이다. 미래에셋은 미국, 캐나다, 브라질, 콜롬비아, 영국, 중국, 대만, 인도, 홍콩, 베트남, 호주 등에 현지법인을 두고 신흥시장 투자에 관심 있는 현지인들을 상대로 펀드를 판매, 운용하고 있다. 전략은 적중했다. 2015년 중 현지투자자들에게 모집한 투자자금만 2조 원을 웃돈다. 모닝스타 등 세계 유수 글로벌 펀드 평가사들이 미래에셋의 글로벌 펀드와 아시아펀드의 장기투자 성과를 인정하면서 호평한 영향이 컸다.

타협하지 않는 삶

박현주는 1997년 창업 이래 줄곧 정치와 담을 쌓았다. 자산운용업을 하는 사람은 정치적 중립을 지켜야 한다는 소신 때문이었다. 창업한 지 오래지 않아 유명인사가 되자, 박현주는 실세 정치인이 주도하는 모임자리에 초대를 받는다. 하지만 그는 나가지 않았다. 일이 바빴던 데다 정치인 모임엔 어느 자리건 참석하지 않는다는 원칙을 세운 까닭이다. 거듭된 초대에도 응하지 않았다. 원칙을 깨면 모든 것이 겉잡을 수 없이 무너질 수 있다고 봤기 때문이다. 사실 이러한 행보는 약자인 기업인 입장에서는 매우 위험한 일이다. 정치권력에 밉보일 경우 언제든 뒤탈이 있을 수 있기 때문이다.

그러나 박현주는 고집을 꺾지 않는다. 올곧은 정치인이라면 자신의 입장을 충분히 이해해줄 것이라 믿었다. 그렇지 않은 정치인이라면 더더욱 만날 이유가 없다고 생각했다. 장기적으로 보면 정치와 타협하지 않는 것이 회사에 훨씬 도움이 될 수 있다는 소신이 있었다. 누구에게도 거리낌 없이 정상적인 방식으로 회사를 경영하고 있다는 자신감이 없었다면 불가능했을 것이다. 실제 그는 미래에셋의 초고속 성장을 진두지휘하는 동안 감독당국의 정기감사를 포함해 수차례에 걸쳐 다양한 감사를 받았지만 무사할 수 있었다. 모든 회계를 투명하게 처리하고, 단돈 1원의 회사자금도 유용한 일이 없었던 까닭이다.

그는 돈이 아니라 성취감을 위해 일한다. 돈을 위해 타협하지 않았다. 1993년 만년 꼴찌 지점이던 동원증권 중앙지점을 전국 1위 점포로 키우고 나서다. 한 외국계 증권사는 그에게 연봉 10억 원이라는 파격적인 조건을 약속하며 영입을 제안한다. 당시 서울 강남의 50평대 아파트 시세가 2억 원 정도 했으니 10억 원이란 실로 엄청난 액수였다. 하지만 그는 이를 받아들이지 않았다. 더 큰 꿈을 좇기 위해서였다.

1988년 한신증권 상품운용과장 시절 3,000억 원의 회사자금을 운용할 때는 지점에서 특정 종목을 사달라는 제안을 거절한다. 당시에는 증권사들이 상품주식으로 지점과 연계된 매매를 하는 관행이 비일비재했다. 이 제안을 거절하면서 박현주는 상당한 압력과 질책을 받아야 했다. 그럼에도 그는 끝까지 지점의 요구를 들어주지 않았다. 회사 돈을 지점의 이익을 위해 이용하는 것은 옳지 못한 일이었기 때문이다. 훗날 지점에서 매수를 권했던 종목은 부도가 났다. 그가 타협했다면 회사는 막대한 손실을 봤을 것이다.

최고 부자가 아닌 최고 기부자를 꿈꾸다

박현주는 최고 부자가 되기보다 최고 기부자가 되기를 희망한다. 미래에셋 창업 당시 사회적 책임을 기업의 핵심가치로 설정하고, 창업한지 10개월 뒤인 1998년 4월, 1억 원을 출자해 미래에셋육영재단을 설립한 것도 이 때문이다. 박현주는 여기에 그치지 않았다. 2000년 3월 75억 원을 들여 박현주재단도 만든다. 자산운용의 자기자본 300억 원의 4분의 1에 해당하는 돈을 사회에 내놓은 것이다.

박현주는 2000년 이후 배당금의 대부분을 재단에 기부하고 있다.

특히 2010년부터는 자산운용사의 배당금 전액을 기부하고 있다. 그는 아름다운 자본주의를 꿈꾼다. 그리고 미래에셋이 한국 자본주의를 건강하게 만드는 데 일조하기를 바라고 있다. 미래에셋의 성장을 한국 사회와 고객으로부터 받은 선물이라고 보기 때문이다. 이러한 생각의 바탕에는 어머니의 가르침이 컸다. 그가 존경하는 어머니는 늘 독식하지 말고, 나누며 살 것을 강조했다고 한다.

박현주는 미래에셋의 미래를 위해 유럽식 지배구조를 만드는 방안을 구상하고 있다. 전문성을 갖춘 이들을 중심으로 이사회를 구성한 뒤 이사회가 경영전략을 설계하고 CEO는 이를 시행하는 식의 역할을 분담하는 구조다. 사실상 이사회가 실질적인 권한을 쥔 지배구조인 셈이다. 그는 전문경영인 시대를 열어야 한다고 보고 있다. 그래서 아직 정리가 다 되지는 않았지만 2세 경영을 택하지 않는다는 입장이다. "전문경영인이 회사를 맡는 시스템으로 가겠다"고 그는 밝혔다. 박현주가 지휘하는 미래에셋의 미래는 여전히 밝다. 정신과 육체가 건강한 그에게 욕심이라고는 은퇴하는 날이 죽는 날이기를 바랄 정도로 일 욕심밖에는 없기 때문이다. 10년 주기로 창조적 파괴를 감행했던 그다. 10년 뒤 미래에셋의 미래가 궁금해진다.

진웅섭 금융감독원장

불굴의 의지와 열정의 소유자

인생은 100m 달리기가 아니다. 한 번 쓰러진다고 해서 결승점에 먼저

도달하지 말란 법은 없다. 두 번, 세 번, 너댓 번 쓰러지더라도 역전기회는 얼마든지 있다. 스스로 포기하지 않는다면 말이다. 4전 5기란 말이 생겨난 것도 이런 연유에서일 것이다. 진웅섭 금융감독원장이 꼭 그랬다. 진 원장은 부친의 사업실패로 학업을 중단해야 할 만큼 뼈저린 가난을 체험한다. 그는 그러나 국가와 국민에 봉사하는 올곧은 공직자가 되겠다는 꿈을 포기하지 않았다. 역경을 딛고 일어서기를 반복했다.

공직의 길에 접어들어서도 마찬가지였다. 보직이 시원치 않다고 본분을 저버리지 않았다. 묵묵히 맡은 바 직무를 충실히 수행해나갔다. 요직을 차지해보겠다고 꼼수를 부리지 않은 것도 물론이다. 오히려 조직을 위해서라면 남들이 손사래 치는 자리도 마다 않고 받아들였다. 그 결과 그는 금융관료라면 누구나 한번쯤 도전해보고 싶어하는 금융감독당국의 수장 자리에 오른다. 그것도 동료와 선후배 관료들은 물론 언론의 박수를 받으면서 말이다. 그의 인생역전 비결은 무엇일까? 그리고 진웅섭호의 금융감독원은 어디로 가는 걸까?

꿈을 좇다

1959년 서울 태생인 진웅섭의 유년기는 유복했다. 국가공무원이나 공기업 직원이면 최고로 치던 시절, 부친은 공기업인 '한국국정교과서'에서 일했다. 당시 한국국정교과서는 둘째가라면 서러울 정도로 급여와 복지가 좋은 최고의 직장 가운데 한 곳이었다. 들어가기만 하면 실직 걱정 없이 정년까지 일할 수 있는 안정적인 직장이기도 했다.

하지만 부친이 그 좋은 직장을 그만두고 사업에 뛰어들면서 유복했던 그의 유년기에 먹구름이 끼기 시작한다. 서울 노량진 초등학교 2학년생 때, 그는 부친을 따라 울산으로 이사한다. 이듬해엔 다시 포항으로 이사해야 했다. 부친의 사업이 기울었기 때문이다. 남 부러울 것 없이 단란한 가정에서 행복한 유년기를 보냈던 그가 '가난'을 배운 건 그즈음이다. 초등학교 3학년생 때부터 고등학교 1학년생 때까지 7년여를 포항에서 사는 동안 혹독한 가난을 경험한다. 그의 기억에 넉넉함이란 부모님의 관심과 사랑말고는 없었다. 우등생으로 중학교를 졸업했지만 동지상고에 둥지를 튼다. 가정형편을 고려한 선생님의 진학 권유가 있었기 때문이다. 가난은 깊어져만 갔다. 그러나 학업에 대한 그의 열정은 식지 않았다. 진웅섭은 서울의 인문계 고등학교로 전학해 대학에 진학하기를 바랐다. 그가 검사가 되기를 원했던 부친은 서울에 터전을 잡기 위해 그의 2살 터울 여동생을 데리고 먼저 상경한다. 어머니는 포항에 남아 그의 곁을 지켰다. 졸지에 가족은 이산가족이 됐다. 하지만 일이 뜻대로 풀리지 않았다. 결국 그는 동지상고 1학년 재학 중에 자퇴한 뒤 어머니와 함께 상경한다. 대학에 진학하려면 고등학교졸업 자격이 있어야 했다. 그래서 이듬해 검정고시를 치러 고등학교졸업 자격을 따낸다. 그런데 가정형편은 그를 대학에 보낼 수 있을 정도로 여유롭지 못했다.

"자식 교육을 위해 생활고를 겪으면서도 서울 상경을 결정한 부모님이 감사했어요. 가난은 견딜 만했습니다. 불편하기는 했지만요. 결단을 내려야 했어요. 언제까지 부모님께 짐이 될 수는 없다고 생각했죠."

진웅섭은 대학진학보다 당장 먹고사는 문제를 해결해야 할 판이었다. 그의 선택지는 학력제한이 없는 공무원이 되는 길밖에 없었다.

1977년 봄, 그는 9급 공무원시험을 치르기로 결심한다. 그런데 시험응시 자격에 미달해 이마저도 포기할 상황에 놓인다. 공무원시험은 만 18세 이상인 자에 한해 응시기회가 주어졌다. 이 기준에 그는 정확히 보름이 모자랐다. 다행인 것은 그때 4급 을류(지금의 7급 공무원시험에 해당)시험 역시 학력제한이 없다는 사실을 알게 된 것이다. 내친김에 그는 그해 겨울 실시예정이던 4급 을류시험에 도전하기로 한다. 6개월간 시험공부에 매달린 덕에 그는 당당히 시험에 합격한다. 첫 근무지는 국방부였다. 동년배들이 고등학교 졸업을 앞두고 있을 즈음, 국방부에서 7급 공무원으로 일했으니 순탄치 못한 여정에서도 그는 오히려 한발 앞서갔던 셈이다.

국방부 공무원 생활이 익숙해졌지만 마음은 편치 않았다. 학업에 대한 열정 때문이었다. 그는 더 넓고 더 큰 세계를 꿈꾸고 있었다. 결국 그는 1979년 3월, 1년 3개월간의 국방부 공무원 생활을 정리하고 그해 건국대 법학과 장학생으로 진학한다. 법학을 공부하는 데 재미를 느꼈다. 하지만 그는 정책을 입안하고 시행하는 행정공무원이 자신에게 더 어울릴 수 있다고 뒤늦게 깨닫는다. 결국 진웅섭은 사법고시 대신 행정고시를 치르기로 한다. 1983년 건국대 법학과를 졸업하고, 1984년 서울대 행정대학원에 진학한다. 그로부터 얼마 뒤 28회 행정고시에 합격한다. 합격과 동시에 그간 미뤘던 군복무 의무를 마친 그는 30회 합격자들과 함께 연수를 받는다. 연수원에서 1년간 교육을 마친 그의 성적은 3등(일반행정)이었다. 고득점자 순으로 재직희망 부처를 선택할 수 있었다. 그는 주저하지 않고 재무부를 택했다.

진인사대천명(盡人事待天命)

재무부에는 다른 부처보다 명문대 출신의 엘리트들이 유독 많은 편이다. 연수원 성적이 우수했던 연수생들이 1순위로 선택하는 부처이기도 했다. 그래서 남보다 빛날 것 없는 그의 이력은 재무부에선 초라해 보일 수밖에 없었다. 그가 재무부와 금융위원회에 몸담는 동안 맡았던 보직 가운데 요직 중 요직이라 할 만한 것이 없었던 것도 이와 무관치 않다. 이를테면 그는 금융정책국 국·과장 등과 같은 보직을 맡은 적이 없다. 그럼에도 그는 2014년 말 금융감독원장에 지명된다. 비결은 어떤 일이 주어지든 맡은 바 소임을 묵묵히 수행하면서 꾸준히 좋은 평판을 쌓았던 때문이 아닐까 싶다.

필자는 2006년 청와대 출입기자로 일할 때 그를 처음 만났다. 그는 당시 대통령 비서실 경제정책비서관실의 행정관으로 일하고 있었다. 그를 소개해준 것은 재정경제부 출입기자 시절에 알았던 윤대희 경제정책수석비서관이었다. 윤 수석비서관은 인품이 출중한 관료였다. 그래서 많은 기자들의 존경을 받았는데, 당시 윤 수석은 진 원장을 "믿음직한 후배관료"라고 소개했다. 이후 필자는 윤 수석의 말이 틀림없음을 확인했다. 그는 겸양지덕을 갖춘 인격자였고, 매사에 열과 성을 다하는 진실된 관료였다. 더욱이 근면 성실했다. 당시 대통령 비서실 소속 관료들은 출근시간이 오전 7시였다. 그런데 그는 경기도 광주에서 대중교통수단을 이용하면서도 남들보다 30분씩이나 일찍 출근해 자리를 지켰다. 덕분에 이 시간 무렵부터 취재에 들어가야 했던 석간신문 기자들은 그에게서 많은 도움을 받을 수 있었다. 참여정부가 공식 창구 외 당국자의 대 언론활동을 금지토록 한 데다 그 역시 진중했던 탓에 특별한 정보를 얻을 수 있는 것은 아니었다. 다만, 그는 정부 정책의 큰 줄기와 방향을 설명하면서 기자들의 이해를 돕는 충실한 안내자가 돼주었다.

필자는 2009년부터 2011년까지 3년간 금융위원회를 출입하는 동안 좀 더 가까이서 그를 지켜볼 기회를 가졌다. 그때 모습 역시 다르지 않았다. 공적자금관리위원회 사무국장, 대변인, 자본시장국장, 새누리당 수석전문위원, 금융정보분석원장 등을 차례로 역임했던 그는 어느 자리에서건 공직자의 참모습을 견지하고 있다는 평판을 들었다. 교만하거나 권위적이지 않았다. 자신의 공을 내세우기보다 주변을 살폈다. 궂은일일수록 도맡아 처리하면서 솔선수범하는 자세를 보였다. 그는 특히 승진이나 요직을 탐하지 않았다. 오히려 인사적체로 끌탕하는 장관의 고민을 덜어주기 위해 남들이 기피하던 자리도 마다하지 않고 영에 따랐던 충직한 관료였다.

2014년 2월 금융정보분석원장(1급)에서 정책금융공사 사장으로 자리를 옮긴 것이 대표적인 예다. 당시 정책금융공사는 2015년 초 산업은행에 흡수통합될 예정이었다. 따라서 정책금융공사 사장에 부임한다 해도 재임할 수 있는 기간이 1년도 채 안 됐다. 더욱이 흡수통합을 앞둔 정책금융공사는 조직 내부에 심각한 갈등조짐이 나타나고 있었다. 장차관 승진 기회를 엿보는 1급 고위공무원이라면 누구라도 그 자리만큼은 피하고 싶었을 것이다.

하지만 진웅섭은 달랐다. 누구도 원치 않는 곳을 택한다. 정책금융공사 사장 재임기간에 보여준 그의 리더십은 특이했다. 그는 조직의 안정을 위해 각 직급을 대표하는 직원들과 일일이 면담을 실시한다.

그것도 모자라 앞날을 걱정하던 직원들에게 세 차례에 걸쳐 자신의 진솔한 마음을 담은 편지를 보내면서 상호 신뢰를 구축한다. 이를 통해 그는 부임 2개월 만에 부실 중점관리 공공기관을 제외한 금융공기업으로는 처음으로 노사간 합의를 이끌어냈다. 어느 자리에서건 간에 공직자로서 최선을 다했던 때문일까. 하늘이 돕는다. 2014년 말 그는 쟁쟁한 경쟁자들을 물리치고, 금융감독당국의 차기 수장으로 지명된다.

다양성 위에서 새 시스템 구축에 도전하다

"공정하고 투명한 규칙의 틀 아래에서 금융회사들이 창의적이고 자유로운 활동을 할 수 있도록 감독시스템을 구축하는 것이 급선무라고 봅니다. 이 점을 염두에 두고 구체적인 운영 방안을 고민하고 있습니다."

금융감독원장 취임 후 8개월여가 흐른 어느 날, 그는 사석에서 필자와 만나 "감독당국이 솔선해 개혁할 때"라며 이같이 밝혔다. 그가 '공정하고 투명한 규칙의 틀'을 강조한 것은 의미심장하다. 사실, 금융감독원은 간혹 금융회사의 재무건전성에 대한 관리감독이라는 본연의 의무를 저버리고 잘못된 길을 선택해 비판을 자초했다. 자율시장 경쟁원리에 반해 시장가격에 개입하는 잘못을 저질렀다. 일부 당국자는 직간접적으로 금융 인사에 개입하기도 했다. 불필요한 규제 남용으로 금융회사의 질적 성장을 가로막는다는 비판을 받은 것도 물론이다. 이에 대해 일부 당국자들은 정치외압 등으로 불가피했다고 항변한다. 하지만 이런 해명은 면죄의 이유가 될 수 없다. 금감원의 신뢰는 다른 누군가가 아니라 금감원 스스로 구축해야만 한다. 금융감독원을 정부가 아닌 민간의 독립기관으로 남게 한 것은 어떠한 외압으로부터도 자유롭게 하기 위함임을 감독원이 모를 리 없다. 진 원장이 공정하고 투명한 규칙의 틀을 이야기한 것은 아마도 이를 염두에 둔 것 같다. 그는 "직원들이 책임감을 갖고 근무할 수 있는 여건을 조성하겠다"면서 "이런 차원에서 조직문화 개선, 조직의 생산성 제고, 전문성 제고를 위한 각종 교육강화, 가치관 공유 등에 힘쓸 계획"이라고 말했다.

진웅섭은 실제 조직 문화를 개선하고 생산성을 제고하기 위한 일환으로 취임 3개월 만에 능력중심의 인사원칙을 관철한다. 조직의 파벌화를 막기 위한 것이었다. 누구에게나 공평한 기회를 줘야만 조직의 시너지가 나타날 수 있다는 것이 그의 신념이다. 그가 단행한 첫 임원인사는 향후 금감원 인사의 향방을 가늠할 수 있는 나침반이었다. 임원인사의 특징은 서울대·고려대·연세대 등 이른바 'SKY 대학' 출신의 퇴조다. 금감원 전체 임원 14명(감사 포함) 가운데 'SKY 대학' 출신은 고작 22%였다. 1998년 금감원 출범 후 이 비율은 줄곧 60%에 육박했다.

"능력위주의 인사원칙을 관철하다 보면 다양성이 나타나게 됩니다. 이러한 다양성은 조직을 활력 있게 만드는 바탕이 되고요. 그래서 인사원칙은 절대로 깨트리지 않을 겁니다. 인사를 둘러싼 어느 누구의 청탁이나 압력에도 굴하지 않을 테고요. 인사가 바로 서야 개혁도 추진력을 갖게 된다고 믿습니다."

진웅섭의 인사 바로 세우기는 비단 금감원 조직에만 그칠 것 같지 않다. 제도적으로 허락되지 않은 그 어떠한 금융회사의 인사에도 개입하지 않겠다는 것이 그의 원칙이기 때문이다. 금융회사들 사이에서

인사철마다 불거져 나왔던 금융감독당국의 인사개입에 대한 불만은
어쩌면 이제 종식될지 모른다.

대한민국 금융학맥 지도

서울

＊**고등학교:** 경기고 서울고 경복고 덕수상고 경성고 경동고 중앙고 중동고 선린상고 경신고 (서울) 관악고 용산고 광성고 (서울) 휘문고 고려고 양정고

＊**대학교:** 건국대 고려대 단국대 동국대 서강대 서울대 성균관대 연세대 중앙대 한국외대 한양대

대전·충청도

＊**고등학교:** 대전고 청주고 강경상고

부산·대구·경상도

＊**고등학교:** 경북고 대구고 경남고 부산상고 진주고 계성고 부산고 마산고 상주고

＊**대학교:** 영남대

광주·전라도

＊**고등학교:** 광주제일고 전주고 광주상고 광주고 순천고 군산상고

＊**대학교:** 전남대

한국 금융인맥과
미래 금융권력

일러두기

- 부록에 등장한 금융업계 종사자들의 근무지 및 직책은 2016년 2월 기준입니다.
- '금융인맥의 핵, 고교 동문'의 고등학교 순서는 각 고등학교에 소개된 인물 명수를 기준으로 삼았습니다.
- '명문대 금융인맥'의 금융업계 종사자들의 대학 출신별 분석은 은행(금융지주회사 임원포함, 지방은행 제외) 7개사, 증권사 57개사, 자산운용회사 79개사, 보험사(손해보험사 15개사, 생명보험사 12개사) 27개사, 신탁사 11개사, 신용카드사 7개사, 금융유관기관 10개소, 금융감독원(국장급 포함), 한국은행까지 총 200곳을 대상으로 조사한 내용입니다. 대학교 순서는 가나다순을 기준으로 삼았습니다.

━━━ 1 ━━━
인맥은 어떻게 형성되는가

지식보다 강한 인맥

인맥(人脈)의 사전적 의미는 정계, 경제계, 학계 따위에서 형성된 사람들의 유대관계를 말한다. 인맥이 있고 없느냐에 따라, 인맥이 좋고 나쁘냐에 따라 개인의 출세와 사업적 성공 여부가 향방을 달리하면서 인맥의 중요성은 날로 증대되는 추세다.

캘리포니아대학교 버클리캠퍼스 정책대학원 교수인 미국의 경제학자 로버트 라이시(Robert Reich)가 내놓은 인맥에 관한 연구 보고서는 매우 흥미롭다. 라이시는 보고서를 통해 미국에서 인맥의 중요성이 과거보다 훨씬 증대되고 있다고 밝혔다. 그는 미국의 전문 로비스트 중 128명이 국회의원 출신이었다는 조사결과를 토대로 많은 의원들이 자신의 인맥을 돈벌이 수단으로 이용하기 위해 자발적으로 의회를 떠나고 있다고 주장했다. 그는 또 대학도 인맥의 관점에서 바라봤다. 1960년대까지 대졸자가 8%에 불과했지만 2000년대 들어 25%로 증가한 것은 인맥의 가치를 깨달으면서라고 지적했다. 그는 "진실을 말하자면, 직장을 구하는 데에 있어 대학교육이 갖는 진정한 가치는 대학에서 배운 것보다는 대학에서 만난 사람과 더 큰 관계가 있다. 동창회가 잘 조직된 학교를 다니면 더 앞서 나갈 수 있다. 명문대학이라면 인맥의 가치는 더 높을 것이다. 아이비리그의 교육이 다른 곳보다 뛰어난 점이 있다면, 웅장한 도서관이나 교수들의 능력보다는 대학에서 얻게 되는 인맥 쪽일 것이다"라고 주장했다.

인맥은 돈이고 힘이다. 한국사회에서도 그간 인맥은 사회적 성패를 결정 짓는 중요한 잣대가 됐다. 커다랗고 촘촘한 인맥은 나라를 움직이는 거대한 힘으로 성장하곤 했다. 학연과 지연을 고리로 뭉친 정치세력들은 권력을 잡 고 국정을 좌지우지했다. 박정희 정권 시절부터 전두환·노태우 정권에 이르 기까지 약 30년간 권력은 대구·경북지역 출신임을 의미하는 TK가 잡았다. 또 TK 조직의 핵심엔 경북고등학교라는 학연집단이 똬리를 틀고 있었다. 김 영삼 정부 땐 부산·경남을 의미하는 PK 정치권력이 경남고 출신자들을 중 심으로 뭉쳤다. 김대중 정부 시절엔 광주고와 광주제일고 학연의 호남인맥이 권력의 핵심으로 부상했다. 노무현 정부 시절엔 1980년대 학생운동을 주도하 던 운동권 출신이 386, 486세대란 이름으로 권력의 핵심으로 떠올랐다. 이명 박 정부 때는 고려대를 나왔거나 소망교회를 다니는 사람, 영포회 출신을 뜻 하는 '고소영'이 정부 요직을 차지하면서 핵심권력으로 회자됐다. 아울러 전 두환·노태우 정권 시절엔 육군사관학교 내 친목단체인 하나회 출신 군인들 이 군과 정치권력의 핵심이 돼 막강한 권력을 거머쥐었다.

서울대 법대 인맥은 대한민국 정부수립 이후 반세기 넘게 법조계만 지배한 것이 아니다. 이곳 출신 엘리트들은 핵심 경제관료로, 금융계 유력 인사로 일 했다. 또 기업 중추 부서의 브레인으로 포진했기에 경제계에서도 막강한 힘 을 과시했다. 이 밖에 금융계를 움직이는 주요 인맥으로 재무부 출신 관료를 뜻하는 모피아(MOFIA)와 한국은행 조사부, 자금부 출신의 엘리트 학연집단 이 존재한다.

인맥은 어떻게 형성되는가

인맥은 학연과 지연, 혈연, 동호인 모임, 업연(業緣), 종교 등을 통해 형성되는데, 일반적으로 직장인들이 가장 쉽게 접하는 인맥의 고리는 학연과 지연이다. 고향에서 멀리 떨어져 나와 사는 사람일수록 이런 현상이 짙다. 지역 연고가 같은 동문끼리 정기모임을 갖다 보면 자연스레 연줄이 생기고, 그것이 곧 인맥이 될 때가 많다. 인맥이 출세나 사업적 성공을 보장하기 때문에 인맥이 부족하다 싶은 사람들은 더 적극적인 방법으로 인맥 쌓기에 나서기도 한다. 각종 스포츠, 레저 동호인 모임을 갖거나 최고경영자(CEO)를 위한 대학의 문화 강좌 과정을 수강하면서 인맥을 넓히고 있다. 이것은 비단 한국사회에서만 나타나는 현상이 아니다.

미국의 지식인사회도 대학 동문이나 동호인 클럽이 인맥을 쌓는 중요한 가교가 되는 것으로 알려졌다. 미국 주류사회의 다수파인 앵글로 색슨계 미국인 신교도를 뜻하는 WASP(White, Anglo-Saxon, Protestant)는 클럽 활동을 통해 인맥을 구축하고 있다. 미국의 금융부호 J. P. 모건도 인맥을 쌓기 위해 무려 19개에 달하는 클럽에 가입해 회원들과 친교의 시간을 가졌다고 한다. 한국에도 라이온스 클럽, 로타리 클럽 등 오래전부터 경제인들을 위한 클럽이 활성화돼 있고, 소셜 네트워크 서비스(SNS)를 통한 동호인 모임도 최근 수년 새 부쩍 증가하는 추세다.

그러나 우리나라에선 이런 부류의 모임보다는 학연, 지연, 업연에 기반을 둔 정기모임이 인맥을 쌓는 훨씬 보편적인 수단이었다. 금융계에선 1970~1980년대부터 동향 또는 동문 모임이 활성화됐고, 이것이 사내 모임에서 은행·증권·보험 등 금융업권별 모임으로, 다시 전체 금융인단 모임으로 확장됐다. 다만 고교 동창회, 대학 동창회 등 동문모임의 경우 현재, 약간의 변화가 나타나고 있다. 과거에 가장 활발했던 고교 동문 모임이 최근 들어 뜸해지고 있는 것이다.

2000년대 중반까지만 해도 고교 동문 모임이 대학 동문 모임보다 활발했다. 그러나 2010년대에 들어서면서 고교 동문 모임과 대학 동문 모임 간 역전 현상이 나타난다. 이 같은 변화는 고교비평준화 세대(서울의 경우 1957년 이전 출생자)의 은퇴와 무관치 않아 보인다. 서울과 지방별로 약간의 차이가 있지만 고교비평준화시대의 마지막 세대는 1957년생(서울, 부산이 해당함)이다. 이들은 최근 10년간 금융산업의 주역으로 활약했다. 그러나 2010년대 중반에 들어서면서 이들 역시 은퇴기에 접어들었다. 명문고 동문모임에서 잔심부름을 하며 선배 비위를 맞췄던 이들은 금융계 은퇴를 앞두고 아쉽고, 서운한 속내를 드러낸다. 지방 명문고인 K고 동문회의 한 회원은 "후배들이 계속 금융권에 들어와줘야 동문회가 유지될 텐데, 이제 눈을 씻고 찾아봐도 후배들을 만나기 어렵다"며 동문회가 쇠락했다고 끝말을 잇는다.

물론 고교 동문 모임이 다 시들해진 것은 아니다. 학업성적은 우수했지만 가정형편이 어려워 서울과 지방의 상업고등학교에 진학해야 했던 이들은 여전히 활발한 동문 모임을 갖고 있다. 머리 좋기로는 둘째가라면 서러웠는데 가정형편상 대학진학을 포기하면서 '엘리트'란 소리 한번 못 듣고 산 이들이다. 이들은 눈물 젖은 빵을 먹던 시절을 기억하며 아직도 끈끈한 동문 간 결속을 과시하곤 한다.

한편 금융인들에게는 업연이 인맥의 결정판이 되기도 한다. 지연, 학연은 없지만 서로 다른 자리에서, 다른 직장에서 각자의 길을 걷다 우연한 기회에 같은 업무를 맡으면서 알게 된 자들이 신뢰를 쌓은 덕에 끈끈한 관계로 발전하는 경우다. 금융인들은 특정 프로젝트를 수행하기 위해 관료나 회계사, 변호사, 기타 일반법인 사람들과 일을 하게 되는 경우가 있다. 이런 기회에 소중한 인연을 맺은 자들은 훗날 서로 도움을 주며 관계를 발전시켜 나갔다.

관료사회의 업연 역시 인맥을 쌓는 중요한 계기가 된다. 프로젝트를 수행하는 동안 국·과장의 눈에 들 정도로 똑 부러지게 일했던 자들은 훗날 요직을 맡게 된다. 이는 당시 함께 일했던 국·과장의 천거가 있기 때문이다. 금융당국으로 따지면 금융정책국 등에서 업연을 쌓는 경우다. 이곳에서 업무수행능력을 인정받으면 빠른 승진기회를 잡으며 남들이 부러워할 만한 자리에서 승승장구하는 게 일반적이다.

학계나 연구원에 있던 이들이 금융당국이나 금융기관, 국책연구원 등에서 요직을 차지하는 경우도 업연이 계기가 될 때가 많다. 이들은 대통령 후보자의 선거캠프에서 공약을 만들고, 정책을 기획하면서 공로를 인정받은 자들이다. 후보가 대선에 승리할 경우 캠프출신 인사들은 정무직(장차관)이나 정부가 출자 또는 출연한 정책금융기관, 국책연구원, 금융연구원, 자본시장연구원, 보험연구원 등의 수장에 오르곤 했다.

금융당국 수장 학맥 분석 – 서울대, 경제학과 출신 최다

역대 금감위원장, 금융위원장을 출신대학별로 분류해보면 서울대 7명, 고려대 3명, 연세대 1명이다. 이헌재 1대, 이정재 4대, 윤증현 5대 금감위원장이 서울대를 나왔다. 2008년 금융위원회 출범 후 임종룡 5대 위원장이 선임되기 전까지 금융위원장은 줄곧 서울대 출신이 바통을 이어받았다. 전광우 1대, 진동수 2대, 김석동 3대, 신제윤 4대 금융위원장이 바로 이들이다. 이용근 2대, 이근영 3대, 김용덕 6대 금감위원장은 고려대 출신이다. 소위 'SKY 대학'에 속하면서도 2014년까지 단 한 명의 금융위원장도 배출하지 못했던 연세대는 임종룡의 등극으로 말미암아 비로소 첫 단추를 꿰게 된다.

전공별로는 경제학과와 법학과 출신이 각각 5명, 4명으로 다수를 차지했다. 이용근, 이정재, 전광우, 신제윤, 임종룡 위원장이 경제학과를, 이헌재, 이근영, 윤증현, 진동수 위원장이 법학과를 나왔다. 경영학과 출신은 김용덕, 김석동 위원장 등 2명이었다.

출신 고교를 보면 경기고가 2명의 장관을 배출했다. 이헌재 1대 금감위원장, 김석동 3대 금융위원장은 경기고 선후배 사이다. 이 장관이 김 장관의 10년 선배다. 두 장관은 각각 관치의 화신, 관치의 달인이란 별명의 대책반장 출신이다. 1998년 이 장관이 야인에서 관료로 컴백한 뒤 두 사람은 기업 금융구조조정을 추진하면서 손발을 맞춘다. 하지만 업무스타일은 달랐다. 이헌재가 물밑 행보에 능숙한 지략가라면, 김석동은 야전사령관 스타일의 전략가다.

두 사람의 공통점은 많다. 금융위기 때 등장해 해결사로 나섰다는 것이다. 사안별로 대책반을 만들어 대응하고, 새로운 금융기법을 창조해내는 능력도 닮은꼴이다. 취미도 비슷하다. 폭탄주를 즐겼다는 것. 이 전 장관은 금감위원장 시절, 100여 명이 넘는 기자단과 대작할 정도로 대단한 주량의 소유자였다. 세미나 뒤풀이 회식장소에서 8~9명씩 나눠 앉았던 10여 개 테이블을 직접 돌며 폭탄주를 권했다. 필자는 아직까지 그처럼 작고 호리호리한 체구의 두주불사를 보지 못했다. 안주를 즐기지 않는 편이다. 손에서 술이 떠날 줄 몰랐던 그가 끝까지 날렵한 몸매를 유지했던 것은 아마도 이 때문인 것 같다. 물론 지금은 다 옛날 이야기가 돼버렸다. 이 전 장관은 술을 끊은 지 오래다. "술에 장사(壯士) 없다"는 말이 맞는가 싶다. 김 전 장관은 술을 마다하지 않지만 꼭 필요한 자리에서만 마신다. 그와 일곱 잔 이상 소주 폭탄주를 주고받는다면 격의 없는 사이이거나 아주 중요한 자리라는 뜻이다. 김 장관은 미식

가라서 안주도 즐기는 편이다.

이정재 4대 금감위원장은 TK 학맥의 핵심, 경북고를 나왔다. 진동수 2대 금융위원장은 고향이 전북 고창이지만 서울 경복고를 나왔다. 고향도 출신 고교도 달랐지만 두 사람 역시 닮은꼴이다. 일 처리가 신중하고 꼼꼼하다. 보고가 시원치 않거나 잘못이 있으면 일일이 지적해 수정하고 직접 리포트를 만들기도 한다. 말수가 적은 편이다. 상대방이 적의가 없는 것을 확인한 후가 아니면 속내를 잘 드러내지 않는다. 포커페이스의 전형이다. 뒤탈이 생기겠다 싶거나 오해 살 일이면 하지 않는 것도 비슷하다. 이 장관은 금감원 수석부원장 때나 금감위원장 시절 구내식당을 이용한 단골손님이다. 웬만하면 외부 인사와 따로 약속을 잡지 않았다. 구설수에 오르는 걸 싫어했다. 진 장관도 외부 인사나 초면인 사람을 무척 경계했다. 구면인 사람이 아니면 술자리도 잘 갖지 않는 편이다.

2
금융인맥의 핵, 고교 동문

끈끈한 관계로 치면 대학 동문이 고교 동문을 따라갈 수 없다. 고교 동문은 대개 학연과 지연을 모두 충족하는 조건이기 때문이다. 고등학교가 같으면 나고 자란 곳도 같은 경우가 일반적이다. 물론 예외가 없는 것은 아니다. 경기고는 서울에 있지만 전국의 수재들이 모이는 곳이었다. 그래서 경기고는 '전국구'로 불렸다. 전국에서 학생들이 지원하는 고등학교란 의미다.

명문고에 진학하려면 입학시험을 치러야 했다. 경쟁이 만만치 않았다. '공부 좀 한다'는 소릴 듣던 수재들이 경합을 벌였다. 지금의 대입 수학능력시험을 방불케 했다. 명문고에 진학하는 것이 대학 진학 등 여러모로 도움이 된다고 믿었기에 원하는 학교에 들어갈 수 없던 학생들은 고교 입시에서 재수를 택하기도 했다.

고교평준화가 실시된 해는 서울과 부산이 1974년, 대구와 인천, 광주가 1975년이다. 이어 1979년에 대전·전주·마산·청주·수원·춘천·제주가, 1980년에 창원·성남·원주·천안·군산·익산·목포·안동·진주가 평준화를 따라간다. 따라서 마지막 비평준화 세대는 서울·부산의 경우 1957년생 (1976년 고교 졸업자)이고, 대구·인천·광주는 1958년생(1977년 졸업자), 기타 지방은 1962~1963년생(1981~1982년 졸업자)이다.

그렇다면 명문고란 어디를 말하는 것일까? 서울에 10여 곳, 지방에 20여 곳 등 전국에 30여 곳이 명문고로 꼽힌다. 서울의 경우 경기·서울·경복·용산·경동 5대 공립고와 중앙·휘문·보성·신일·양정·동성·배재 7대 사립고가 이에 해당한다. 이 가운데 3곳을 제외한 4대 공립고, 5대 사립고를 명문고로 분류하는 사람도 있다. 고등학교도 전기, 후기로 나눠 모집했는데, 이들 학교 가운데 중앙·휘문·신일·동성·경동고는 후기 모집을 실시하던 곳이었다. 전기 모집을 실시한 경기·서울·경복고의 시험을 치렀다 낙방한 학생들은 차선책으로 이들 학교를 선택한 것으로 알려졌다. 지방에선 영남에 경북·경남·부산·진주·마산·상주고와 대구사대부고가, 호남에 광주제일·광주·전주·순천고가, 충청권에 대전·청주·충주고가, 인천에 제물포·부평고가 강원 지역에 춘천·강릉고가 각각 명문고로 꼽혔다.

비평준화 시대에는 명문 상업고등학교도 존재했다. 성적이 우수하지만 가정 형편이 어려워 남보다 일찍 취업전선에 나갈 처지였던 수재들은 상고를 택했다. 서울의 덕수·선린상고와 부산·광주·군산·강경상고 등이 좋은 학교로 알려졌다. 비평준화 시절 서울고를 다녔던 한 금융회사 CEO는 "중학교 졸업성적이 상위 10% 안에 들면 웬만한 명문고 진학이 가능했는데, 상위 6% 안에 들던 친구가 가정형편 때문에 상업고로 진로를 틀었다"며 "그가 선택한 학교가 덕수상고였다"고 회고했다.

이들 상고 출신들은 2000년대까지 금융당국은 물론 은행, 증권, 보험 등 전 금융권역에서 중책을 맡으며 막강 인맥을 구축했다. 경제부처 장차관으로 일했거나 현직에 있는 장차관 가운데도 상고출신이 적지 않다. 수출입은행장을 역임했던 김동수 전 공정거래위원장, 허용석 전 관세청장, 김동연 전 국무조정실장, 주형환 산업통상자원부 장관은 덕수상고 출신이다. 금융인 가운데는 수를 헤아리기 어려울 만큼 많다. 이성태 전 한은총재는 부산상고를, 라응찬 전 신한금융지주 회장은 선린상고를, 신상훈 전 신한은행장은 군산상고를, 윤종규 KB금융지주 회장은 광주상고를, 함영주 KEB하나은행장은 강경상고를 나왔다.

경기고

따로 소개가 필요 없는 우리나라 최고의 명문 고등학교다. 서울에 위치했지만 멀리 제주도에서 유학을 올 정도로 전국의 수재들이 이곳에 다 모였다. 이 학교는 원래 서울 종로구 화동 지금의 정독도서관 부지에 위치했다가 1976년 서울 강남 삼성동으로 이전했다. 증언에 따르면 비평준화시대 마지막 세대인 이 학교 72회 졸업생(1976년 졸업)까지 70% 가량이 졸업 후 서울대에 진학했다고 한다. 숫자로는 당해 졸업생만 300여 명에 달했고, 재수·삼수생까지 포함하면 많을 때는 400명에 육박했다고 한다. 이는 당대 최고 서울대 진학률이다. 경기고를 명문고 중의 명문고로 치는 이유도 여기에 있다. 김영삼 정부 시절 장관을 역임했던 부산고 출신의 한 인사는 "경기고가 300명 안팎, 서울고가 230명 안팎, 경복고가 190명 안팎으로 서울대에 진학시켰고, 부산고와 경남고가 각각 170명 내외의 학생을 서울대에 진학시켰던 것으로 기억한다"고 말했다. 어찌 됐든 비평준화 시절 서울대가 출셋길의 시작이라면, 경기고는 출셋길의 시작으로 가는 첫 단추로 인식됐다.

이 학교 졸업생들은 명문대에 진학한 뒤 정·재계, 법조계, 문화·예술계 등 사회 각 분야에 진출해 유명인사로 성장했다. 금융계에도 막강한 파워 인맥집단을 형성하고 있다. 1957년생이 비평준화의 마지막 세대이지만 전통이란 것이 역시 무섭다. 1977년 이후 졸업생 가운데도 눈에 띄는 금융계 유력인사들이 많다.

하나금융그룹 회장을 맡았던 김승유 하나고등학교재단 이사장, 이헌재 전 재경부 장관, 어윤대 전 KB금융지주회장, 김중수 전 한국은행 총재가 경기고 선후배 사이다. 권오규 전 경제부총리와 재경부 차관과 우리금융지주 회장, 은행연합회장을 역임했던 박병원 경영자총연합회 회장, 이승우 전 예금보호공사 사장, 김경호 전 한국주택금융공사 사장, 홍기택 전 산은지주 회장, 최흥식 전 하나금융지주 사장(이상 1952년생) 등은 67회 졸업 동기생이다. 김석동 전 금융위원장, 신창재 교보생명 회장, 하영구 은행연합회장(이상 68회 졸업생)은 1972년 졸업 동기다. 임영록 전 KB금융지주회장, 주재성 우리금융연구소 대표, 김준일 전 한은 부총재보, 민성기 은행연합회 전무, 김진홍 전 KB생명보험 사장, 홍완기 전 국민은행 부행장도 경기고 선후배 사이다.

71회 졸업생들은 경기고가 우리나라 경제금융인맥의 산실이라는 점을 다시 한 번 확인시켜준다. 최중경 전 지식경제부(현 산업통상자원부) 장관, 김대기 전 청와대 정책실장, 조원동 청와대 경제수석이 1975년 졸업했다. 한 해 빠른 70회 졸업생 가운데도 유명인사가 많다. 임승태 금융통화위원회 위원, 허경욱 전 기획재정부 차관 등 경제금융관료 출신 외 박원순 서울시장, 김준규 전 검찰총장, 새누리당 유일호 의원(현 경제부총리 겸 기획재정부 장관), 김회선 의원, 권태균 전 조달청장, 정택환(전 재경부 고위공무원) 한화생명 감사 등이다.

증권업계에는 박종수 전 금융투자협회장, 전상일 전 NH농협증권 사장, 원종석 신영증권 사장, 박장호 씨티그룹 글로벌마켓증권 사장, 오희열 한화증권 부사장, 정해근 동부증권 부사장, 손승렬 한화증권 감사, 최유화 교보증권 상무, 유민복 NH농협증권 상무, 신원정 삼성증권 상무 등이 있다. 또 자산운용 업계에는 최효준 알에이케이자산운용 감사, 서상철 KDB자산운용 대표, 김범석 더커자산운용 대표, 최재혁 마이다스 에셋자산운용 대표, 윤석준 KTB자산운용 상무가 있다. 뿐만 아니다. 신탁업계엔 관료출신인 이우철 코람코자산신탁 회장, 김용기 한국토지신탁 사장이 이 학교 동문이다. 금융위원회 상임위원을 역임했던 유재훈 한국예탁결제원장, 김성배 한국거래소 감사, 박윤식 한화손해보험 대표 등도 경기고 동문이다.

서울고

경기고와 쌍벽을 이루는 명문고교로 한때 서울대 진학률이 가장 높았다. 탁월한 리더십으로 '따거'란 별명이 따랐던 윤증현 전 재정경제부 장관, 금융관료 출신으로 화합형 리더십을 발휘했던 김용환 농협금융지주 회장이 이 학교를 나왔다. 최수현 전 금융감독원장도 윤 전 장관의 고교 9년 후배다. 금융업계에선 황영기 금융투자협회장이 맏형 격이다. 남기섭 전 수출입은행 수석부행장, 김한철 기술보증기금 이사장, 박지우 KB캐피탈 사장, 박동순 전 KB국민은행 감사, 심재오 전 KB국민카드 사장, 허재성 한국은행 부총재보, 위성호 신한카드 사장이 이 학교 출신이다. 고교평준화 세대의 이 학교 동문으로는 이광일 KB국민카드 상무, 금감원의 이주형 기획조정국장, 조철래 기업공시국장 등이 있다.

증권업계에도 서울고 동문이 많다. 구자훈 전 LIG투자증권 회장, 윤용암 삼성증권 대표, 김석 전 삼성증권 대표, 오영수 KIDB채권중개 대표, 정진석 동양증권 전 대표 등이 있다. 이 가운데 윤 대표는 꼼꼼한 일 처리로 일찍이 CEO 후보로 지목돼왔다. 성품이 온화하고 겸손해 선후배들과 두루 친분을 쌓고 있다. 때문에 윤 대표는 서울고 출신 현역, OB 동창회 모임의 구심점으로 역할하고 있다. 김용환 농협금융지주회장과 매우 가까운 사이다. 알짜배기 중소 증권사 중 하나인 유화증권 윤경립 대표이사 회장은 비평준화 세대 서울고 마지막 동문이다.

증권업계에는 사외이사로 뛰는 서울고 동문이 유독 많은 편이다. 교보증권 정동수, 한화투자증권 정의용, 정규상, 우리투자증권(현 NH투자증권) 한택수, 유화증권 조영석, 신한금융투자증권 이해익, 삼성증권 유영상, 안세영 등이 이들이다. 평준화 세대 서울고 출신의 활약도 특기할 만하다. 김경식 대신증권 감사, 이정민 KDB대우증권 전무, 김희동 동부증권 상무, 신동철 신한금융투자 상무, 이현승 SK증권 사장, 이천기 크레디트스위스증권 대표가 있다. 이밖에 김성준 토러스투자증권 상무, 김중일 SK증권 상무, 장재원 교보증권 이사, 김현윤 동양증권 이사, 신제학 리딩투자증권 상무 등이 서울고를 나왔다.

자산운용업계에도 서울고 출신 CEO그룹이 존재한다. 성운기 다비하나인프라펀드자산운용 대표, 김호식 FG자산운용 대표가 그들이다. 안광명 신한BNP파리바자산운용 감사, 서정두 한국투자신탁운용 상무, 송훈 미래에셋자산운용 상무, 김재상 메리츠자산운용 상무, 김홍곤 LS자산운용 이사도 동문 명단에 이름이 올라 있다. 보험업계엔 김영만 동부화재 부사장, 황찬 코리안리 상무, 이성재 현대해상 상무, 백성식 미래에셋생명 상무가 있다. 한국거래소의 신평호 국제산업단장과 류성곤 유가증권시장본부장보는 1961년 동갑내기 서울고 동기 동창이다.

경복고

경기고, 서울고와 함께 서울의 빅3 명문고로 꼽힌다. 2015년 한 조사기관이 국내 500대 기업 CEO를 대상으로 출신 고교를 조사한 결과, 경기고(43명) 다음으로 많은 29명의 동문이 확인됐다. 다만, 금융계에는 상대적으로 동문이 많지는 않은 편이다. 김대영 이지스자산운용 대표가 현재 금융권에서 현역으로 뛰는 최고령 동문이다. 전북 고창 출신의 진동수 전 금융위원장, 전남 목포가 고향인 재경부 고위공무원 출신 김병기 전 서울보증보험 사장, 채정병 롯데카드 사장이 이곳을 나왔다. —

산업은행의 노용기 부행장, 김열중 전 부행장, 김종준 전 하나은행장, 조현철 예금보험공사 부사장, 강준오 전 한국은행 부총재보 등이 2~3년 선후배 사이다. 증권업계에는 김기범 전 KDB대우증권 사장, 산업은행 부행장을 지낸 윤만호 KDB대우증권 비상근 상무, 이광열 동부증권 부사장이 있다. 1955년생인 윤 상무와 이 부사장은 졸업 동기로 알려졌다. 신유식 하이카다이렉트보험 전무도 이 학교 출신이다.

이 밖에 평준화 이후 동문으로는 조원성 동부화재 상무, 임석정 전 JP모건 한국대표, 여승주 한화생명 전무, 한화증권 배준근 상무, 홍승우 전 상무, 김정욱 하나대투증권 상무, 최용훈 SK증권 리서치센터장, 전우진 HDC자산운용 전무, 여정환 삼성자산운용 상무, 장호근 마이에셋자산운용 상무, 허성무 KDB자산운용 상무, 구본욱 전 LIG손해보험(현 KB손해보험) 상무 등이 있다.

덕수상고

전국 제일의 명문상고라고해도 과언이 아닐 정도로 다수 인재들을 배출했다. 졸업 후 일류 대학에 진학한 자들도 많았다. 이들 중 일부는 각종 고시에 도전해 고위공무원으로 일했다. 김동수 전 공정거래위원장, 허용석 전 관세청장, 김동연 전 국무조정실장, 주형환 산업통상자원부 장관이 대표적이다. 덕수상고 출신자들의 금융권 활약은 상상을 초월한다. 1990년대 증권·투신업계에는 덕수상고 동문이 수백 명에 이를 만큼 세가 대단했다. 그러나 다른 상고와 마찬가지로 현재는 전성기가 지났다. 2010년대 들어 고위직에 있는 동문 수가 눈에 띄게 줄었다.

이백순 전 신한은행장, 김진수 전 금감원 부원장보, 이익중 전 금감원 대전지원장이 이 학교를 나왔다. 주인종 신한은행 부행장, 이승록 우리카드 부사장, 김인환 하나생명 사장(전 하나은행 부행장), 임해진 산업은행 부행장, 김기헌 KB국민은행 부행장, 서형근 IBK기업은행 부행장, 윤동기 NH농협은행 부행장이 은행권 등에서 활약하는 이 학교 동문이다. 정희종 한양증권 감사, 이재복 흥국증권 상무, 김은섭 코리아에셋투자증권 부사장, 조영구 LIG투자증권 전무, 신정호 메리츠종금증권 전무, 장광수 대신증권 상무, 김용대 하나대투증권 상무보, 이인수 신영증권 이사가 증권업계에서 뛴다.

자산운용업계에선 허성철 마이애셋자산운용 상무, 이한석 프런티어자산운용 대표, 이준 HDC자산운용 전무, 장덕진 신한BNP파리바자산운용 부사장이 활약하고 있다. 또 김학현 농협손해보험 사장, 동부화재 성인완 상무, 이재욱 상무, 한화손해보험 조성원 상무도 덕수상고가 자랑하는 동문이다.

경성고

서울 마포구 연남동에 있는 사립 고등학교로 1967년 9월 학교법인 경성학원으로 설립인가를 받았다. 1968년 문을 연 이 학교는 그로부터 약 10년 뒤 고교평준화 시대가 도래하면서 꽃을 피운다. 증권가가 위치한 여의도가 지척인 때문인지 증권업계에 이 학교 출신들이 꽤 많다. 이들 가운데는 주목받고 있는 오너경영인도 수두룩하다.

토러스투자증권 조성준 부사장이 현직에 있는 경성고 출신 맏형이다. 유진투자증권 유창수 대표와 현대증권 윤경은 대표는 동기동창이고, 한국투자증권 김남구 부회장은 이들의 1년 후배다. 하나대투증권 정윤식 전무, 동양증권 남기명 상무, BS투자증권 박선종 상무, 한맥투자증권 전민수상무, 신영증권 신우성 이사, 현대증권 오성진 상무, 강승원 전무, KDB대우증권 이경하 이사, 메리츠종금증권 김석순 상무보, 신영증권 김동헌 이사, 박재우 상무 등이 이 학교를 나왔다. 김 부회장과 유 대표는 고려대 선후배 사이이기도 하다. 하나 대투 정윤식 전무와 신영증권 박재우 상무는 연세대 선후배로 다시 만났다. 토러스투자증권 조성준 부사장, 현대증권 윤경은 대표, 신영증권 신우성 이사, 김동헌 이사, BS투자증권 박선종 상무는 한국외대 선후배 사이다. 자산운용업계에는 하이자산운용의 이정철 대표, 코람코자산운용에 윤영규 사외이사, 베스타스자산운용에 이상호 부사장이 이곳 출신이다. 1금융권에는 산업은행 류희경 수석부행장, 우리금융지주 김승록 상무, KB국민은행 정윤식 상무, KB국민카드 정성호 상무가, 보험업계에는 삼성화재 오상훈 상무가 이곳을 나왔다.

경동고

이명박 정부 시절 정치·법조·금융·언론계의 파워 인맥으로 급부상했다. 경기고, 경복고 인맥이 부럽지 않은 서울의 K고계 명문이라 하여 K3라고도 불린다. 비평준화 시절, 경기·서울·경복·용산 등과 함께 5대 공립고로 꼽혔는데, 이 중 유일하게 후기 시험을 치렀다. 때문에 이 학교 동문 가운데는 경기, 서울 등 당시 전기 최고 명문고 시험을 치렀다가 낙방한 학생들이 유독 많은 편이다. 경동고 인맥은 금융계에서 막강파워로 현존한다. 대한투자신탁 출신인 김호중 전 동부증권 사장은 재경부 관료와 한국증권금융 사장을 거친 이두형 전 여심금융협회장과 이 학교 동기동창이다. 대한투자신탁, 한국투자신탁, 국민투자신탁 등 1980~1990년대 자본시장을 쥐락펴락하던 3투신의 임원 중 상당수가 이 학교를 나왔다. 임태희(행시 24회) 전 새누리당 의원은 김근수(행시 23회) 여신금융협회장의 1년 선배다. 금융감독원 이은태 부원장보, 이종욱 전 특수은행검사국장, 오홍석 뉴욕사무소장은 이 학교 선후배 사이다. 이 부원장보가 3학년생일 때 이종욱 국장은 2학년생, 오 국장은 1학년생으로 수학했다. 고교 시절 얼굴도 모르고 지내던 이들이 금감원이란 한 지붕 아래에서 20여 년간 한솥밥을 먹게 될 줄 누군들 알았을까? 김수재 산업은행 부행장은 이은태 부원장보와 동기동창이다. 안동규 IBK기업은행 본부장, 최민승 씨비알글로벌인베스터스자산운용 전무, 김철인 유리자산운용 부사장, 강태수 한국은행 부총재보도 이 학교 동문이다. 서태환 하이투자증권 대표, 김창수 흥국증권 상무, 강석윤 동부증권 상무, 김정호 우리투자증권 상무보, 김혁 KTB투자증권 전무, 차상용 교보악사자산운용 상무, 윤창선 ING자산운용 상무, 김완규 미래에셋자산운용 상무보 등이 증권 및 자산운용업계에서 역량을 발휘하고 있다.

중앙고

중앙고는 서울의 5대 사립고 중 제일로 꼽히던 곳이다. 정통 금융관료에서 전문경영인으로 탈바꿈한 윤용로 전 외환은행장, 금융위원회 사무처장을 역임했던 김주현 우리금융연구소 대표가 이 학교 출신이다. 김진규 한국상장사협회의 부회장(전 한국거래소 유가증권시장본부장), 유가증권시장본부장, 박찬종 현대해상화재 공동대표, 정인지 전 교보생명 전무, 권오훈 KEB외환은행 부행장도 중앙고 동문이다. 윤석준 동부화재 상무, 백승엽 동양자산운용 상무, 이은성 메리츠종금증권 상무, 정원석 LS자산운용 상무, 이강우 LIG손해보험(현 KB손해보험)상무, 황혁 신영증권 이사, 황재우 KDB대우증권 이사, 이

승인 롯데카드 이사, 박종삼 MG손해보험 이사, 김우연 신영증권 이사, 주운석 GS자산운용 CFO 등도 중앙고 명맥을 잇는 금융인이다. 정치권의 대표적인 거물로는 정몽준 새누리당 의원이 있다.

중동고

중동고는 주·야간 반이 있었던 전통 명문고 중 한 곳이다. 비평준화 시절 한때 서울대 입학생을 100명 넘게 배출하던 명문 사립고로 이름을 날렸다. 서울에서 가장 주먹이 센 고등학교로도 회자됐다. 패를 지어 주먹자랑하던 학생들이 꽤 많았던 까닭이다. 이 학교 동문은 공부 서열로는 몇 째인지 분명치 않지만 싸움 서열로는 1등이었던 모교라고 입을 모은다. 의리를 중시하는 학풍에 따라 학생들 간의 결속력도 남달랐다는 게 이 학교 졸업생들의 자랑거리다. 날이 갈수록 무게감이 더해지는 새누리당 김무성 대표가 이 학교를 나왔다. 김 대표는 경남중학교를 나온 이유로 경남중, 경남고 동문회의 멤버로도 인정된다. 박상훈 전 롯데카드 사장, 장상용 전 손해보험협회 부회장, 노승방 메리츠화재 감사, 박영준 전 금융감독원 부원장, 임영빈 삼성증권 부사장이 중동고를 나왔다. 원종익 코리안리 고문, 임경일 동부화재 상무, 원정호 삼성카드 전무, 안용환 금감원 인재개발원실장, 김정기 삼성화재 상무, 허종수 메리츠종금증권 상무, 엄준흠 신영증권 부사장, 조민상 미래에셋증권 전무가 이 학교를 나왔다.

선린상고

선린상고는 대한민국 정부수립 이래 금융인재를 계속해 배출했던 명문상고다. 문상철 초대 은행감독원장이 이 학교 출신이다. 신한금융그룹 역사의 산

증인인 라응찬 전 신한금융지주 회장의 모교이기도 하다. NH농협은행의 김종운 부행장, 이정모 부행장은 이 학교 1년 선후배 사이다. 이동대 제주은행장, 임영석 신한은행 부행장, 조성하 신한카드 부사장이 라응찬 전 회장의 계보를 잇는 신한금융그룹 임원으로 활약하고 있다. 윤웅원 KB국민카드 대표도 이 학교를 나왔다. 증권업계에는 김상용 NH농협증권 전무, 박준양 한양증권 상무, 박종길 교보증권 상무가 선린상고 졸업 동기로 알려졌다. 이 밖에 조백석 서울보증보험 상무, 전성훈 KTB자산운용 이사 등이 있다.

경신고(서울)

경신고는 연세대 설립자 언더우드가 세운 학교로 서울 혜화동에 위치해 있다. 지승룡 신흥증권(HMC투자증권) 전 대표가 이 학교를 나왔다. 금융감독원 국장 출신인 김형남 삼성선물 감사, 하나은행 이현주 부행장, 한성수 전 부행장, 유석하 IBK캐피탈 사장, 정왕호 하나자산신탁 감사도 경신고 동문이다. 신영증권 출신의 베스트 애널리스트 김한진 KTB투자증권 리서치센터 수석연구위원, 김영철 하나UBS자산운용 부사장도 경신고가 자랑하는 금융인이다. 최성일 금융감독원 감독총괄국장, 안성은 도이치증권 한국 대표, 임인혁 현대자산운용 전무, 박덕용 전 현대해상 상무, 김윤식 전 삼성증권 상무도 이 학교를 졸업했다.

관악고

관악고 출신은 증권 자산운용업계에서 활약이 두드러진다. 평준화 이후 첫 졸업생인 장옥석 NH농협증권 상무가 이 학교를 나왔다. 김형태 전 자본시장연구원장, 박태형 SK투자증권 상무, 송대환 부국증권 상무는 1961년생 동갑

내기이고, 최영선 브레인자산운용 전무, 석희관 하이자산운용 전무, 명노욱 KB투자증권 상무는 1962년생으로 같은 해에 졸업했다. 송병철 리딩투자증권 부사장, 조병주 한화투자증권 상무, 류재천 흥국자산운용 전무, 박상훈 아이엠투자증권 상무, 전경남 미래에셋증권 상무보, 김용우 금융감독원 금융혁신 국장도 관악고 동문이다.

용산고

용산고는 5대 명문 공립고로 꼽힌다. 은행, 증권, 보험 등 전 금융권에서 이 학교 출신의 묵직한 인사들이 활약 중이다. 참여정부 마지막 금감위원장을 지낸 김용덕 법무법인 광장 고문이 용산고를 나왔다. 신충식 NH농협은행장, 이우공 전 외환은행 부행장, 정회동 전 KB투자증권 사장이 1974년 졸업 동기 동창이다. 심섭 수출입은행 부행장, 이신기 신한금융지주 부사장, 이선재 우리투자증권 감사, 강호 보험연구원장, 허준 IBK투자증권 부사장은 1975~1977년 졸업한 한두 해 선후배 사이다. 강호 보험연구원장과 정회동 전 사장은 서울대 경영학과 동문이기도 하다. 문봉성 하나대투증권 상무, 추용 전 한화투자증권 부사장, 오성태 아이엠투자증권 상무, 김성훈 키움증권 상무, 한화그룹에서 잔뼈가 굵은 황용기 전 한화생명 전무, 동부화재 유용주 전 부사장도 용산고 선후배 사이다.

광성고(서울)

제2금융권에서 활약이 대단하다. 권용원 키움증권 사장은 동문 모임에서 주로 밥을 사는 현직 최고참이다. 권 사장의 1~2년 후배로는 우리투자증권(현 NH투자증권)의 정자연 상무, 공현식 상무, 최창민 키움증권 상무, 이봉민 미래에셋증권 상무가 있다. 이재헌 드림자산운용 전무, KDB대우증권 조완우 상무, 이재원 전무, 구희진 대신증권 부사장, 김병주 메리츠종금증권 상무도 증권업계에서 중역으로 일하는 광성고 동문이다. 보험업계엔 서영길 더케이손해보험 본부장, 정하진 전 KB손해보험 상무가 있다.

휘문고

중앙고와 함께 서울의 사립고를 대표하는 전통의 명문고다. 신제윤 전 금융위원장이 이 학교를 나왔다. 보험개발원장을 역임한 강영구 메리츠화재 윤리경영실장(사장), 이기범 전 KB금융지주 전무는 신 전 위원장의 졸업 동기이다. 김양진 전 우리은행 수석부행장(현 비씨카드 감사), 문경모 전 더케이손해보험 대표, 안형준 동부화재 감사는 신 전 위원장의 1년 선배이고, 금융감독원 출신인 김영린 전 금융보안원 원장, 이한조 SK증권 상무는 신 전 위원장의 한 해 후배다. 평준화 세대 휘문고 졸업생으로는 김형열 전 신영증권 부사장, 홍성희 전 신영증권 전무, 이성구 전 신한금융투자 본부장, 윤여철 전 동양증권 이사, 김도한 롯데손해보험 상무 등이 있다.

고려고

이건호 전 KB국민은행장, 조인구 미 일리노이대 석좌교수, 주진형 한화투자증권 사장이 고려고 졸업 동기다. 이들은 전교 톱 자리를 놓고 서로 경쟁했다. 베스트 애널리스트 출신의 홍성국 KDB대우증권 대표와 아이엠투자증권 진종철 상무, 우리투자증권 최영남 상무, 이상걸 미래에셋생명 대표이사 사장, 석윤수 교보생명 전무, 김강현 LIG손해보험 전 상무도 고려고를 나왔다.

양정고

양정고등학교 역시 비평준화시절 서울을 대표하는 명문 사립고로 자리매김해왔다. 금융위원회 증권선물위원을 지낸 홍영만 자산관리공사 사장, 김동수 우리은행 상무, 이해용 산업은행 부행장이 이곳 출신이다. 증권업계에는 장승철 하나금융투자 사장과 김덕규 NH농협증권 상무, 김범상 전 한맥투자증권 대표가 있다. 이들 세 사람은 나란히 고려대에 진학해 학연의 끈을 이어간다. 이형민 동부화재 상무, 장주일 흥국화재 상무도 양정고를 나왔다.

경북고

경북을 대표하는 명문고다. 1960년대부터 30여 년간 이 학교 동문이 금융권의 최강자로 군림해왔다. 김준성 전 경제부총리, 배수곤 전 은행감독원장, 서봉균 전 외환은행장, 김만제 전 부총리, 이경재 전 기업은행장, 정지태 전 상업은행장 등이 그들이다. 이 당시 정치권의 거물 신현확 전 총리도 이 학교를 나왔다. 졸업생 중의 상당수가 서울의 명문대로 진학했고, 일부는 영남대학교를 택했다. 지방 명문대로 꼽히는 영남대가 역내 인재를 유치하기 위해 천마장학제도를 운영한 영향이 컸다.

이정재 전 금감위원장, 재정경제부 세제실장과 중부국세청장, 현대증권 대표 등을 거친 최경수 한국거래소 이사장, 권혁세 전 금융감독원장이 이곳을 나왔다. 김건섭 전 금감원 부원장, 오창한 전 KEB하나은행 부행장, 성기영 전 산업은행 부행장, 이동건 우리은행 부행장, 김형진 신한금융지주 부사장, 정광문 우리은행 준법감시인, 조희철 IBK기업은행 본부장, 임영호 하나금융지주 부사장이 은행권 내 경북고 인맥이다. 이 가운데 김건섭 전 부원장과 김형진 부사장은 영남대 경제학과를 나왔고, 이동건 부행장은 영남대 경영학과에서 수학했다.

한국예탁결제원장 등을 역임했던 재경부 고위공무원 출신의 정의동 동부증권 사외이사, 김한섭 KTB투자증권 부회장, 정경호 토러스투자증권 감사, IBK투자증권 조강래 대표, 노일균 전무, 삼성증권 이상대 상무, 최영호 상무, 김규대 하나대투증권 상무, 한승우 신영증권 상무는 증권업계 경북고 동문이다.

자산운용업계의 이상진 신영자산운용 대표, 박승득 한주자산운용 대표가 1955년생으로 김건섭 금감원 부원장과 동기 동창이다. 산업은행 부행장 출신인 송재용 전 KDB인프라 자산운용 대표는 권 전 원장의 졸업동기생이다. 홍호덕 HDC자산운용 전무, 박홍식 ING자산운용 전무, 이동호 한국투자신탁운용 상무보가 이 학교 명맥을 잇는 평준화 세대 졸업생이다. 보험업계에는 김병헌 전 KB손해보험 사장, 조용일 현대해상 전무, 김용주 동부화재 상무가 있다.

대구고

대구고는 금융권에 뿌리 깊은 학연집단으로 자리매김해왔다. 금융황제 이원조의 모교인 동시에 박근혜 정부 실세로 꼽히는 정치인 최경환 경제부총리의 모교이기도 하다. 이순우 전 우리금융지주 회장 겸 우리은행장(현 저축은행중앙회 회장)이 현직의 최고 어른이다. 산업은행 부행장을 거친 김윤태 KB데이타시스템 사장, 구동현 산은캐피탈 사장, 유구현 우리카드 사장, 현성철 삼성카드 부사장, 허인 KB국민은행 상무가 이곳을 나왔다. 최한선 삼성증권 상무, 권광호 전 동양증권 전무, 전병조 KB투자증권 사장, 이재복 한국투자증권 상무, 김상태 유진투자증권 상무가 증권업계 대구고 동문이다. 김형기 KDB자산운용 상무, 김홍일 아이디어브릿지자산운용 대표, 삼성화재 김정철 전 부사장, 김상욱 전 상무, 김선택 상무, 장영철 전 상무, 정도현 전 LIG손해보험 상무,

김성일 한화손해보험 상무, 최기림 롯데손해보험 이사도 대구고를 나왔다.

경남고

고 김영삼 전 대통령의 모교로 김영삼 정부 시절 동문의 활약이 컸다. 부산고와 자웅을 겨뤘지만 동문은 경남 제일의 명문고라는 자부심이 대단하다. 박근혜 정부 들어 김기춘이 2대 청와대 비서실장으로 영전하면서 경남고 인맥이 다시 주목받기도 했다. 이명박 정부 초대 재정경제부 장관을 지낸 강만수(18회 졸업) 전 산은지주 회장, 재정경제부 기획관리실장을 거쳐 수출입은행장, 은행연합회장 등을 역임한 신동규(23회 졸업) 전 농협금융지주회장, 김정태(25회 졸업) 하나금융지주 회장 등 금융계의 묵직한 인사들이 이곳을 나왔다. 김해 출신 안민수(29회 졸업) 삼성화재 사장도 경남고가 자랑하는 동문이다. 안 사장은 그룹 비서실 출신으로 삼성생명에서 잔뼈가 굵었다. 삼성생명 자산운용본부장, 삼성생명 금융사장단협의회 단장, 부사장을 거쳤고, 오랫동안 금융CEO 수업을 받았던 베테랑이다. 금감위 상임위원, 예금보험공사 사장을 거쳐 정치인으로 변신한 새누리당 박대동 국회의원은 신동규 전 회장의 동기 동창이다. 두 사람은 서울대 경제학과 동문이기도 하다. 김경석(24회 졸업) 유리자산운용 사장, 서준희 비씨카드 사장, 안병찬(27회 졸업) KB투자증권 감사, 한상춘 미래에셋증권 부사장, 김기형 메리츠종금증권 전무, 이학기 삼성증권 상무 등이 있다.

외환위기 전까지만 해도 전 금융권, 특히 산업은행, 수출입은행 등 국책은행에서 파워 학맥 집단으로 군림했지만 현재는 현업에서 뛰고 있는 동문 수가 얼마 되지 않는다. 이 학교 출신으로 고위 금융관료를 역임했던 한 원로 금융인은 "30회 졸업생부터 이른바 삥삥이 세대인데, 수도권에서 활약 중인 후배들이 많지 않아 서운하다. 격세지감을 느낀다"고 말했다. 정치권의 이 학교 동문으로는 권철현 새누리당 의원(19회 졸업), 오거돈 전 해양수산부 장관(21회 졸업), 서병수 새누리당 의원(25회 졸업), 문재인 더불어민주당 대표(25회 졸업)가 있다.

부산상고

부산상고는 부산·경남(PK)을 대표하는 명문상고로 수많은 인재를 배출했다. 이 학교 동문인 고 노무현 전 대통령이 집권하던 참여정부 시절 최고 전성기를 맞았다. 이성태 전 한국은행 총재가 이 학교 출신이다. 박인병 전 KB부동산신탁 사장, 최진영 전 금감원 전문심의위원, 장성훈 금감원 연구위원이 동기 동창으로 알려졌다. 서현주 신한은행 부행장, 조성래 금감원 소비자보호총괄국장은 이들의 한두 해 후배다. 증권업계 부산상고 동문으로는 정성도 한맥투자증권 부사장, 차영수 삼성증권 부사장, 김정호 부국증권 전무, 조희준 LIG투자증권 상무, 문성형 신한금융투자증권 본부장, 권명석 하이투자증권 본부장이 있다. 보험업계의 박태근 전 LIG손해보험(현 KB손해보험) 상무, 박찬선 동부화재 상무도 이 학교 동문이다.

진주고

삼성·LG·효성그룹 창업주의 모교인 진주고는 장학제도가 좋아 한때 경남권 전역에서 인재들이 모였다. 심지어 경남고, 부산고 등 명문고가 즐비한 부산에서도 진주고 진학을 위해 유학 온 학생들이 있었다고 한다. 이 때문에 이 학교 출신자들은 명문대학 진학률도 높았고, 졸업 후 정·재계는 물론 법조계에서도 맹활약하고 있다. 금융계 인맥도 마찬가지다. 전성기는 지났지만 수적으로는 여전히 많은 편이다. 권기현 전 부국증권 감사, 금감원 보험검사국 장을 지낸 성인석 전 MG손해보험 부사장, 조현준 하나대투증권 전무는 1957 년생으로 같은 해 졸업했다. 최진세 하이투자증권 상무가 마지막 비평준화세 대 졸업자다. 이창수 금감원 대구지원장도 이 학교를 나왔다. 전용배 프랭클 린템플턴자산운용 대표, 김재동 베어링자산운용 상무, 김영일 한국투자신탁 운용 전무, 박철호 롯데카드 이사, 최현 유진투자증권 상무, 김성현 유진자산 운용 상무, 임경호 키움증권 이사, 허영범 신영증권 이사, 조우철 부국증권 전무, 김경성 메리츠종금증권 상무 등이 진주고 선후배 사이다.

계성고

계성고는 경북고, 대구사대부고, 대구고 등과 함께 대구를 대표하는 4대 명문 고로 꼽힌다. 서진원 전 신한은행장, 김영기 전 산은캐피탈 대표, 김영대 전 은 행연합회 부회장, 우리금융지주 계열 권기형 우리에프아이에스 대표가 계성 고를 나왔다. 금융위원회 부위원장, 기획재정부 차관을 거친 추경호 전 국무 조정실장도 계성고 동문이 자랑하는 인사다. 대한생명 인수의 주역으로, 이곳 에서 부사장으로도 일했던 금춘수 한화그룹 사장과 제갈걸 HMC투자증권 대 표는 계성고 한 해 선후배 사이다. 이중삼 전 LIG손해보험 상무, 김진효 HMC 투자증권 상무, 정종표 동부화재 상무, 백승홍 흥국화재 상무, 손덕곤 현대자 산운용 상무, 이준혁 유리자산운용 이사가 각각 계성고를 나왔다.

부산고

부산고는 경남고와 함께 PK를 대표하던 명문고다. 1980~1990년대까지 김 영석 전 조흥은행장 등 동문의 활약이 컸다. 한동우 신한금융지주 회장이 은행권을 대표하는 현직 최고 연배의 동문이다. 임양택 한국예탁결제원 감사는 한 회장과 동기 동창이다. 장남식 손해보험협회장도 부산고를 나왔다. 차남규 한화생명 사장, 김성수 SK증권 감사, 정근택 하이투자증권 본부장, 신재명 신한금융투자 본부장, 변종기 현대증권 상무보, 김수명 KB자산운용 감사, 신성철 코람코자산신탁 상무, 정무남 리치먼드자산운용 이사가 부산고 계보를 잇고 있다.

마산고

마산고 동문은 모교가 경남고, 부산고 못지않은 경남권을 대표하는 전통 명문고라는 자부심이 대단하다. 전평 부국증권 대표, 임창섭 전 하나대투증권 대표, 주영래 IBK자산운용 대표, 김경록 미래에셋자산운용 사장이 이 학교 동문이다. 장만익 수출입은행 부행장, IBK기업은행 윤조경 전 부행장, 양영재 전 부행장, KDB대우증권 이삼규 수석부사장도 1년 선후배 사이로 두터운 친분을 자랑한다. 최향림 하나대투증권 상무, 이재정 신한카드 부사장, 권철환 MG손해보험 상무가 이곳을 나왔다.

상주고

고교비평준화 시절, 곶감의 명소 상주에 위치한 상주고에도 인재가 모여들었다. 기업은행 최초 내부 승진 은행장인 조준희 전 기업은행장이 이 학교를 나왔다. 황상길 KB부동산신탁 감사는 조 전 행장의 1년 후배이고, 정화영 전 우리금융지주 부사장은 조 전 행장의 2년 후배다.

광주제일고

호남인맥을 대표하는 명문고로 통한다. 김대중 정부 시절 전성기를 구가했다. 은행, 증권, 보험 등 금융업계는 물론 금융당국에도 이 학교 동문이 요직을 차지했다. 이들은 '서일금회'라는 이름의 동문모임을 갖고 있다. 서일금회란 광주서중학교와 광주일고를 나온 금융인 모임이라는 데서 따온 이름이다. 이 모임을 통해 이들은 끈끈한 우애를 과시하며 다른 이들의 부러움을 샀다. 하지만 김대중 정부에서 노무현 정부로 넘어가면서 점차 힘이 빠졌다. 1940년대 후반에서 1950년대 초반 출생의 금융당국자들은 김대중 정부 때 호시절을 경험했지만, 1950년대 중·후반 출생자들은 정권이 교체된 뒤 다시 차별 논란 속에 자리에서 물러나야 했다. "때를 잘못 만났다"는 하소연이 이들 사이에서 터져 나왔다.

금융감독위원회 초대 대변인을 맡았던 김영재 칸서스자산운용 회장이 현재 광주제일고 동문의 맏형 격이다. 1998년 증권감독원의 국장으로 있는 동안 동서증권 청산관리인으로 일했다. 어느 지위에서든 선이 굵다는 평을 받았다. 김광수 전 금융정보분석원(FIU) 원장과 금융감독원 회계감독국장을 역임했던 윤승한 전 KDB대우증권 감사는 동기 동창이다. 김 전 원장은 서울대 경제학과에, 윤 전 감사는 서울대 경영학과에 진학하면서 연을 이어간다. 한국 자본시장 역사에 새 장을 열고 있는 박현주 미래에셋금융그룹 회장도 이 학교를 나왔다. 금융감독원 감사실 국장, 보험연수원장을 거친 조기인 코리안리 감사가 서일금회 동문회장을 맡다가 1년 후배인 오세일 신한데이타시스템 대표에게 바통을 넘겼다. 오 대표는 김광수 전 원장, 윤승한 전 감사와 졸업 동기다.

자산운용업계에선 광주제일고의 힘이 막강하다. 칸서스자산운용 김 회장

외에도 CEO를 맡은 동문이 셋이나 더 있다. 한국투자신탁운용 정찬형 전 대표, 한국투자밸류자산운용 박래신 대표, KTB자산운용의 장인환 대표가 이들이다. 이 가운데 정 대표와 박 대표는 1956년생으로 동기 동창이다. 졸업 후 정 대표는 고려대를, 박 대표는 연세대를 택했다. 비록 대학에서 진로가 바뀌었지만 고교 동기동창인 이들은 한국투자금융그룹이라는 한 지붕 아래에 다시 모여 서로 다른 자산운용회사 대표로 일했다. 참으로 기막힌 인연이다. KTB자산운용의 장 대표는 증권 자산운용업계에서 꽤 이름이 알려진 인사다. 동원증권을 거쳐 국민투신, 현대투신에서 펀드매니저로 일하는 동안 유명인사가 됐다. 미래에셋 박현주 회장의 졸업 동기다. 고 김정태 전 국민은행장은 동원증권 대표를 역임했는데, 그 시절 장 사장은 2년 선배인 정찬형 사장, 동기 박 회장과 함께 동원증권의 삼두마차로 일했다. 임경택 산업은행 부행장, 허정수 KB손해보험 부사장(전 KB국민은행 상무), 신용채 KB국민카드 상무, 박홍석 금융감독원 자산운용검사국장, 최경주 미래에셋증권 부사장, 고성일 유안타증권(옛 동양증권) 상무, 김진위 드림자산운용 상무도 광주일고를 대표하는 동문이다. 박병귀 전 코리아신탁 감사, 금감원 국장 출신의 나명현 전 현대해상화재 감사, 박경희 KB 손해보험 상무, 이규연 거래소 유가증권시장본부 상무도 광주일고를 나왔다.

전주고

비평준화 시절 전라북도 전역의 수재들이 모인 학교다. 1960년대 전성기엔 전남권에서도 전주고를 찾아 멀리 유학 온 것으로 전해진다. 정치권의 전주고 인맥이 1980~1990년대 막강파워를 과시했다. 같은 시기 금융권에서도 전주고 학맥의 파워가 위력적이었다. 1956년생인 설영환 전 수출입은행 부행장은 감사원 출신의 김용우 전 우리은행 감사와 졸업 동기다. 김현수 우리은행 상무는 이들의 2년 후배다. 금융감독원 출신의 박임출 증권예탁결제원 본부장, 설인배 공보실 국장은 전주고 3년 선후배 사이다. 백도관 동양증권 전무, 박영완 SK증권 상무, 권혁동 키우증권 상무, 나기수 현대증권 상무, 박기호 동부증권 상무, 이준재 한국투자증권 상무가 이 학교를 나왔다. 자산운용업계의 박찬홍 플러스자산운용 대표, 서경석 현대자산운용 상무, 구자갑 골든브릿지자산운용 이사, 이기현 신영자산운용 전무 등도 이 학교 동문이다. 이 밖에 박병명 전 KB손해보험 감사, 김상진 교보생명 상무, 이강만 한화손해보험 상무, 정재문 대한토지신탁 특수사업본부장이 전주고를 나왔다.

광주상고

전국에서 손꼽히는 명문상고 가운데 한 곳이다. 전 금융권에서 굵직한 일을 맡고 있는 금융인이 여전히 많다. 윤종규 KB금융지주 회장, 권점주 신한생명 부회장은 1955년생으로 동기 졸업생이다. 윤 회장의 1년 후배로는 안홍열 IBK자산운용 사장, 이용권 우리은행 부행장, 이희권 KB자산운용 사장 등이 있다. 유점승 우리은행 부행장도 이곳을 나왔다. 유 부행장의 1년 후배로는 양현근 금융감독원 부원장보, 민경부 KDB대우증권 상무가 있다. 이정호 전 KB저축은행 사장, 김영표 신한은행 부행장, 고정희 LIG투자증권 감사, 강유원 미래에셋생명 상무도 광주상고 출신임을 자랑스러워한다. 이 밖에 이경수 메리츠화재 전무, 임인순 대한토지신탁 사업본부장, 홍석동 한맥투자증권 부사장, 최순권 유진투자증권 감사가 이 학교 동문이다.

광주고

광주고는 광주제일고와 자웅을 겨루던 명문고다. 1960년대에서 1970년대 초반까지는 이 학교 출신자들이 광주제일고보다 사회진출이 더 활발했던 것으로 알려졌다. 1990년대까지만 해도 은행, 증권사에서 중역으로 뛰는 이 학교 동문이 많았다. 이용근 금융감독위원장, 송달호 전 국민은행장, 위성복 전 조흥은행장 등이 이 학교를 나왔다. 박현주 미래에셋 회장의 오른팔로 주목받던 최현만 미래에셋생명 부회장도 이 학교 출신이다. 안종운 한국자산신탁 사외이사, 오종남 삼성증권 사외이사, 김석준 IBK기업은행 본부장, 김진완 동부증권 감사, 이종원 미래에셋증권 상무, 박근성 신영증권 이사, 강경곤 HMC투자증권 이사, 위호환 LIG투자증권 상무보, 나윤택 LS자산운용 전무가 광주고 명맥을 잇고 있다.

순천고

광주제일고에 필적할 만큼 사회각계 진출이 활발했던 전남권을 대표하는 명문고다. 전라선과 경전선 철도가 교차하고 호남·남해 고속도로의 시발지였던 순천은 오랫동안 교통과 교육의 중심지였다. 여수와 여천이 통합되고 광양이 시로 승격되기 전, 순천 인근 시·군의 중학교 졸업생 중에 성적이 우수한 학생들은 예외 없이 순천으로 유학을 왔다. 특히 고교평준화 이전에는 여수·여천·광양·구례·곡성·보성·고흥 등지에서 수재로 소문난 학생들이 순천의 상급학교로 진학했는데, 그중에서도 순천고에 가장 우수한 인재들이 몰렸다. 평준화 이전 이 학교 출신자들 가운데 서울대를 비롯한 명문대 진학률이 높았던 이유도 바로 이 때문이다. 하지만 1990년대 후반기를 정점으로 순천고 금융인맥은 간신히 손가락을 꼽을 정도로 숫자가 줄었다. 금융감독원 초대 증권감독국장을 역임했던 이갑수 전 한국자산운용협회 전무가 이 학교 출신이다. 김용복 NH농협은행 부행장, 김상성 전 KB국민은행 전무, 채광석 전 서울보증보험 전무도 순천고 동문이다.

정상기 미래에셋자산운용 부회장, 서형복 금감원 정보화전략실장, 김재룡 금감원 기업공시제도실장, 채규칠 코리안리 상무, 안세철 롯데카드 상무, 양채진 하이카다이렉트보험 상무, 김성진 미래에셋자산운용 부사장, 황명선 신한금융투자 본부장, 김성현 KB투자증권 전무, 박순문 신영증권 상무, 배일규 아시아신탁 전무, 최광욱 에셋플러스자산운용 상무도 이 학교 동문이다.

순천고 출신자 가운데 특이한 이력을 가진 자는 김재열 전 KB금융지주 전무다. 그는 해커 출신이다. 23세였던 1993년 청와대의 PC통신 아이디를 도용해 은행 전산망에 접속했다가 적발돼 당시 대검찰청 중앙수사부 2과장으로 일하던 정홍원 전 국무총리에게 검거됐다. 국내 최초의 해커 범죄로 기록된 이 사건으로 말미암아 그는 구치소 신세를 졌다. 정 전 총리는 그의 능력을 아깝게 여겼다. 이 때문에 그가 출소한 뒤 여러 회사에 소개해 취업을 알선한다. 그는 대우에 입사해 그룹 전산통합업무로 사회생활을 시작했다. 이후 금융컨설팅 분야에 진출했으며 1998년에는 기획예산처 민간계약직 사무관에 특채됐다. 그는 2008년 국민은행 연구소 소장으로 부임하며 KB금융과 인연을 맺었고 녹색금융사업본부장을 거쳐 2013년 KB금융그룹 전체 정보관리를 책임지는 CIO에 올랐다. 하지만 2014년 전산시스템 교체과정에서 이권에 개입한 혐의로 검찰에 다시 구속됐다.

군산상고

군산상고는 전라북도를 대표하는 명문상고다. 신상훈 전 신한금융지주 사장,

이재우 전 신한카드 사장 등 다수 동문이 한때 신한금융그룹 내 요직에서 일했다. 신 전 사장은 이 전 사장의 군상상고 2년 선배다. 장명기 전 외환은행 부행장, 이헌 전 KB국민은행 부행장, 김경태 한맥투자증권 상무, 두준호 서울보증보험 상무보가 이 학교를 나왔다.

대전고

충청권의 최고 명문 고등학교로서 이규성 전 재정경제부 장관, 이근영 전 금감위원장 등 다수 장관을 배출했다. 이인호 전 신한은행장도 대전고가 자랑하는 동문이다. 조용병 신한은행장, 박원식 전 한국은행 부총재, 김홍무 NH농협은행 부행장, 박준홍 IBK기업은행 본부장, KEB하나은행 배문환 전 외환은행 전무, 오상영 전무, 김덕수 전 KB국민카드 사장, 권혁승 하나카드 부사장 등이 은행권의 동문이다. 증권업계엔 민경열 삼성증권 감사, 이대희 현대증권 상무보, 최형호 BNP파리바증권사장, 류병희 LIG투자증권 전무, 변재상 미래에셋증권 대표, 송용태 신한금융투자 본부장이 있다. 자산운용업계의 박천웅 이스트스프링자산운용 대표, 유인준 칸서스자산운용 대표는 62년생 동기동창으로 연세대에도 함께 진학했다.

보험업계엔 금융감독원 부원장보 출신의 신응호 KB손해보험 감사, 이상윤 신한생명 부사장, 이종수 삼성화재 상무가 있다. 이규성 전 재정경제부 장관이 코람코자산신탁 회장으로 아직 현직에서 뛰고 있다. 이 전 장관의 고교 10년 후배이면서 재정부에서 이 전 장관을 도와 일했던 고위관료 출신 한정기 전 한국증권전산 사장도 코람코자산신탁의 사외이사로 일하고 있다. 조문성 생명보험부동산신탁 대표도 이 학교 출신이다. 이 밖에 금융정보분석원장을 지낸 박재식 전 한국증권금융 사장, 이종구 전 금융위원, 금융투자협회 남

진웅 전 상근부회장, 한국거래소 심재승 전문위원, 이병래 금융정보분석원장, 금융감독원 최금환 전 광주지원장, 박희춘 회계전문심의위원이 대전고를 나왔다.

청주고

충청권의 명문고다. 경제부총리를 거쳐 17대, 18대 국회의원을 지낸 홍재형 전 민주당 의원이 이 학교를 나왔다. 1980~1990년대 금융권의 내로라하는 인맥으로 자리 잡았지만 2000년대에 들어서면서 현역으로 활동 중인 동문 수가 급격히 줄었다. 금융감독원 출신의 연해철 전 브레인자산운용 감사, 이성조 전 한화손해보험 감사, 신승우 예금보험공사 이사, 윤승욱 신한은행 부행장이 청주고를 나왔다. 민병현 금융감독원 금융지원센터실장과 이명호 삼성화재 상무, 정강희 NH농협증권 상무는 졸업 동기생이다. 박재황 한화투자증권 부사장은 이들의 1년 후배다.

강경상고

충청남도 논산 강경읍 남교리에 자리 잡은 이 학교는 충남권을 대표하는 상업 고등학교 중 한 곳이다. 취업률이 좋고 졸업생들이 사회각계에 진출해 활약이 컸던 이유로 경제형편이 넉넉하지 않던 이 지역 학생들 가운데 상당수가 대학 진학을 포기하고 이 학교를 택했다. 김정렴 전 대통령 비서실장은 이 학교 동문들의 자랑거리다. 김 전 비서실장은 1969년부터 무려 9년간이나 대통령 비서실장을 지냈다. 박정희 전 대통령의 총애를 한 몸에 받던 인물로, 재무부 장관을 역임하기도 했다. 장석희 무궁화신탁 부회장이 현직에 있는 이 학교 동문 가운데 최고 어른으로 꼽힌다. 함영주 KEB하나은행 초대은행장은 최근 가장 주목받고 있는 이 학교 동문이다. 국민은행 부행장과 한국자산신탁 대표 등을 역임했던 심형구 무궁화신탁 대표이사 사장, 김문규 NH농협은행 부행장, 조성목 금융감독원 서민금융지원국 선임국장, 조성대 현대증권 상무도 이 학교가 자랑하는 동문이다. 이 가운데 조 국장은 금감원에서 저축은행 구조조정 실무를 진두지휘했던 인사다. 그는 솔로몬저축은행, 현대스위스저축은행, 제일저축은행 등 자산 1조 원이 넘는 대형 저축은행 구조조정 업무에 참여하면서 원칙을 지키며 공평무사하게 일을 처리해 조직 안팎으로부터 신망을 받았다.

3
명문대 금융인맥

금융기관과 금융유관기관, 금융당국 등에서 가장 많은 임원을 배출하고 있는 대학은 과연 어디일까? 2014년 6월 말 기준 시중은행과 증권사, 보험사, 자산운용회사, 신탁회사, 카드사, 금융유관기관, 금융당국 등 200곳의 임원들을 출신대학별로 분류한 바에 따르면 정답은 407명의 임원을 배출한 서울대로 조사됐다. 2위 대학은 고려대로 308명, 3위는 연세대로 256명이었다. 이어 성균관대가 136명, 서강대가 119명으로 100명을 넘어 각각 4위와 5위를 차지했으며 한국외국어대가 72명, 한양대가 70명, 중앙대와 동국대가 각 59명, 경북대가 48명, 부산대가 39명으로 그 뒤를 이었다.

금융권별로 보면 은행(금융지주회사 임원 포함, 지방은행 제외)은 서울대 졸업자가 56명으로 가장 많았고, 성균관대 졸업자가 31명으로 뒤를 이었다. 이어 고려대와 연세대는 각각 28명으로 공동 3위를 차지했다. 뒤이어 서강대 17명, 한국외대, 동국대 각 12명, 영남대 11명, 중앙대, 건국대, 전남대 각 7명, 단국대 6명, 한양대, 충남대 각 5명으로 집계됐다.

증권사의 경우 서울대가 184명으로 역시 1위를 차지한 가운데 고려대가 149명으로, 연세대 132명을 근소한 차이로 앞섰다. 이어 서강대 63명, 성균관대 56명, 한양대 36명, 한국외국어대 35명, 부산대 29명, 중앙대 25명, 동국대 20명, 전남대 18명, 경북대 17명, 단국대 13명, 국민대, 홍익대 각 12명, 경희대 10명 순으로 조사됐다.

보험업계에서도 역시 서울대가 72명으로 가장 많았다. 고려대는 62명으로, 연세대 36명을 큰 차이로 따돌리고 2위를 차지했다. 이어 성균관대가 20명으로 4위를 달렸고, 동국대가 18명으로 17명에 그친 서강대를 제치고 5위를 기록했다. 동국대의 분발은 손해보험업계에 유독 13명의 임원이 뛰고 있던 영향이 컸다. 7위는 경북대 14명으로 동국대와 마찬가지로 손해보험업계에서 이 대학 출신자들이 큰 성공을 거두었기 때문이다. 이어 한양대와 중앙대가 각각 13명으로 공동 8위를 차지했고, 건국대가 9명으로 10위, 한국외대가 8명으로 11위에 올랐다.

이 밖에 자산운용업계의 경우 서울대가 72명으로 역시 가장 앞선 가운데 연세대와 고려대가 각각 56명으로 공동 2위를 기록했다. 4위는 22명을 배출한 서강대가, 5위는 21명을 낸 성균관대가 차지했다. 이어 한국외대 17명, 한양대 16명, 경북대 14명, 중앙대, 부산대 각 10명, 건국대 8명 순으로 조사됐다. 신탁사는 전체 임원이 74명으로 많지 않은 까닭에 서울대가 15명, 고려대와 성균관대가 각각 7명, 5명으로 다소 많았을 뿐 특별히 우열을 가리기 어려웠다. 금융유관기관 역시 서울대와 고려대가 각각 8명, 6명으로 조금 많은 편이었고, 연세대와 중앙대가 각 4명, 성균관대, 경북대, 충남대 각 3명 순으로 나타났다.

건국대

진웅섭 금융감독원장이 이 학교 법학과를 나왔다. 경영학과와 경제학과 동문의 활약이 눈에 띈다. 이성락 신한생명 사장이 경제학과 77학번이다. 신한은행 부행장에서 자리를 옮겼다. 장명기 전 외환은행 부행장, 주인종 전 신한은행 부행장, 오상영 KEB하나은행 부행장, 유석하 IBK캐피탈 사장, 이병용 KB국민은행 상무가 이 학교 동문이다. 이익중 금감원 특수은행검사국장, 장복섭 금감원 기업구조개선국장 등 감독당국에서 활약 중인 동문도 있다. 박노철 코리아에셋투자증권 부사장, 신정호 메리츠종금증권 전무, 이해대 신영증권 이사, 김규형 동양증권 이사, 윤지호 이트레이드증권 상무가 증권업계 동문이다.

보험업계에는 최종용 동부화재 부사장, 조병진 삼성화재 감사(전 금감원 생명보험서비스국장), 이득로 보험연수원 부원장, 안광진 한화손해보험 전문위원, 이상국 메리츠화재 전무, 이임식 롯데 손해보험 이사, 정현준 삼성화재 상무가 동문 명단에 올라있다. 자산운용업계에도 동문 수는 적지 않다. 이성헌 아시아자산운용 전무, 나승용 전 미래에셋자산운용 사장, 이인성 피닉스자산운용 전무, 윤창선 ING자산운용 상무, 이해진 한화자산운용 상무, 김영배 브레인자산운용 상무, 지현석 FG자산운용 상무, 한미숙 FG자산운용 상무가 이에 해당한다. 이 밖에 김동철 전 금융투자협회 본부장, 박영호 한국예탁결제원 국제서비스 본부장, 김대성 대한토지신탁 대표, 이창하 국제신탁 상무, 최진영 하나다올신탁 상무가 건대를 나왔다.

고려대

은행, 증권, 보험 등 전 금융권에서 활약상이 두드러진 전통의 명문대이다. 이 학교 동문 간의 결속은 타의 추종을 불허한다. 고려대 동문회는 해병대 전우회, 호남회와 함께 우리나라를 대표하는 3대 친목인 단체로 꼽힌다. 그렇다면 고려대 동문의 결속력은 어디서 나오는 것일까? 여러 설이 있지만 상대적으로 지방에서 상경한 학생들이 많아 대학 내 동향 모임이 활발했던 것과 무관하지 않을 것이란 분석이 설득력 있다.

30만 명으로 추산되는 이 학교 졸업생 가운데서도 경영학과 동문의 활약이 가장 눈에 띈다. 하나고등학교 이사장을 맡고 있는 김승유 전 하나금융지주 회장이 한때 금융계 고대 경영학과 동문의 대부로 통했다. 김승유의 고교(경기고)와 대학 3년 후배인 어윤대 전 KB금융지주 회장 역시 고대 경영학과를 대표하는 동문 중 한 사람이다. 고려대 총장을 역임했던 어윤대는 KB금융지주 회장 시절, 제2 금융권에서 활약하던 동문과 자주 교류했다. 그는 고대 후배인 이찬근 하나IB증권 사장을 국민은행 대기업금융그룹 담당 부행장으로 영입하기도 했다. 금융계에는 발을 디디지 않았지만 재정경제부 차관, 산업자원부 장관, 대통령실 경제수석비서관, 정책실장 등을 거치고 18대, 19대 국회의원까지 지낸 윤진식 새누리당 의원도 고대 경영학과 동문 가운데 빼놓을 수 없는 존재다. 이명박 정부 시절 실세로 꼽혔던 그는 지금도 여전히 가장 영향력 있는 고대 동문 중 한 명으로 꼽힌다. 참여정부 마지막 금융감독위원장을 역임했던 김용덕 법무법인 광장 고문도 고대 경영학과를 나왔다. 김 전 금감위원장은 재정경제부에서 잔뼈가 굵은 국제금융통이다. 성품이 온화하고 소탈해 조직 내 위아래로 두루 관계가 원만했다. 보스 기질도 있어 재경부 국장 시절부터 고대 출신 후배 관료들을 잘 챙겼다.

가장 최근까지 주목받던 고대 경영학과 출신 경제금융관료는 추경호 전 국무조정실장이다. 금융위원회 금융정책국장, 대통령실 경제비서관, 금융위 부위원장, 기획재정부 제1차관 등을 거쳤다. 추 전 장관은 일처리가 꼼꼼하고, 근면 성실하다는 평가를 받으며 승승장구했다. 박현주 미래에셋금융그룹 회장, 김남구 한국투자금융지주 부회장은 이 학교 경영학과 동문들의 또 다른 자랑거리다. 박 회장과 김 부회장은 각각 한국을 대표하는 증권사와 자산운용회사를 거느리고 있는 오너경영인이다. 두 CEO가 제2금융권의 지존 자리를 놓고 벌이는 경쟁은 점점 흥미를 더해간다. 서울고 총동문회장을 역임했던 구자훈 전 LIG투자증권 회장 역시 고대 경영학과 동문이다. 장승철 하나금융투자 사장, 이원호 신한신용정보 대표, 임영진 신한은행 부행장, 소재광 신한금융지주 부사장, 이현주 하나은행 부행장, 공현무 KB투자증권 부사장, 권태길 메리츠캐피탈 대표, 조익재 하이투자증권 전무 등은 정기 동문 모임을 갖고 있는 것으로 알려졌다. 보험 및 자산운용업계에도 고대 경영학과 출신 CEO들이 여럿 있다. 이철영 현대해상화재 대표, 이성택 동부생명 사장, 김창수 삼성생명 사장, 정찬형 전 한국투자신탁운용 대표는 각각 2년 터울의 선후배 사이다.

경영학과 다음으로 잘나가는 학과는 경제학과다. 서상철 산은자산운용 대표, 조강래 IBK투자증권 대표, 권인원 전 금감원 부원장보, 위성호 신한카드 사장은 경제학과를 나온 선후배 사이다. 최금환 전 금감원 광주지원장, 임석정 전 한국 제이피모간증권 대표는 위성호 사장의 2년 후배다. 이들 중 임석정 전 대표는 어윤대 전 회장과 각별한 사이로 전해졌다. 임석정 전 대표는 어윤대 전 회장의 의뢰를 받고 KB금융지주의 ING생명 인수를 도왔다. 그러나 KB금융지주 사외이사들이 ING생명 인수에 반대하면서 선후배 간의 의기투합은 수포로 돌아간다. 보험업계엔 김상진 신한생명 부사장, 구성훈 삼성생명 부사장, 이병일 전 LIG손해보험 상무, 주영석 전 동양생명 이사, 정병두 메리츠화재 상무 등이 경제학과 선후배 지간이다.

경제학과 다음으로는 법학과 동문이 많은 편이다. 오창한 KEB하나은행 부행장, 박용욱 전 금감원 보험감독국장, 조효제 금감원 자본시장조사2국장, 고원석 롯데카드 상무, 류태성 금감원 거시감독국장 등이 법학을 전공했다. 보험업계에선 차남규 한화생명 사장이 법학과를 나왔다. LIG손해보험 이중삼 전 상무, 박희재 전 이사가 동문수학했다. 두 사람은 대구 경북 동향 출신이어서 더욱 각별했던 것으로 알려졌다. 이명근 전 서울보증보험 전무, 정상철 삼성생명 상무, 이강만 한화손해보험 상무, 김정현 PCA생명 상무도 법학과를 나왔다.

이 밖에 고대 사학과는 금융계에 걸출한 CEO 3명을 배출했다. 서진원 전 신한은행장, 신충식 전 NH농협은행장, 유화증권의 2세 오너 경영인 윤경립 회장이 이들이다. 서진원 전 행장은 신 충식 전 행장의 4년 선배, 윤경립 회장의 6년 선배다. 백승홍 흥국화재 상무도 사학과 출신이다. 행정학과 출신도 빼놓을 수 없다. 산업은행 부행장을 역임했던 김한철 기술보증기금 이사장, 박원식 전 한국은행 부총재, 성기영 전 산업은행 부행장, 정기화 우리종합금융 대표가 이들이다. 통계학과 출신으로는 이상호 전 신한은행 부행장, 서영길 더케이손해보험 본부장, 신동구 삼성화재 상무가 있다.

단국대

김승희 전 NH농협은행 수석부행장은 성동공고를 거쳐 단국대 섬유공학과를 나왔다. 조현철 예금보험공사 부사장, 김성수 KB국민카드 상무는 이 학교 경영학과 선후배 사이이다. 함영주 KEB하나은행 초대 행장은 회계학과를, 민영현 전 KB국민은행 전무는 행정학과를, 조철래 금감원 민원센터국장은 경제학과에서 수학했다.

증권업계에서 임원으로 활약 중인 단국대 동문으로는 김형곤 IBK투자증권 감사, 이재복 흥국증권 상무, 임성준 코리아에셋투자증권 상무, 윤기정 바로투자증권 상무, 이대희 우리투자증권 상무, 정일문 한국투자증권 전무, 안종진 신영증권 전무, 송영구 메리츠종금증권 상무, 강성모 HMC투자증권 이사, 백광세 코리아에셋투자증권 전무, 박성국 메리츠종금증권 상무보, 신제학 리딩투자증권 상무, 박상혁 메리츠종금증권 상무보 등이 있다.

보험업계 임원 가운데는 이구종 삼성생명 전무, 김근수 하나생명 부사장, 이성적 현대해상 상무, 박낙원 교보생명 전무, 임경일 동부화재 상무, 김정기 삼성화재 상무, 장은천 MG손해보험 이사 등이 있다. 이 가운데 임경일 동부화재 상무와 김정기 삼성화재 상무는 중동고 선후배 사이이기도 하다.

동국대

금융계에서 빼놓을 수 없는 학맥 중 하나는 동국대다. 금융계 전역에 폭넓게 포진해 있는 대학 동문 중 하나다. 동문 간 유대관계도 끈끈하다. 민병덕 전 KB국민은행장, 이정모 NH농협은행 부행장, 김영표 신한은행 부행장은 경영학과를 나왔다. 가정 형편이 어려워 대학진학을 포기하고 상업고를 택해야 했던 이정모 부행장(선린상고 졸업)과 김영표 부행장(광주상고 졸업)은 늦깎이 대학진학으로 가슴에 맺혔던 응어리를 풀었다. 고객 정보유출 사태의 책임을 지고 물러난 심재오 KB국민카드 전 사장과 허정수 KB손해보험 부사장은 경제학과 동문이다. 금융감독원에는 전자계산학과 출신들이 유독 눈에 띈다. 보험담당 부원장보를 역임했던 김수봉 보험개발원장, 서형복 금감원 정보화전략실국장, 김수일 금감원 부원장보가 나란히 전자계산학과를 나왔다. 정화영 전 우리금융지주 부사장과 정훈모 KB국민은행 상무는 정치외교학과를, 장만익 수출입은행 부행장은 행정학과를 나왔다. 최효순 예금보험공사 이사, 김종극 롯데카드 이사는 회계학과에서 수학했다.

증권업계에는 김종철 신영증권 감사, 방세광 동부증권 상무, 민경배 동양증권 이사, 강석윤 동부증권 상무, 최용훈 SK증권 상무, 이경하 KDB대우증권 이사, 임희진 HMC투자증권 이사, 정상익 IBK투자증권 상무, 유형열 코리아

에셋투자증권 감사, 정성도 한맥투자증권 부사장, 박종길 교보증권 상무, 김
성우 동양증권 상무보, 양기인 신한금융투자증권 본부장,이창근 KTB투자증
권 부사장, 장재원 교보증권 이사, 윤여철 동양증권 이사, 김원걸 HMC투자증
권 이사, 안정원 코리아에셋투자증권 상무보 등이 이 학교 동문이다. 생명보
험업계 동문으로는 김관영 한화생명 전무, 권영진 동부생명 상무, 김준호 교
보생명 전무, 삼성생명의 김학영 상무, 신용대 상무가 있다. 손해보험업계에
는 장상용 전 손해보험협회 부회장, 최용수 전 코리안리 감사, 손해보험협회
박광춘 상무, 동부화재 김정남 대표, 성인완 상무, 박승훈 상무, 황희대 상무,
문수원 상무, 현대해상 김갑수 상무, 유정동 상무, 이기영 더케이손해보험 본
부장이 동국대 동문이다. 이 중 성인완 동부화재 상무, 김준호 교보생명 전무
는 전자계산학과를 나왔다.

서강대

고 박정희 전 대통령 시절부터 1977년 IMF 외환위기 직전에 이르기까지 한
국 경제발전사와 함께 했던 대부분의 경제관료들이 서강대 경영 · 경제학과
출신이거나 서강대 교수 출신이었다는 데서 '서강학파'라는 이름이 생겨났을
정도로 관록 있는 명문 학맥이다.

그러나 김대중 정부 이후 무대 뒤로 사라지는 듯했던 서강학파는 박근혜
정부 들어 다시 주목받고 있다. 서강학파 3세대로 대통령직 인수위원회 경제
1분과 위원을 지낸 홍기택 중앙대 교수가 산은금융지주 회장 겸 산업은행장
에 오른 데 이어, 이덕훈 전 우리은행장이 10년 만에 수출입은행장으로 화려
하게 컴백했다. 뿐만 아니다. 이 학교 경영학과 출신인 이광구 우리은행 부행
장은 우리금융지주 회장 겸 우리은행장으로 영전했다. 이덕훈 행장과 홍기

택 회장은 서강대 경제학과 선후배 사이다. 김윤태 산업은행 부행장, 임병수 전 KB국민은행 부행장, 정광문 우리은행 상무(준법감시인), 이종욱 전 금감원 특수은행검사국장, 오홍석 금감원 뉴욕사무소장, 배종균 KB국민카드 상무는 이광구 우리금융지주 회장의 경영학과 선후배들이다. 이 가운데 금감원의 이전 국장, 오 사무소장은 경동고 선후배지간이기도 하다.

경제학과 동문으로는 이덕훈 행장, 홍기택 회장 외에도 이기범 KB금융지주 전무, 채우석 우리은행 상무, 김승록 우리금융지주 상무, 이강행 한국투자증권 부사장, 현대해상화재의 김종선 전무, 이성재 상무, 오상훈 전 삼성화재 상무, 이상규 롯데카드 이사 등이 있다. 경영학과 출신으로는 증권업계에 임창섭 전 하나대투증권 대표와 서명석 전 동양증권 부사장, 우영무 HMC투자증권 전무, 김병헌 전 KB손해보험 사장, 조희종 삼성화재 상무, 김준교 코리안리 상무, 김규형 삼성화재 상무, 황인정 한화생명 상무, 윤기현 전 하이다이렉트보험 상무보, 구본욱 전 LIG손해보험 상무(고 구자성 LG건설 사장의 차남) 등이 있다.

서울대 경영·경제학과

우리나라 금융계를 쥐락펴락하는 엘리트 금융집단의 산실이다. 전통적으로 금융계에선 경제학과 출신이, 재계에선 경영학과 출신이 강한 면모를 보였지만, 2000년대에 들어서는 졸업생 배출 수에서 우위에 있는 경영학과 출신들이 금융계 중앙무대를 차지하고 있다. 김석동 전 금융위원장, 권혁세 전 금감원장, 정은보 금융위 부위원장, 주재성 전 우리금융연구소 대표, 이건호 전 KB국민은행장, 강호 보험연구원장, 김열중 산업은행 부행장, 남기명 우리은행 부행장, 박정림 KB국민은행 전무, 안세철 롯데카드 상무가 경영학과에서 동문수학했다. 증권업계 경영학과 동문으로는 정회동 전 KB투자증권 사장, 강대석 신한금융투자증권 대표, 임재택 아이엠투자증권 대표, 소병윤 전 현대증권 전무, 김용범 메리츠화재 대표, 이현승 SK증권 대표, 양홍석 대신증권 부사장(고 양회문 대신증권 대표 장남) 등이 있다. 보험업계에는 김주윤 흥국생명 사장, 조훈제 전 흥국화재 사장, 동부화재 정경수 부사장, 박제광 상무, 허장 상무, 김원조 상무, 전용배 삼성화재 부사장, 김남익 흥국화재 상무, 이홍근 에르고다음 이사, 황정호 삼성생명 전무, 현정섭 한화생명 상무가 경영학과 선후배 사이다.

신제윤 전 금융위원장, 김주현 전 예금보험공사 사장, 김광수 전 금융정보분석원장, 주진형 한화증권 사장, 남기섭 전 수출입은행 수석부행장, 심섭 수출입은행 부행장, 배문환 전 외환은행 전무, 신현승 전 외환은행 부행장, 감사원 출신의 신언성 전 외환은행 감사, 김영대 전 은행연합회 부회장, 민성기 전 은행연합회 전무(현 한국신용정보원 원장), 이은태 금감원 부원장보, 이창용 IMF 아시아태평양국장, 백문일 전 KB금융지주 상무, 최성일 금감원 감독총괄국장, 류찬우 금감원 은행감독국장, 구경모 전 금감원 거시감독국장 등은 경제학과를 나왔다. 한국은행의 김중수 전 총재, 김준일 전 부총재보, 강준오 전 부총재보, 서영경 부총재보 등도 경제학과 선후배 사이다. 김영굉 전 동양생명 부사장, 이석기 교보생명 전무, 홍석용 코리안리 상무, 김상헌 KB손해보험 상무는 보험업계를 대표하는 서울대 경제학과 선후배 사이다.

서울대 무역학과

수적으로는 경영, 경제학과에 미치지 못하지만 무역학과(국제경제학과) 출신의 활약도 눈에 띈다. 간판 스타는 하영구 은행연합회장이다. 하 회장은 무역학과를 나와 미국 노스웨스턴대학교 대학원에서 경영학석사 학위를 딴 뒤 1981년 한미은행에 입행했다. 착실히 경험을 쌓았던 그는 20년 만인 2001년 한미은행장에 부임했으며 그해부터 무려 15년 동안이나 은행장을 역임한 불세출의 인물이다. 직업이 은행장이었다. 엘리트 금융인답게 그는 유명인사들을 친구로 뒀다. 경기고 동기 동창이 김석동 전 금융위원장이다. 무역학과 1년 선배인 황영기 금융투자협회장과는 수십 년간 허물없이 지내는 사이다.

한화생명 사장을 역임했던 금춘수 한화그룹 경영기획실장(사장)은 하 회장의 서울대 무역학과 1년 선배다. 대구 계성고를 나온 금 사장은 한화그룹에서 잔뼈가 굵었다. 한화 무역부문으로 입사한 그는 글로벌사업에서 뛰어난 역량을 과시했고, 그룹 유럽본부장을 거쳐 구조조정본부 경영지원팀장을 맡으며 일약 그룹을 대표하는 인사로 부상한다. 이때 대한생명(현 한화생명) 인수에 참여하면서 막후 인사로 활약했다.

정통 경제금융관료에서 사모펀드회사 대표로 변신한 변양호 보고펀드 대표도 이 학과 출신이다. 하 행장의 대학, 고교 1년 후배다. 변 대표는 일찍이 장관감이란 말을 듣던 이른바 '잘나가던' 금융관료였다. 행시 19회 출신이었던 그는 두뇌회전이 빠르고, 일 처리가 확실하다는 평판을 들으며 승승장구했다. 속내를 다 들여다보이면서 거침없는 행보를 보여 "너무 나이브(naive)하다"는 비판을 받기도 했다.

증권선물위원회 상임위원을 역임한 유재훈 증권예탁결제원장, 금융연구원 출신의 정찬우 전 금융위 부위원장, 금융위원회 이병래 금융정보분석원장, 손병두 금융서비스국장, 이윤수 은행과장, 윤영은 기획재정담당관이 같은 학과 선후배 사이다. 업계에는 경제관료 출신인 태웅렬 서울보증보험 사외이사, LG그룹 비서실 출신인 이재정 신한카드 부사장, 이종수 삼성화재 상무, 권철환 MG손해보험 상무가 무역학과를 나왔다.

서울대 법학과

서울대 법학과는 한국사회를 지배하는 권력집단의 산실이다. 1960~1970년 대 이 대학 법학 전공자들은 최고 전성기를 구가해 정치, 경제, 사회 전반의 요직을 차지했다. 법학과 인맥을 동원하면 못할 일이 없을 정도였다. 법조계 는 해방 후 반세기가 넘도록 서울대 법학과 인맥이 지배했다. 실제 검찰 조직 의 경우 검사장급의 60% 이상이 서울대 법대 출신이다. 판·검사 출신의 법 조인들은 정치인으로 변신해 정치권에서도 큰 힘을 발휘하고 있다.

금융계에서도 마찬가지다. 서울대 법대 인맥은 금융당국과 금융기관의 수 장을 차지하며 막강한 영향력을 행사했다. 이헌재 전 경제부총리, 강만수 전 기획재정부 장관, 윤증현 전 기획재정부 장관, 진동수 전 금융위원장 등 경제 금융정책을 진두지휘하던 고위 관료들이 이 학과 출신이다. 경제금융통인 최 상목 기획재정부 차관이 이들의 명맥을 잇고 있다. 최 차관은 천재적인 면모 가 있다는 평가를 받으며 촉망받는 82학번 관료 가운데 가장 선두를 달리고 있다.

금융기관장으로는 김영삼 정부 시절 3연임에 성공했던 정지태 상업은행장 이 대표적이다. 허창언 금융정보원 원장, 박홍석 금감원 법무실국장, 김도인 금감원 자산운용검사국장은 동문 선후배 사이로 위계가 확실하다. 박홍석 국 장과 김도인 국장은 각각 광주일고, 광주 인성고를 나온 동향 선후배 사이다. 경제관료 출신인 박병원 전 은행연합회장, 이승우 전 예금보험공사 이사장, 김경호 전 한국주택금융공사 이사장은 경기고와 서울대 법대를 나란히 나온 동기동창 사이다. 관료출신의 김규복 전 생명보험협회장은 이들의 고교, 대학

1년 선배다.

한동우 신한금융지주 회장은 현역 금융인 중 최고 선배다. 신한은행 설립 초기인 1982년, 경력 사원으로 입행한 뒤 종합기획부 부장, 개인고객본부 신용관리담당 부행장 등을 역임하며 라응찬 회장의 바통을 이어받을 CEO로 주목받는다. 그러나 권력싸움에 휘말리면서 신한생명 대표로 물러났다. 그러다가 2010년 라응찬 회장, 신상훈 신한금융지주 사장, 이백순 신한은행장이 비자금 횡령 등을 둘러싸고 진흙탕 싸움을 벌이는 와중에 2011년 어부지리로 새 회장으로 추대된다. 좀처럼 자기 목소리를 내지 않아 '조용한 리더십'의 1인자로 평가받고 있다.

임종식 신한카드 부사장은 한 회장의 동향(부산)사람이면서 대학 11년 후배다. 임영호 하나금융지주 부사장, KB국민은행의 허인 상무, 김홍석 상무도 법대 선후배 사이다. 김석 전 삼성증권 대표, 서우정 삼성생명 부사장, 관료 출신인 방영민 삼성생명 부사장도 서울대에서 법학을 전공했다. 변재상 미래에셋증권 대표, 여남구 삼성화재 전무는 동기동창이고, 한화생명 김희석 전무, 김현철 상무, 법조인 출신인 박병무 보고펀드 공동대표도 서울대 법대를 나왔다.

성균관대

'SKY 대학'(서울대·고려대·연세대)이 부럽지 않은 대학이 있다면 단연 성균관 대학교다. 80년대 중반까지 후기 모집으로 대학생을 선발했기에 성균관대 졸업생 가운데는 서울대에 응시했다가 낙방했던 사람들이 유독 많다. 대학 입시에서 쓴맛을 봤던 청춘들에게 성균관대는 재활원 같았다. 졸업생들은 경제 금융계는 물론 재계와 법조계에서도 SKY 출신 못지않은 역량을 발휘하고 있다. 박근혜 정부 들어서는 특히 주요 핵심 포스트에 성대 출신들이 여럿 포진해 눈길을 모았다. 그렇다면 성대 출신의 이 같은 성공 비결은 어디서 나오는 것일까?

여러 이유가 회자된다. 우선 전기 대학 입시에서 낙방의 쓴맛을 본 것을 계기로 성공 후에도 교만함을 다스릴 줄 아는 이들이 많았다는 점, 졸업생들이 700여 년 전통의 대학에 다녔다는 자긍심이 있었다는 점, 대학 후원자가 든든한 삼성재단이라는 점을 꼽는 이들이 많다. 어찌 됐든 성균관대는 SKY 출신이 잠식 중인 학맥 집단을 견제하고 있는 가장 당당하고 화려한 학맥임에 틀림없다. 2015년 말 기준 KB · 우리 · 신한 · 하나 · 농협 · 산은 등 은행계 6개 금융지주회사 가운데 3개 지주회사 회장이 성균관대 출신이다. 윤종규 KB금융지주 회장, 김정태 하나금융지주 회장, 김용환 농협금융지주 회장이 이들이다. 이순우 전 우리금융지주 회장이 2014년 말 연임에 성공했다면 6개 금융지주회사 가운데 4곳의 CEO가 성대 출신일 뻔했다.

경주에서 태어나 대구고를 거쳤던 이순우 전 우리금융지주 회장은 법학과를 나왔다. 부산 출신인 김정태 하나금융지주 회장은 경남고를 나와 성균관대에서 행정학을 전공했다. 이 두 사람은 하나금융지주가 2009~2010년 당시 우리금융지주 인수를 추진하기 전까지만 해도 서로 데면데면한 관계였다. 연배로는 1년 밖에 차이가 나지 않았지만 김 회장이 삼수를 한 까닭에 학번은 이 전 회장이 3년이나 앞섰다. 더욱이 김 회장은 대학에 입학하자마자 군에 입대했다. 전공도 다른 두 사람이 대학에서 만날 일은 없었다. 그러다가 각기 다른 은행의 중역으로 일할 때 서로 마주치며 인사를 교환하는 사이가 됐는데, 관계가 오히려 껄끄러워지는 일이 발생했다.

김승유 전 하나지주 회장이 2009~2010년 당시 우리은행 인수를 추진하면서다. 이 전 회장은 당시 우리은행 수석부행장이었고, 김 회장은 하나은행장을 맡고 있었다. 재미난 뒷담화가 있다. 이 전 회장은 유머러스한 면이 많았다. 그는 한번은 사석에서 하나지주 측의 우리은행 인수를 추진하는 것에 대해 "치와와가 셰퍼드를 어떻게 해보겠다는 속셈"이라고 빗댔다. 그의 발언엔 적당한 농담과 노기가 서려 있었다. 100여 년 역사의 토종은행을 표방하던 우리금융으로서는 자존심이 많이 상해 있던 차였다. 연이은 인수합병(M&A)으로 금융지주회사 반열에 올랐다고는 하지만 한국투자금융이란 단자회사에서 출발한 하나금융이 우리은행 인수를 검토한다는 소문에 울화가 치밀었던 것이다. 어찌됐든 당시 우리금융과 하나금융 사이엔 묘한 감정의 골이 있었는데 그 여파가 두 사람에게 미쳤다. 그러다가 하나금융이 인수대상을 외환은행으로 틀면서 관계가 회복되기 시작한다. 그로부터 만 3년여 세월이 흐른 2014년 봄, 이들은 각기 다른 회사에서 포용의 리더십을 발휘하는 CEO로 마주했다. 은행의 장기 운영 방향을 놓고 허물없이 조언을 주고받는 관계로 발전한다.

광주에서 나고 자라 광주상고를 졸업한 윤종규 KB금융지주 회장은 인생 역전에 성공한 케이스다. 가정형편이 어려워 상고를 택했지만 중학생 시절까지 상위 5% 안에 들던 수재였다. 그는 외환은행 행원으로 출발해 공인회계사 자격증을 따낸 뒤 삼일회계법인으로 전직한다. 그사이 성균관대 경영학과 졸업증을 따내 만학의 꿈을 이뤘다. 삼일회계법인을 국내 제일의 회계법인으로 발전시키는 데 혁혁한 공로를 세우면서 발군의 재무통으로 이름을 알린다. 그러다가 고 김정태 국민은행장의 권유로 국민은행으로 옮겨 CFO와 개인영업그룹 부행장을 역임했다. 분식회계에 책임을 지고 2004년 물러나야 했지만 어윤대 2대 KB금융지주 회장의 입행권유를 받고 2010년 다시 돌아와 KB금융지주 재무담당 부사장으로 일했다. 그러나 3대 임영록 회장이 부임하면서 자리에서 또 물러나야 했다. 그리고 1년여 뒤인 2014년 말 KB금융지주의 4대 회장으로 등극한다.

충남 보령출신의 김용환 농협금융지주 회장은 경제학과가 배출한 걸출한 금융인이다. 행시 23회로 관가에 첫발을 디딘 그는 서기관 승진 후 미국 증권거래위원회(SEC)에서 수년간 자본시장을 연구했다. 2001년 재정경제부로 복귀해 우리나라 퇴직연금제도의 기본계획을 수립하는 데 일조했다. 이후 금융감독위원회 공보관, 감독정책 2국장, 증권선물위원회 상임위원, 금융위 상임위원, 금융감독원 수석부원장, 수출입은행장 등을 거치며 '소통의 리더십'을 발휘한다. 글로벌 금융위기 직후 혼란스럽던 2009년, 그는 금감원 수석부원장으로 일했다. 당시 그는 대화와 타협을 통해 합리적인 대안을 도출하면서 시장자율에 의한 구조조정을 원만히 수행했다는 평가를 받았다. 김 회장은 또 수출입은행장을 역임하는 동안 치우침 없는 탕평 인사로 조직의 활력을 불어넣으며 종합금융서비스를 선보여 주목받기도 했다.

김종준 전 하나은행장은 김용환 회장의 같은 학과 후배다. 김 전 행장은 한국투금 시절부터 김승유 전 하나금융지주 회장을 도왔던 창업공신 중 한 명이다. 김영린 전 금융보안원 원장, 이주형 전 금감원 기획조정국장도 경제학과 선후배 사이다. 안동원 BS투자증권 대표, 김준송 한국스탠다드증권 대표도 경제학을 전공했다. 경영학과 출신은 경제학과나 법학과, 행정학과 출신을 합친 것보다도 많다.

신한금융그룹의 넘버 2이자, 차기 회장감으로 지목됐던 신상훈 전 신한지주 사장은 한때 경영학과 동문의 아이콘으로 주목받았다. 박상훈 전 롯데카드 사장, 설영환 전 수출입은행 부행장, 박태용 우리은행 부행장, 강문호 KB

국민은행 전무, 강태수 한국은행 부총재보, 이창수 전 금융감독원 대구지원장, 권순찬 금감원 감독총괄국장, 전명현 삼성카드 전무 등이 경영학과 선후배 사이다.

법학과 출신으로는 이순우 전 회장 외에도 김현수 우리은행 상무, 유윤상 은행연합회 상무, 정욱호 예금보험공사 이사가 있다. 행정학과 출신으로는 금감원 출신의 서문용채 KB국민카드 감사, 박임출 전 금감원 자본시장 조사2국장이, 통계학과 출신으로는 김홍무 전 NH농협은행 부행장, 최성환 수출입은행 부행장, 황효상 하나금융지주 전무가 있다. 이 밖에 류희경 KDB산업은행 수석부행장은 산업심리학을, 이경재 자산관리공사 이사는 회계학을, 윤열현 교보생명 전무는 무역학을 각각 전공했다.

연세대

연세대 동문은 다양한 금융 권역에서 활약하고 있지만 저평가를 받고 있다는 피해의식이 없지 않았다. 동급 대학으로 분류되는 고려대에 비해 상대적으로 동문 간 결속이 모자라 제대로 밀어주고 당겨주지 않아 힘을 발휘하지 못한다는 말이 동문 사이에서 퍼졌다. 하지만 박근혜 정부 들어 연대 동문 금융인의 성공은 눈부셨다. 한국은행 총재를 배출하고, 재정부 차관과 농협금융지주 회장을 거친 금융위원장이 나왔다. 이주열 한은 총재와 임종룡 금융위원장은 각각 당해 조직 최초의 연대출신 수장으로 기록됐다. 뿐만 아니다. 전례에 드물던 은행장도 나왔다. 권점주 기업은행장(최초 여성은행장), 김한조 외환은행장은 각각 연대 영문학과, 불문학과 출신이다.

2014년 초봄 강원도 원주 태생의 이주열 한은 부총재가 총재로 내정됐다는 소식에 가장 기뻐했던 사람 중 한 명은 임종룡 당시 NH농협금융지주 회장이었다. 2010년 4월부터 이듬해 11월까지 기획재정부 1차관으로 있는 동안 당시 한은 부총재로 있던 이 총재와 카운트 파트너로서 자주 교류할 기회를 가졌다. 이를 계기로 두 사람은 '호형호제'하는 관계로 발전했다. 경제학과 출신인 임 회장은 경영학과 출신이면서 자신보다 7년 연배인 이 총재를 사석에서 '형님'으로 호칭하며 예우했다. 임 회장은 이 총재가 한은 총재 내정자 신분으로 국회 인사청문회를 준비할 즈음엔 "청문회 준비팀을 가정사와 한은 둘로 나눠 대응하시라"면서 조언과 응원을 아끼지 않았다고 한다.

이주열 총재의 경영학과 동기로는 최흥식 전 하나금융지주 사장이 있다. 경기고 출신인 최 전 사장은 금융연구원 연구위원과 부원장을 거쳐 원장에 올랐던 금융 전문가다. 외환위기 이후 정부의 각종 금융경제정책을 자문하면서 영향력을 발휘했다. 최 전 사장은 특히 이헌재 전 부총리가 아꼈던 사람으로, 2010년 하나금융경영연구소 소장으로 자리를 옮기면서 연구원에서 시장인으로 변신했다. 최 전 사장은 2012년 4월 한은 부총재직에서 물러난 이 총재를 하나금융경영연구소 고문으로 영입하는 데 다리가 된 것으로 알려졌다.

고려증권 국제부장 출신으로 2007년 박근혜 대선 경선 캠프에 몸담았던 박영준 전 금융감독원 부원장도 이 총재의 경영학과 4년 후배다. 노융기 산업은행 부행장, 수출입은행의 박일동 전 부행장, 홍영표 수석부행장(전무), 민홍식 부행장, 조욱현 롯데카드 감사 등도 경영학과 선후배 사이다. 허재성 한은 부총재보, 이동환 신한은행 부행장, 김인환 하나금융지주 부사장, KB금융지주의 조경엽·최규설 상무, 현성철 삼성카드 부사장, 이호영 전 LIG손해보험 전무도 경영학을 전공한 1959~1960년생으로, 대학 재학 시절부터 서로 알고 지내던 사이로 알려졌다.

최경환 경제부총리, 임종룡 금융위원장과 같은 경제학과 동문으로는 대우

건설 수석부사장을 맡고 있는 임경택 전 산업은행 부행장, 김상로 KB인프라자산운용 대표, 김용우 전 우리은행 감사, 박동순 KB국민은행 감사, 권오훈 KEB하나은행 부행장, 김현열 금감원 자본시장조사1국장, 설인배 금감원 국장 등이 있다. 이들 중 김용우 전 감사는 설인배 국장의 전주고 6년 선배이기도 하다.

법학과와 정치외교학과, 행정학과 동문도 정기모임을 갖고 있다. 금융위원회 상임위원을 역임했던 홍영만 자산관리공사 사장, 장학도 서울보증보험 전무, 구한서 동양생명 사장은 정치학과 1년 선후배 사이다. 홍영만 사장과 친구 사이인 조영제 전 금융감독원 부원장은 법학을 전공했다. 김옥찬 KB금융지주사장은 조 전 부원장의 법대 졸업 동기다. 금감원의 이기연 전 부원장보, 오창진 대전지원장은 조 전 부원장의 대학 직속 2년, 5년 후배다. 홍순계 현대해상화재 상무도 법학과를 나왔다. 행정학과 출신으로는 권기형 우리은행 부행장, 김재웅 롯데카드 상무가, 수학과 출신으로는 김윤성 동양생명 전무, 김준호 라이나생명 부사장이 있다.

증권업계 임원 가운데는 연대 동문이 꽤 많다. 윤용암 삼성증권 사장이 경영학과 75학번이다. 제갈걸 HMC투자증권 대표, 정진석 전 동양증권 대표, 유상호 한국투자증권 사장, 권성문 KTB투자증권 회장이 경영학과 선후배 사이다. 이 가운데 유상호 한국투자증권 사장은 임종룡 금융위원장과 절친한 친구 사이로 알려졌다. 고원종 동부증권 대표, 이종우 아이엠투자증권 전무, 추용 한화투자증권 부사장, 임춘수 한국투자증권 부사장은 경제학과에서 동문수학했다. 이헌재 부총리의 죽마고우이면서 LG투자증권 대표, 증권협회 회장 등을 역임했던 법학과 출신의 오호수 키움투자증권 사외이사, 오영수 KIDB채권증권 대표, 최형호 BNP파리바증권 대표, 김윤희 전 동양증권 부사장, 박장호 씨티그룹글로벌마켓증권 대표, 김홍제 HMC투자증권 부사장, 신현도 신영증권 전무, 이영창 KDB대우증권 부사장, 유승덕 대신증권 전무, 이원섭 한화투자증권 부사장, 황우곤 흥국증권 부사장, 김성현 KB투자증권 전무, 함종욱 NH농협증권(옛 우리투자증권)전무, 박연채 키움증권 전무, 임재헌 이트레이드증권 전무 등이 증권업계 연대 동문이다.

생명보험업계에선 김태오 하나생명 대표, 심종극 삼성생명 전무, 한충섭 신한생명 부사장, 황승현 동부생명 상무 등이 경영학과에서 동문 수학했다. 응용통계학과의 배형국 신한생명 부사장과 수학과의 김윤성 동양생명 전무는 전공은 달랐지만 78학번 동기생이다. 손해보험업계엔 LIG보험의 이호영 전 전무, 박태근 전 상무, 동부화재 정종표 상무, 삼성화재 유우근 상무, 흥국화재 장주일 상무가 경영학과를, 삼성화재 이상묵 전무와 장덕희 상무, 현대해상화재 신대순 상무가 경제학과를 나왔다.

한편 연대 법학과 출신 금융계 인사 가운데 빼놓을 수 없는 유명인사가 있다. 박종원 전 코리안리 사장이다. IMF 외환위기 이후 경제관료에서 보험회사 CEO로 변신해 가장 큰 성공을 거둔 이가 바로 박종원이다. 행시 14회 출신인 그는 재무부 경제협력국 외자관리과장, 이재국 재정융자과장, 재경원 총무과장, 통계청 통계조사국장, 재경원 국세심판소 상임심판관 등을 거쳐 외환위기 당시인 1997~1998년 재경부 공보관으로 일하다가 대한재보험(현 코리안리) 대표로 옮긴다. 그는 대한재보험의 경영효율화 작업을 진두지휘하면서 회사를 아시아 제일의 재보험사로 키워냈다. 이에 대한 공로를 인정받아 5연임이라는 진기록을 달성한다.

영남대

경영·경제·무역 행정학과 출신을 중심으로 금융감독기관과 은행, 보험, 증권 업계에서 왕성하게 활약하고 있다. 대학 재학 시절 전액 장학금을 받았던 천마장학생들이 많다. 중앙상고 출신인 박세춘 금융감독원 부원장이 경영학과를 나왔다. 추진호 하나캐피탈 사장, 이동건 우리은행 수석부행장, 김영기 전 금감원 상호여전감독국장, 안병규 금감원 저축은행검사국장, 박두환 롯데카드 상무 등이 경영학과 선후배 사이다. 김건섭 전 금감원 부원장, 김형진 신한금융지주 부사장, 백숙기 동부증권 사장, 김성한 교보생명 전무는 경제학과 선후배 사이다. 이신기 신한금융지주 부사장은 무역학과를, 권오흠 신한카드 부사장은 행정학과를 나왔다.

이 밖에 김병영 현대증권 전무, 도홍탁 하이투자증권 본부장, 김규대 하나대투증권 상무, 박만수 흥국증권 상무, 서강택 현대증권 상무, 여상용 이트레이드증권 상무, 최현기 동부생명 부사장, 윤춘성 IBK연금보험 전무, 한영우 IBK연금보험 상무, 정기창 PCA상무, 조우섭 아주자산운용 대표, 사공경렬 하나UBS자산운용 전무, 이태재 NH-CA자산운용 대표, 이창희 하나다올신탁 대표, 강홍기 전 한국거래소 경영지원본부장보가 영남대 출신이다.

전남대

호남지역을 대표하는 국립대 중 하나로 다수의 경제금융관료를 배출했고, 자력으로 금융계에서 입지를 다진 인물이 여럿 있다. 영남대와 마찬가지로 동문이 대개 지역 토박이들이어서 우애가 깊기로 소문났다. 정통 경제관료에서 정치인으로 변신한 이용섭 전 새정치연합 의원은 이 학교 동문이 자랑하는 인사다. 무역학과를 나온 이 전 의원은 재정경제부(현 기획재정부) 국세심판원장, 세제실장, 관세청장, 국세청장을 거친 이른바 조세세제부문 그랜드 슬러머다. 참여정부 땐 청와대 혁신수석, 행정자치부 장관, 건설교통부 장관 등을 역임해 정무감각이 뛰어나다는 평을 들었다. 서태종 금감원 수석부원장은 경제학과를 나왔다. 행시 29회 출신으로 금융위원회 자본시장국장, 새누리당 수석전문위원, 증권선물위원 등을 거쳤다. 김용복(법학과) NH농협은행 부행장, 정수진(경제학과) 하나은행 부행장, 김석준 IBK기업은행 본부장, 김상성(통계학과) KB국민은행 전무, 조국환(경제학과) 전 금감원 금융투자검사국장, 문재익(전산통계학) 전 금감원 금융서비스개선국장, 정준택(정치외교학과) 전 금감원 분쟁조정국장이 동문이다. 이 가운데 김용복 부행장과 김상성 전무는 순천고 동문이기도 하다. 김 부행장이 김 전무 3년 선배다.

증권 및 자산운용업계에선 특히 전남대 파워가 막강한 편이다. 김해준 교보증권 대표, 대신증권의 임홍재(경영학과) 기업금융사업단 단장, 이현식 전전무, 장우철 전무, 미래에셋증권 이종원 상무, 김정우 상무보, 신영증권 박근성 이사, 임정근 이사, KDB대우증권 민경부 상무, 하이투자증권 김양범 상무, 교보증권 서성철 상무보, NH투자증권(옛 우리투자증권) 서영성 상무, 신한금융투자증권 황명선 본부장, NH농협증권 백관종 상무, 한국투자증권 박원옥 상무, HMC투자증권 위승환 이사, 부국증권 정내혁 이사 등이 같은 학교를 나왔다. 정상기 미래에셋자산운용 부회장, LS자산운용 나윤택 전무, 한국투자밸류자산운용 고병국 상무, KTB자산운용 정충진 부사장, 윤인혁 전무, 김정희 상무, 마이애셋자산운용 김영제 상무도 가끔 만나는 동문 사이로 알려졌다. 신탁업계엔 김규철 한국자산신탁 대표, 강성범 아시아신탁 감사가 있고, 보험업계엔 임동필 한화생명 상무가, 한국거래소엔 이규연 상무가 뛰고 있다.

중앙대

금융감독원 부원장을 지낸 박원호 전 금융투자협회 자율규제위원장이 경제학과를 나왔다. 금감원의 정성웅 불법금융대응단장, 민병현 기획조정국장은 박 전 위원장의 같은 학과 후배다. NH농협은행 이용찬 감사, 김옥곤 우리은행 상무, 홍완기 KB국민은행 부행장, 김승만 전 은행연합회 상무가 제1금융권의 동문이다.

증권업계엔 원종석 신영증권 사장, NH투자증권 권용관 전무, 배한규 상무, 부국증권 송대환 이사, 하상수 이사, 동양증권 윤성희 전 전무, 김진완 전 이사, SK증권 김중일 본부장, KTB투자증권 정용택 상무, 김인석 상무, 미래에셋증권 김영빈 상무, 토러스투자증권 이홍규 상무, 현대증권 서용석 상무, 신한금융투자 김태성 본부장, 한화투자증권 정태순 상무, 키움증권 노진만 이사, 한국투자증권 차진규 상무, 현대증권 박선무 상무, 이현기 상무, NH농협증권 이종인 전무, 이트레이드증권 정훈기 상무가 동문 수학했다.

자산운용업계엔 중앙대 출신 CEO가 여럿이다. 주영래 IBK자산운용 대표, 이윤규 LS자산운용 대표, 정도현 아시아자산운용 대표, 박문수 캡스톤자산운용 대표가 이 학교를 나왔다. 이 학교 출신 자산운용업계 인사 중 가장 유명한 사람은 이채원 한국투자밸류자산운용 부사장이다. 미국 월가에 워런버핏, 존 템플턴, 벤저민 그레이엄이 있다면 한국엔 이채원이 있다 할 만큼 가치투자를 선도하는 펀드매니저로 평가받는다.

보험업계엔 박승근 NH농협생명 부사장, 이수균 한화생명 상무, 김상규 동양생명 감사, 서대식 교보생명 전무, 황순설 메리츠화재 전무, 황규진 하이카다이렉트 상무, 배재환 더케이손해보험 본부장이 뛴다. 증권유관기관인 한국거래소의 전철홍 전 코스닥시장 본부장보, 최규준 경영지원본부장보, 한국예탁결제원의 김석재 경영지원본부장도 동문지간이다.

한국외대

정통 경제금융관료에서 뱅커로 변신했던 윤용로 전 한국외환은행장은 이 학교 영어학과를 나왔다. 금융감독위원회 부위원장, 기업은행장, 하나금융지주 부회장 등을 거쳤다. 김승유가 물러난 뒤 하나금융지주 회장 후보로도 물망에 올랐지만 시장의 벽을 넘지는 못했다. 조준희 전 IBK기업은행장도 이 학교 출신이다. 조 전 행장은 외부 인사 출신으로 대물림하던 행장 선임 관행을 끊었던 첫 인사라는 점에서 주목받았다. 금융감독원 조성래 소비자보호총괄국장, 김연석 전 민원조사실장은 경영학과를 나왔다. KB국민은행본부장을 거쳤던 김진홍 전 KB생명보험 사장, 임성혁 수출입은행 부행장, 이해용 산업은행 부행장, 이상구 전 금융감독원 일반은행검사국장은 경제학과 출신이다. 이우공 외환은행 부행장과 원정호 삼성카드 전무는 화란어과를, 오순명 금감원 소비자보호처장은 이태리어과를 나왔다.

　제2금융권에서 활약 중인 외대 동문도 일일이 열거하기 어려울 정도로 많은 편이다. 김기범 전 KDB대우증권 대표, 임영빈 삼성증권 부사장은 정치외교학교 1년 선후배 사이다. KDB대우증권 김국용 부사장, 마득락 전무, 신한금융투자증권 추경호 부사장, 현대증권 윤경은 대표, 김신환 상무, 김현겸 상무, 이재형 상무, 토러스투자증권 조성준 부사장, 삼성증권 김도완 상무, 코리아에셋투자증권 기동호 대표, 안노영 부사장, 이상인 상무, 대신증권 구희진 부사장, 하나투자증권 이진혁 전무, 정용만 상무, 한국투자증권 이병철 상무, CLSA코리아증권 임동수 대표, 유안순 전무, IBK투자증권 노일균 전무, NH투자증권 정자연 상무, 키움증권 최창민 상무, 메리츠종금증권 이동진 상무 등은 가끔씩 동문 모임에서 마주치는 사이다. 예외가 없지는 않지만 고교 동문이면서 대학 동문이기도 한 이들 간의 관계는 더욱 깊을 수밖에 없다. 서울 광성고 선후배 지간인 정자연 상무, 최창민 상무, 구희진 부사장, 우신고 선후배 사이인 김국용 부사장, 추경호 부사장, 이동진 상무 등이 이들이다.

자산운용업계엔 전길수 슈로더투자신탁운용 대표, 한동훈 캡스톤자산운용 대표, 강방천 에셋플러스자산운용 회장, 전용배 프랭클린템플턴자산운용 대표, 김원배 현대자산운용 상무, 마경수 ING자산운용 전무, 최성익 칸서스자산운용 상무가 동문지간이다. 생명보험업계엔 하성근 동부생명 부사장, 김병효 우리아비바생명 대표, 이상윤 신한생명 부사장, 삼성생명 인채권 고문, 한수환 상무, IBK연금보험 이수형 부사장이 외대 출신을 대표한다. 손해보험업계에선 안민수 삼성화재 대표, 박윤식 한화손해보험 대표, 노승방 메리츠화재 전 감사, 황찬 코리안리 상무, 노재균 서울보증보험 상무, 심용구 현대해상화재 상무가 외대 동문이다.

한양대

제2금융권에 다수 포진해 있고, 다른 대학과는 달리 공대 출신 금융인이 많다는 것이 특징이다. 하나은행 출신의 권준일 미래에셋생명 사외이사, 오현철 KB신용정보 사장, 윤웅원 KB국민카드 사장이 경영학과를, 김수재 산업은행 부행장이 경제학과를, 김홍구 우리은행 상무가 법학과를 나왔다. 부국증권 전평 대표, 한양증권 정해영 대표, 한화투자증권 오희열 부사장, SK증권 서태장 전무, 한양증권 신민선 상무, 김윤상 상무, IBK투자증권 설종만 전무, 장갑덕 상무, 삼성증권 정태훈 상무, LIG투자증권 김경규 대표, 조영구 전무, 대신증권 장광수 상무가 증권업계를 대표하는 한양대 동문이다.

자산운용업계엔 김학송 아시아자산운용 부회장, 고창연 노무라이화자산운용 대표, 이재헌 드림자산운용 전무, 이송훈 골든브릿지자산운용 대표, 권순학 미래에셋자산운용 전무, 서철수 한국투자신탁운용 상무가 있다. 보험업계엔 김학현 전 농협손해보험 사장, 김현수 롯데손해보험 대표, 유상정 IBK연금보험 사장, 전성수 AIA생명 전무, 김재호 우리아비바생명 감사, 신유식 전 하이카다이렉트보험(현대해상화재로 흡수합병됨) 전무, 김윤성 한화손해보험 상무, 조원성 동부화재 상무, 강덕기 에르고다음 전무, 양승옥 현대해상 상무, 강성범 코리안리 상무 등이 이 학교 출신이다. 증권유관기관인 한국예탁결제원에는 권오문 전 전무와 신재봉 전문가 선후배 사이다.

$$—— 4 ——$$

미래 금융권력

10년 뒤, 대원외고 시대가 온다

세월이 흐르면 과거로 회귀하는 현상이 있다. 10년이 멀다하고 유행이 바뀌는 것처럼 말이다. 교육개혁도 마찬가지다. 1974년 서울, 부산을 시작으로 수년간 전국 곳곳으로 전파됐던 고교비평준화제도는 폐지 9년 만에 전환기를 맞게 된다. 1983년 경기도 과학관 부설 과학고등학교가 최초의 영재교육기관으로 개교하고, 같은 해에 대원외국어고등학교가 처음으로 외국어 학교로 인가받는다. 새로운 비평준화 시대로의 전환을 알리는 신호탄이었다. 이 학교 졸업생들의 'SKY 대학' 진학률이 높다는 소문이 퍼지기 시작하자 입학을 희망하는 학생들이 늘어났다.

1992년 교육당국은 과학고와 외고를 특수목적고로 지정한다. 불에 기름을 붓는 조치였다. 전국 시도단위로 특목고와 과학고가 우후죽순처럼 설립된다. 고교평준화제도 시행 18년 만에 다시 비평준화 시대로 들어서는 전환점이었다. 그로부터 6년 뒤인 1998년 국제고가 특목고에 포함되고 10년 뒤인 2002년 민족사관학교, 광양제철고, 포항제철고 등 자립형사립고가 설립된다. 사실상 고교비평준화 시대는 막을 내린다. 학업성적이 우수한 학생들이 이들 학교에 몰렸다.

성적이 우수한 학생들이 모여드니 대학 입시에서 좋은 성과를 내는 건 당연했다. 특목고, 자사고 졸업생들은 대학 입시에서 일반고 학생들의 추종을 불허하는 탁월한 성적을 올리며 명문대 입학률을 나날이 높여가고 있다. 2014년 11월 치러진 2015학년도 대학수학능력시험 결과 역시 이러한 현실을 여실히 드러냈다. 언어·영어·수리영역의 상위권을 특목고와 자율형 사립고가 싹쓸이했다. 한국교육과정평가원이 '2015학년도 수능결과'를 분석한 바에 따르면 언어·영어·수리영역에서 1·2등급 비율이 높은 상위 10개 고등학교 중 일반고는 한 곳에 불과했다. 충남 공주시에 있는 한일고만 4위(73.1%)에 이름을 올렸고 나머지 9개교는 자사고, 외국어고, 국제고로 채워졌다. 하지만 그나마 한일고도 이름만 일반고인 학교였다. 이 학교는 전국단위로 우수학생을 선발하는 곳이다.

1·2등급 비율이 높은 상위 50개 학교를 기준으로는 외국어고가 21곳으로 가장 많았다. 그다음으로 자사고 9곳, 일반고 8곳, 국제고 6곳, 과학고 4곳, 자율형 공립고 2곳 등의 순으로 집계됐다. 일반고는 16%에 불과했다. 특목고, 국제고, 자사고에 우수한 학생이 몰리는 현상은 이제 거스를 수 없는 대세다. 이들 학교 졸업생들은 명문대학을 자신들의 동문회장으로 만들고 있다. 파장은 명문대 진학에 그치지 않았다. 사회 전 부문으로 파급되고 있다. 행정고시, 외무고시, 사법고시를 거쳐 고위공무원, 판검사, 변호사로 줄지어 진출한다. 급여와 복지가 좋은 은행, 증권, 보험사, 대기업으로 나아가 힘 있는 동문 집단으로 자리매김하고 있다.

특히 대원외고 졸업생들의 활약이 눈에 띈다. 이 학교 졸업생들은 매년 SKY대학에 350명 안팎이 진학하고 있으며 대학졸업 후엔 대한민국에 현존하는 최고 직장에 자리 잡아 영향력을 발휘하고 있다. 금융당국에서도 대원외고는 이미 최대 동문집단이 됐다. 2015년 6월 말 현재 금융감독원에 근무 중인 대원외고 졸업자는 3급 수석연구원 4명을 포함해 31명에 이른다. 금융감독원 전체 직원 수가 1,850명이므로 1.6% 비중을 차지하는 것이다. 이는 단일 고등학교 동문으로는 최대에 달하는 것이다.

2014년 대법원이 국회에 공개한 자료에서도 대원외고의 위상은 명쾌히 드러났다. 대법원 현직법관 2,790명을 출신 고교별로 분류한 바에 따르면 대원외고 출신은 97명으로 가장 많았다. 이어 한영외고 49명, 명덕외고 47명, 경북고 31명, 경기고 27명 순으로 집계됐다. 대원외고 출신이 경북고, 경기고 출신보다 3배 이상 많다는 것이 실로 놀랍다. 대학입시 결과를 놓고 볼 때 앞으로 이러한 현상은 더욱 심화될 것으로 보인다. 대원외고 졸업생들이 한 해 5명 이상 꾸준히 유입되고 있는 반면 경북고, 경기고 출신의 법관 유입은 저조하고, 기존 법관들마저 대부분 만 50세 이상이어서 은퇴를 앞두고 있기 때문이다. 대원외고 졸업생들은 이미 법조계는 물론 금융계를 포함한 경제계에서 막강한 힘을 발휘하는 인맥집단으로 성장했다. 각 부문에서 근무경력 20년차가 넘는 중견 간부가 즐비하다. 따라서 머지않아 대원외고 졸업생들은 과거 경기고 출신자들 못지않은 사회적 성공을 거둘 것이란 관측이 유력하다. 일각에선 앞으로 10년 안에 대원외고 동문의 세상이 올 것이라 예견하기도 한다.

대원외고 졸업생들의 사회적 성공은 그들 각자가 거둔 노력의 산물인 만큼 박수받을만한 일이다. 그러나 한 가지 우려스러운 것은 우리사회가 엘리트 지상주의로 다시 회귀하는 것이 아닌가 하는 점이다. 다양성이 존중되는 사회로 나아가야 할 때 획일화된 사회로 역행할 수 있다는 걱정도 앞선다. 소위 끼리끼리 뭉치는 집단화를 말함이다. 이런 근심이 기우가 되게 하려면 정부는 보다 세심히 지금의 교육제도에 문제가 없는지 살펴봐야할 것이다.

엘리트 금융관료의 산실 금융위원회

금융관료 사회는 서울대 인맥이 지배하고 있다. 2014년 말 기준 금융위원회 4급 서기관 이상 고위 관료들의 출신 대학을 조사한 바에 따르면 열 중 여덟은 서울대를 나왔고, 경제학, 경영학, 국제경제학(옛 무역학), 법학순으로 전공자가 많다. 1990년대까지만 해도 경제금융통의 고위 관료 다섯 중 셋은 법대 출신일 만큼 법대 졸업자가 많았다. 그런데 2000년대 이후로는 간신히 명맥만 유지하는 수준으로 쪼그라들었다. 로스쿨이 출범하면서 각 대학의 법학과가 사라졌으니 앞으로 법대 출신은 더 보기 어렵게 됐다. 경제학과와 경영학과는 한때 엎치락뒤치락했지만 지금은 경제학과 출신이 절대 다수를 확보하고 있다. 1982년 직열(일반행정직, 재경직, 교육직, 사회직) 지원이 가능하도록 행시가 변경된 후 경제학과 재학생들이 재경직 행시지원에 더 유리해진 때문이다.

신제윤 전 금융위원장을 비롯해 김광수 전 금융정보분석원(FIU) 원장(출신고 광주일고), 고승범 상임위원(경복고), 김용범 사무처장(광주 대동고), 정지원 전 상임위원(현 증권금융 사장, 부산 대동고), 도규상 금융서비스국장(배정고), 김근익 금융현장지원단장(금호고), 김학수 자본시장국장(경복고), 김진홍 인사과장(우신고), 김정각 우정사업본부 보험사업단장(청주고), 손주형 금융시장분석과장(성동고), 김인 전 자본시장조사단장(현 삼성화재 상무, 부산 충렬고), 이동훈 보험과장(구정고), 탁윤성 글로벌금융과장(광주인성고), 최용호 산업금융과장(휘문고), 변영한 전FIU기획행정실장(영일고), 변제호 전 공자위운영기획팀장(광성고) 등은 서울대 경제학과 선후배 사이다.

김석동 전 금융위원장, 정은보 부위원장(대일고), 신현준 OECD파견 국장(용문고), 금융정책과장을 역임한 김태현 청와대 행정관(대아고), 이현철 기획조정관(부산 중앙고), 김동환 전자금융과장(대건고), 박정훈 전 자본시장조사단장(휘문고), 김홍식 자본시장조사단장(현대고), 이형주 자본시장과장(인헌고), 전요섭 구조개선지원과장(능인고) 등은 서울대 경영학과를 나왔다. 또 증권선물위원회 상임위원을 역임한 유재훈 증권예탁결제원장(경기고), 이병래 금융정보분석원장(대전고), 정찬우 전 부위원장(숭실고), 손병두 금융정책국장(인창고), 최준우 전 자본시장과장(경기고), 이윤수 은행과장(인천 광성고), 윤영은 기획재정담당관(순천고)은 국제경제학과 선후배 사이다. 박민우 전 공자위 운영기획팀장(서울고), 이세훈 전 금융정책과장(영동고)이 법학과를, 윤창호 중소서민금융정책관(청구고)은 서울대 외교학과를 나왔다.

재미있는 일은 이처럼 서울대 출신이 대거 포진해 있다 보니 행시기수나 직위에 더해 학번에 따라 예우하는 것이 고위직급 공무원 사이에서는 일반적이라는 사실이다. 같은 학과 출신이면서 지방에서 고등학교를 나온 사이일수록 더한 편이다. 한편 2014년 말 기준 금융위의 보직 과장급 이상 고위공무원 36명의 출신 대학을 분석한 결과 전체의 75%에 해당하는 27명이 서울대 출신이었다. 나머지는 고려대 4명, 연세대 3명, 한양대, 단국대 각 1명이었다.

차기 대권 주자 인맥

지금까지 대통령이 바뀔 때마다 금융권력의 지각변동이 있어왔음을 관찰할 수 있었다. 그렇다면 과연 차기 대권쟁취 가능성이 높은 도전자는 누구이고, 이들의 조력자로 자처할 인맥 집단은 어디일까? 박근혜 대통령의 집권 3년차 말인 2015년 말 기준, 국내 주요 여론조사기관의 차기 대선 후보 지지율을 보면 김무성 새누리당 대표는 17%대 지지율로 새정치민주연합(현 더불어민주당) 문재인 전 대표보다 약간 앞서 있다. 뒤를 이어 새정치민주연합을 뛰쳐나와 자기 정치를 시작한 안철수 의원이 16.5%로 3위다. 또 박원순 서울시장이 9%대 지지율로 4위를 기록 중이며 오세훈 전 서울시장, 김문수 전 경기도지사가 각각 4~6%대 지지율을 보였다. 이런 구조대로라면 차기 대권 후보 중 가장 강력한 대통령 후보는 여당의 김무성이고, 이에 대적할 만한 야당 인사로는 문재인, 안철수, 박원순으로 압축할 수 있다.

김무성은 부산 출신으로 중동고와 한양대 경영학과를 나왔다. 현재 금융권에서 활약 중인 중동고나 한양대 출신 인사는 많지 않은 편이다. 그러나 이런 연유로 두 학교 출신 동문 간 유대와 결속은 다른 어느 곳보다 깊고 강한 것으로 알려졌다. 특히 두 학교 모두 오랜 전통을 자랑하는 명문 사학으로, 다양한 분야에서 활약 중인 동문이 많기로 유명하다. 김무성이 대권주자로 나설 경우 수도권에서 상당수 표가 결집될 가능성이 있다는 이야기가 나오는 이유다. 더구나 김무성은 경남중학교를 나온 덕에 경남고 동문과도 끈끈한 관계를 맺고 있다. 경남중·고등학교가 연합동문회를 갖고 있기 때문이다. 형님 리더십을 발휘하는 김무성은 평소 조직 관리를 잘하기로 알려진 정치 인사다. 그는 '상도동계 막내' '원조 친박'이란 이미지를 벗기 위해 2014년부터 자기정치를 하고 있고, 가장 의욕적으로 인맥을 관리한다는 평가를 받는다.

문재인 더불어민주당 전 대표는 경남 거제가 고향이다. 학교는 경남고와 경희대 법학과를 나왔다. 문 전 대표가 김무성 대표를 간간이 '선배'로 호칭하는 이유는 김 대표의 경남중학교 1년 후배이기 때문이다. 정치판은 정권쟁취를 위해서는 친구도, 동문도 의절하는 냉정한 세계다. 그런 마당에 야당 대표가 여당 대표에게 말이라도 선배라 칭하며 깍듯이 예우하는 것은 보기 좋다. 문 전 대표의 품성을 엿볼 수 있는 일례인 동시에 경남 중·고 동문의 위계와 유대를 확인할 수 있는 사례가 아닐 수 없다. 경남고는 2010년대 들어 동문의 금융권 진출이 눈에 띄게 줄면서 과거보다 힘이 많이 빠져 있는 게 사실이다. 하지만 여전히 금융계 거물 가운데엔 경남고 출신이 많다. 만약 김무성이든, 문재인이든 두 후보 중 한 사람이 대통령에 당선된다면 경남고 인맥이 '부활'할 가능성이 높다. 문 전 대표가 대권을 쥐면 경희대 동문도 전기를 맞을 수 있다. 경희대 동문은 최근 인기대학 순위에서 모교가 선전하고 있는 현상에 매우 고무돼 있다. 본격적인 대선전에 돌입하면 경희대 동문이 문 전 대표를 전폭 지지할 것으로 보인다.

박원순 서울시장은 경남 창녕이 고향이다. 학교는 경기고를 나왔고, 서울대 사회계열에 입학했다가 중퇴했다. 최종학력은 단국대 사학과 학사. 그는 머리 좋고 근면 성실한 모범생이었지만 험난한 청춘을 보내야 했다. 그래서 학교 동문과의 교류는 많지 않았던 것으로 전해졌다. 참여연대 출신인 박 시장은 오히려 시민단체들과의 교류를 통해 인맥을 쌓고 있는 것으로 알려졌다.

2017년 대선에서 이들 셋 가운데 누가 대통령에 오르더라도 뿌듯해할 사람들이 있는데, 이는 부산·경남(PK) 지역이 고향인 인사들이다. 세 후보 중 한 명이 대통령에 당선된다면 고 노무현 전 대통령 이후 11년 만에 동향 출신 대통령을 접하는 감격을 누리게 될 것이다. 이들 세 후보에 위협이 될 복병은 안철수 전 새정치민주연합 의원, 김문수 전 경기도지사다.

안 의원 역시 부산출신이다. 부산고와 서울대 의대를 나왔다. 부산고는 경남고와 라이벌 관계인 학교로서, 비평준화 시절 대학진학률에서 경남고와 앞서거니 뒤서거니 했다. 그러면서도 부산고 동문은 경남고 동문에 다소 열등감이 있었다. 이유는 좀 더 살림 형편이 좋은 집안 학생들이 경남고에 다녔다는 점, 아직 대통령을 배출하지 못했다는 점 두 가지 때문이다. 이런 가운데 안철수의 등장은 부산고 동문의 기대를 모으기에 충분했다. 2012 대선을 앞두고 부산고 동문은 그에 대한 아낌없는 지지와 지원을 약속한다. 안 의원은 그러나 동문의 성원에 보답하지 못했다. 이후 계속된 행보에서조차 정치색깔이 분명치 않다는 지적을 받았다. 그의 지지율이 한때 10% 한참 밑으로 주저앉은 것은 다 이유가 있다. 안 의원은 아직 정치 초보다. 재기할 기회는 아직 많이 남아 있다. 하지만 지금처럼 계속 '중심이 흔들린다' '조직력이 없다'는 등의 비판을 받는다면 가장 먼저 부산고 동문이 등을 돌릴 것 같다.

김문수 전 경기도지사는 현재 지지율에서 한참 뒤처지지만 언제라도 두 자릿수 지지율에 진입할 저력이 있는 정치인이다. 경북고와 서울대 경영학과를 나왔다. 학맥으로 치면 차기 대선 출마 예상 후보 가운데 가장 강력한 편이다. 특히 경북고는 전통적으로 최강 학맥을 자랑해왔다. 문제는 조직이고, 신뢰다. 김 전 도지사는 김무성만 한 조직력이 없다. 경북고 동문도 김 전 도지사가 좀 더 신뢰를 쌓기를 바라고 있다. 그가 고향 대구에서 택시운전기사에 도전한 것도 이와 무관치 않다. 대구 민심을 돌아보면서 신뢰를 구축하겠다는 의도가 담겼다. 김 전 도지사가 경북고 동문과 의기투합한다면 김무성 대표에게 가장 위협적인 정치인이 될 것이다.

정치는 가마솥이면서 양은냄비 같은 것이다. 가마솥처럼 금방 끓어오르지 않지만 한번 달궈지면 오래가는 습성이 있다. 경험 있는 정치인들이 성공한다. 박근혜 대통령은 1998년 정치에 데뷔해 15년 뒤 대권을 쥐었다. 이명박 전 대통령은 1992년 정치에 입문해 16년 만에 대권을 잡았다. 고 노무현 전 대통령도 1988년 데뷔 후 17년 만에 정권을 쥐었다. 그렇지만 대선에 임박하면 정치는 냄비처럼 금세 달아오르기도 한다. 2012 대선 당시 안철수 바람처럼 말이다. 안철수는 바람을 일으키는 데까진 성공했지만 바람을 타지는 못했다. 그의 대권 도전이 계속될지는 알 수 없다. 그러나 2017년 차기 대선에는 또다시 누군가에 의해 바람이 불 것이다. 다만, 정권창출의 성패는 조직력에 달려 있다. 2016년은 2017년 대선에 대비한 '조직 키우기' 경쟁이 본격 점화될 것이다. 이에 따라 금융권에서도 동문의 정권창출을 돕기 위한 물밑 행보가 나타날 가능성이 높다.

비상(飛上)하는 삼성 금융

제2금융권은 삼성천하다. 삼성생명, 삼성화재, 삼성증권, 삼성자산운용, 삼성카드 등 삼성그룹 계열의 5개 금융회사는 각 금융업권에서 1위를 달리거나 수위를 다투고 있다. 이 가운데서도 삼성생명, 삼성화재는 각각 생명보험업계와 손해보험업계의 제왕으로 군림한다. 타의 추종을 불허하는 1위 기업이다. 두 회사의 시장점유율은 한때 각 업계에서 30%를 넘었고 현재 25%를 웃돌고 있다.

미래 성장의 기반이 되는 자산 규모를 보면 한 번 더 놀랄 수밖에 없다. 2015년 말 기준 삼성생명의 총 자산은 230조 원, 운용자산은 181조 원이다. 삼성화재는 총자산 63조 원에 운용자산만 53조 원에 이른다. 대형 시중은행 자산이 부러울 것이 없다. KB국민, 우리, 신한 등 대형시중은행의 자산이 320조 원(신탁자산 포함) 안팎이다. 겉만 봐선 삼성생명을 추월하지만 이를 듀레이션(Duration)*으로 따지면 상황은 역전된다.

2015년 말 기준 은행 자산의 평균 듀레이션이 3년인 반면 생명보험회사 자산의 듀레이션은 6년, 손해보험회사 자산의 듀레이션은 5.2년이다. 듀레이션을 감안하면 생명보험회사나 손해보험회사의 자산은 은행 자산의 2배, 1.7배

---

* 투자자금의 평균 회수기간을 말한다. 일반적으로 듀레이션은 채권으로부터 발생하는 모든 현금흐름의 평균 회수기간을 의미하며 채권 가격의 이자율이 변화하는 민감도를 측정하기 위한 척도로 사용된다.

가치가 있는 것으로 볼 수 있다. 삼성계열 두 보험사의 자산 규모를 은행 듀레이션 기준으로 대입하면 삼성생명은 460조 원, 삼성화재는 107조 원이라는 계산이 나온다. 여기다 삼성증권 자산이 31조 1,000억 원(2015년 9월 말 기준)이고, 삼성카드 자산도 17조 6,000억 원(2015년 말 기준)에 달한다. 또 삼성자산운용의 운용자산은 200조 원(2015년 말 기준)에 이른다. 다만, 이 중 120조 원은 삼성생명에서, 6조 원은 삼성화재에서 운용을 위탁한 것인 만큼 이를 제외하면 74조 원이 중복되지 않는 운용자산이랄 수 있다. 은행 듀레이션을 기준으로 재평가한 삼성생명, 삼성화재 자산과 나머지 삼성 금융계열사들의 자산 및 운용자산을 합치면 무려 688조 1,000억 원에 이른다. 최근 삼성의 자산 증가 추이를 감안할 때 이 계산방식대로라면 2020년 이전에 삼성 금융계열사의 자산 및 운용자산은 1,000조 원을 돌파할 가능성이 높다.

삼성 금융계열사들의 또 다른 저력은 조직이 시스템에 의해 작동하고 있다는 것이다. 대표이사에 누가 오르든 업계 최고 수준의 경영성과를 올리고 있는 것이 이를 방증한다. 때문에 삼성 금융계열사 대표는 그룹 비서실 재무담당 임원 또는 삼성전자 재무담당 임원이 부임하는 경우가 잦다.

삼성그룹 출신 금융인들은 제2금융권을 대표하는 이익단체 대표로도 활발히 진출하고 있다. 황영기 금융투자협회장은 2004년 우리금융지주 회장을 역임하기에 앞서 삼성그룹 비서실 국제금융팀장, 삼성투자신탁운용(현 삼성자산운용) 대표, 삼성증권 대표로 일했다. 이수창 생명보험협회장은 삼성화재 대표, 삼성생명 대표를 거쳤다. 금융계는 은행연합회, 금융투자협회, 생명보험협회, 손해보험협회, 여신금융협회, 상호저축은행중앙회 등 6곳이 각 금융업권을 대표하고 있는데, 이 중 2개 업권 대표를 삼성 출신 금융인이 맡고 있는 셈이다.

에필로그

도끼는 잊어도 나무는 잊지 못한다

책을 쓰는 일이 이렇게 고될 줄 몰랐다. 많이 힘들었다. 매일같이 '기사를 쓰고 다듬는', 말 그대로 '글 쓰는 놈'(記者)이었는데도 말이다. 사실, 자료를 수집하고 확인하는 일이 제일 어려웠다. 특히 금융인의 행적을 추적하고, 주요 금융 사건의 사실관계를 확인하는 일에 많은 공을 들여야 했다. 2011년 말께 시작했던 책 쓰기 작업을 5년 만인 2015년 말에야 끝낼 수 있었던 것도 이 때문이다. '뭐 그리 대단한 책을 썼기에 4년씩이나 걸렸느냐'고 핀잔한다면 할 말 없다. 게을렀다는 이유 말고 달리 무슨 설명이 필요할까? 부끄럽지만 그래도 핑계를 댄다.

2012년 필자는 '현장 기자'에서 '앉은뱅이 기자'가 됐다. 금융팀장으로 뛰다가 사회부장으로 발령받았다. 폼 날 것 같던 데스크 자리가 그렇게 힘든 자린 줄 미처 몰랐다. 책 쓰기 계획을 뒤로 미룰 수밖에 없었다. 한 해 두 해 미루다 보니 이전에 어렵사리 준비했던 기록 가운데 상당량이 구문이 돼버렸다. 새로 자료를 모아야 했고, 보충할 기록도 많았다. '이참에 한번 제대로 해보자'는 오기가 발동했다. 생생한 증언을 듣기 위해 굴곡진 금융사 현장에 있던 옛 금융인들을 틈틈이 찾아 나섰다. 취재에 도움을 주었던 분들이 많았다. 정치금융의 잘못을 추적하고 있다는 필자의 말에 많은 분들이 "열심히 해보라"며 격려를 아끼지 않았다. 이들은 한결같이 "이젠 바꿔야 할 때"라며 오욕의 금융사를 들려줬다. 치부를 끄집어내면서 반면교사로 삼아야 한다고도 했다.

그렇다고 해서 취재가 순탄했던 것만은 아니다. 일부 금융인은 한사코 인터뷰를 거절했다. "지난 일을 왜 들춰내려 하느냐"라며 경계했다. 과거를 덮고 싶어 했다. 이런 연유로 일이 진척되지 않았다. 그렇게 벽에 부닥칠 때엔 포기할까 생각한 적도 있다. 하지만 그럴 수 없었다. 그간 쏟았던 열정에 미련이 남았다. 필자의 작업에 격려를 아끼지 않던 취재원들도 마음에 걸렸다. 무엇보다 정권이 바뀌어도 좀체 수그러들지 않는 정치금융 행태에 대한 질시가 가장 컸다. 인사개입에서 가격개입에 이르기까지 잘못된 관행이 반복되는 걸 지켜보면서 필자는 이를 방기하는 건 공모자나 다름없다고 생각했다. 다람쥐 쳇바퀴 돌 듯 부끄러운 역사가 반복되는 건 정말 안타깝다.

카드사 가맹점에 대한 수수료 개입이 단적인 예다. 금융당국은 2015년 말 영세 중소 가맹점에 대한 카드 수수료 인하 방침을 발표했다. 단일 우대수수료율 1.5%를 적용받는 연 매출 2억 원 이하 영세가맹점 수수료율을 0.8%로, 2.0%를 적용받는 연 매출 2억 원 초과 3억 원 이하 중소가맹점 수수료율을 1.3%로 각각 0.7%포인트씩 인하하는 내용이었다. 긴 불황에 몸살을 앓는 영세 자영업자를 돕기 위한 취지였다.

동기가 좋았다 하더라도 이 조치는 그러나 자율시장경쟁원리에 위배되는 가격개입 행위이다. 명백한 시장교란 행위다. 수수료를 결정하는 일은 카드사의 몫이다. 카드사가 스스로 원가를 계산해 알아서 결정하도록 내버려뒀어야 했다. 그것이 시장을 지키는 당국이 할 일이다. 그럼에도 당국은 인위적으로 카드사 수수료에 개입해 시장을 뒤흔들었다.

결국 이러한 잘못은 카드사의 손실 전가로 이어졌다. 카드사들은 2016년 1월 말부터 약국, 마트 등 매출액 3억 원 이상 일부 업종 중형 가맹점에 대해 수수료율을 올리기로 한다. 카드사들의 이 같은 결정은 영세 중소 가맹점에 대한 수수료율 인하로 인해 줄어들 이익을 만회하기 위한 궁여지책이었다. 이에 대해 모럴 해저드(도덕적 해이)라고 카드사만 탓해야할까? 이를 자초한 금융당국의 잘못이 더 크다.

카드사 수수료에 대한 정부개입은 어제 오늘 일이 아니다. 노무현 정부에서 이명박 정부, 박근혜 정부에 이르기까지 하나같다. 정권은 표심에 영향을 미치기 위한 정치적 고려에서 카드사 수수료에 손을 댔다. 아마도 정치권력은 이 정도 수수료에 개입한들 문제될 리 없다고 보는 것 같다. 그러나 이와 같은 반(反) 시장행위가 거듭된다면 시장이 무너지는 건 한순간이다. 더욱이 카드사들은 가계부채가 사상 최대 규모로 치솟은 탓에 신용경색이 나타날 경우 가장 먼저 대출자산이 부실화할 위험에 놓여 있다.

인사개입은 또 어떤가. 집권 중후반기에 접어든 박근혜 정부가 2016년 공금융기관을 대상으로 인사를 단행할 즈음, 시장 곳곳에선 잡음이 흘러나왔다. 적임자가 후보에서 탈락하고, 정치권과 줄이 닿는 인사들이 낙하산 상륙을 시도한다는 소문이었다. 실체 없는 소문이면 좋으련만 안 좋은 소문일수록 사실로 확인될 때가 많다. 시장의 신뢰를 잃은 인사들이 연거푸 새 자리에 올랐다. 그래서 금융산업이 또 다시 몇 년 후퇴했다고 비판하는 이들이 있다. 원칙이 무너지는 게 가장 큰 문제다. 정치권력이 계속해서 원칙을 깨트린다면 한국 금융산업에 희망은 없다. 원칙 없는 시장이 망하는 건 시간문제이기 때문이다.

괜찮은 언론인이 되어보겠다고 책 쓰기에 도전했다. 하지만 되돌아보니 역시 부족한 게 많다. 의욕이 앞서 이것저것 담았는데, 정작 하나를 담는 것만 못한 게 아닌가 하는 아쉬움도 있다. 기대에 모자란 글 전개를 탓할 독자도 있을 것이라고 본다. 그렇지만 감히 책을 펴낸다. 이것이 첫발이니 만큼 부디 양해해주시기 바란다.

누군가 불편해할 이야기라고 해서 지금처럼 기록하고, 비판하는 일을 멈추지 않겠다. 저축은행 구조조정 이후 나타났던 우리 금융시장의 다양한 사건들에 대해서도 앞으로 차분히 캐내어 볼 것이다. 밝은 미래는 저절로 만들어지는 게 아니다. 부단한 자기반성과 쉼 없는 혁신이 어우러질 때 비로소 미래는 빛날 것이다. 그러기 위해선 불편한 진실들을 끄집어내야 한다. 반추해야 한다. 비판해야 한다. 다만 비판은 객관적이어야 하고, 균형감을 잃어서는 안 될 것이다.

2012년 가을 어느 날, 필자는 경찰청의 모 고위간부가 저녁식사 도중 들려줬던 속담을 기억한다. 아프리카 스와힐리족의 '도끼는 잊어도 나무는 잊지 못한다'란 속담이었다. 도끼와 나무 이야기를 주고받으면서 경찰 간부는 이성 없는 공권력의 도끼를, 필자는 분별없는 비판의 도끼를 각자 경계하겠다고 약속한 바 있다.

기자의 비판은 권리만큼이나 책임이 중하다는 것을 안다. 그래서 필자는 가능한 균형감을 유지하려고 무지 애를 쓰는 편이다. 그러나 가끔 실수하기도 한다. 멋모르던 기자 초년 시절엔 보도 자료를 죄다 믿고 썼다가 뒤통수를 맞은 적이 있다. 증권부 기자 땐 역정보에 놀아나기도 했다. 완벽을 바라면서도 늘 실수하는 게 인간이고, 나 역시 그랬다. 그래서 앞으로 절대 실수하지 않는다고 장담하지 못하겠다. 다만, 앞으로 무엇을 비판하든 간에 균형감이 있다는 평가를 받을 수 있도록 최선을 다할 것임을 약속한다.

얼마 전 어머니가 돌아가셨다. 살아계실 땐 미처 몰랐는데, 그분의 빈자리가 너무도 크게 느껴진다. 어머니는 치매를 앓으신 뒤 말귀를 잘 알아듣지 못하셨다. 그런데도 가끔 필자는 가슴이 답답할 때마다 어머니 앞에서 넋두리를 하곤 했다. 해답을 얻기 위한 게 아니었다. 무슨 말이든 터놓고 말해도 끝까지 들어줄 사람이 바로 어머니라고 믿었기 때문이다. 그만큼 어머닌 내게 큰 위로가 돼주셨다. 그런 어머니가 지금 곁에 없다 생각하면 목멘다. 주제넘지만 독자들께서 내 어머니가 돼주셨으면 싶다. 맘속에 품었던 이야기를 고백하듯 글로 풀어보았다. 조금 모자란 글이지만 끝까지 읽어주시면 감사하겠다. 책을 다 읽으셨다면 당신은 이미 나의 어머니다.